教育部哲学社会科学研究重大课题攻关项目"中国近代边疆学术史资料整理与研究"（课题编号：22JZD035）

国家社会科学基金重点项目"近代中国的边疆学学科建构与边疆研究"（课题编号：22AZS017）

四川师范大学学科建设专项"近代中国边疆研究书系"

近代中国边疆研究书系

知人论学：民国时期的边疆学人与学术

汪洪亮 著

中华书局

图书在版编目(CIP)数据

知人论学:民国时期的边疆学人与学术/汪洪亮著. —北京:中华书局,2023.8
(近代中国边疆研究书系)
ISBN 978-7-101-16155-7

Ⅰ.知…　Ⅱ.汪…　Ⅲ.疆界-研究-中国-民国　Ⅳ.K928.1

中国国家版本馆 CIP 数据核字(2023)第 152230 号

书　　　名	知人论学:民国时期的边疆学人与学术
著　　　者	汪洪亮
丛 书 名	近代中国边疆研究书系
责任编辑	吴冰清
责任印制	陈丽娜
出版发行	中华书局
	(北京市丰台区太平桥西里 38 号　100073)
	http://www.zhbc.com.cn
	E-mail:zhbc@zhbc.com.cn
印　　　刷	三河市中晟雅豪印务有限公司
版　　　次	2023 年 8 月第 1 版
	2023 年 8 月第 1 次印刷
规　　　格	开本/920×1250 毫米　1/32
	印张9⅞　插页 2　字数 270 千字
印　　　数	1-1000 册
国际书号	ISBN 978-7-101-16155-7
定　　　价	68.00 元

丛书总序

近代中国处于梁启超所说的"过渡时代","两头不靠岸",充满变数,"为五大洋惊涛骇浪之所冲激,为十九世纪狂飙飞沙之所驱突,于是穹古以来,祖宗遗传、深顽厚锢之根据地,遂渐渐摧落失陷,而全国民族,亦遂不得不经营惨澹,跋涉苦辛,相率而就于过渡之道。"① 中国边疆危机自此更为凸显。19 世纪中叶,资本主义列强凭借坚船利炮,打开中国大门。进入 20 世纪以后,列强得寸进尺,继续蚕食鲸吞中国边疆地区,尤其是日本 1931 年侵占东三省,1937 年更发动全面侵华战争。中国面临空前严重的民族危机,抗战建国成为那时举国之要务。在那个特定时代,中国西部边疆地区成为抗战建国大后方和民族复兴基地。

在这个过渡时代,中国出现过两次边疆研究高潮,分别以晚清西北史地学和民国边政学的兴起为代表。前者代表人物有徐松、沈垚、龚自珍、俞正燮、张穆、何秋涛、魏源、徐继畬等,他们潜心研究西北边疆史地,撰写了不少边疆史地著作。后者则成一时风尚。马长寿注意到,边疆研究本来在 20 世纪前 30 年相对沉寂,但在"抗战之顷"反与"其他学科的研究恰然相反,呈现一种空前的热烈与紧张","各科人士皆谈边疆,无论社会学家、历史学家、语言学家,其所学学科与边疆有

---

① 参见梁启超《过渡时代论(1901)》,《饮冰室合集·文集之六》,中华书局 1989 年,第 27—30 页。

密切之关系，其谈也固无不宜。然一般不相干的人士，或劳驾远征，或闭门坐谈，亦往往以边事边情为集注之点"。[①] 不少边疆研究机构次第成立，很多边疆研究刊物应运而生，相关边疆主题的科目也进入高校专业课程设置之中。

面对近代中国波澜壮阔的时代洪流，我们注意到，无论是作为事实的近代中国边疆与边政，还是作为学术的近代中国边疆研究，都打下了时代的深刻印记，都留下了时人的焦灼与努力。保卫国家安全和统一，维护中华民族的整体性，是那个时代边疆事务与边疆学术的重要主题。在当下，研究近代中国边疆、边政及边疆学术仍然具有重要的学术价值与现实意义。

四川师范大学具有边疆研究的学术传统，是李安宅、于式玉工作的最后一站，也是这对学术伉俪的人生落幕之地。在中国民族学史上，李安宅和于式玉是一对重要的学术伉俪和生活伴侣，尤以藏学名世。于式玉极富语言天赋，擅长文献目录，又肯实地调研，为其藏学研究奠定了坚实基础，也为李安宅藏区实地研究提供了重要支持。二人学术生命互相缠绕，堪称藏学界之"天涯同命鸟"。[②] 李安宅、于式玉的学术思想及人生经历，是中国边疆学界的宝贵精神财富，已成为四川师范大学多位学者的研究对象，并激励着师大学者在边疆研究方面继续开拓。王川教授出版了《〈李安宅自传〉的整理与研究》，汪洪亮教授发表了以李安宅、于式玉为主题的论文十余篇，并拟出版《李安宅人生与学术的社会史考察》《才情未尽与蜡炬成灰——〈于式玉自传〉的整理与研究》。另外，孙勇教授、田利军教授、苏杰博士等发表了相关论文阐发李安宅的学术思想。

---

① 马长寿：《十年来边疆研究的回顾与展望》，《边疆通讯》第 4 卷第 4 期，1947 年，第 1 页。

② 汪洪亮：《藏学界的"天涯同命鸟"——于式玉与李安宅的人生与学术》，《民族学刊》2011 年第 3 期，第 32—41 页。

目前四川师范大学边疆研究已形成鲜明特色，在边疆史地研究、边疆学术史研究及中国边疆学构筑等方面都产出了一批研究成果，如王川教授的近代西藏政局及西康社会研究，汪洪亮教授的民国边政学及边疆学人系列研究，孙勇教授的中国边疆学体系研究，彭文斌教授的中西汇通的西南边疆知识生产研究，凌兴珍教授的边疆教育史研究，田利军教授的边地红色政权及藏区土司研究，黄天华的西康建省及地方实力派研究，都在学界产生了较为广泛的学术影响。更为可喜的是，一批年轻学者，如马磊副教授、何文华副教授、邹敏副教授、朱晓舟博士、王丽娜博士，也都在边疆研究领域崭露头角。这些都昭示了四川师范大学边疆研究必将持续发力，取得更加丰硕的研究成果。

本丛书之设置，初衷即在于集中呈现我们在近代中国边疆研究领域耕耘的收获，留下我们在这个学术领域成长的点滴履迹，希望得到学界同仁的认可和肯定，也希望得到师友们的指导和批评。

汪洪亮
2019 年 11 月

序

马大正

　　2020 年 5 月,疫情宅家,埋首撰写"大正走边书系"之《探秘边内外》,收到汪洪亮教授寄赠新著《抗战建国与边疆学术:华西坝教会五大学的边疆研究》,还有准备出版的又一新著《知人论学:民国时期的边疆学人与学术》,并恳望为之作序。

　　民国时期的边疆研究是中国边疆研究史(也可称之为中国边疆学术史)的重要内容。我曾在《当代中国边疆研究者的历史使命》一文中指出:中国边疆研究源远流长,但中国边疆研究的兴盛,则是近代以降的事。鸦片战争之后,曾出现过两次边疆研究高潮。第一次是在鸦片战争后,资本主义列强用鸦片和大炮敲开了闭锁的清帝国大门,一系列不平等条约的签订导致西北、东北、西南边疆相继出现严重危机,以魏源、何秋涛、夏燮、梁廷楠、曹廷杰等为代表的具有爱国主义思想的地主阶级学者深感大清帝国国运日落,为捍御外侮,巩固边防,乃发愤潜心于边疆研究。他们的著作,至今仍不失为警世之作。这一研究发展的势头至清末而不衰。第二次,时在 20 世纪 20 年代至 40 年代,一批接受资产阶级史学研究理论和方法的中国学者,痛心于深重的民族危机,希冀通过边疆问题研究,抒发国人之爱国热诚。他们孜孜耕耘,取得了令世人瞩目的成果。那时学人辈出,学术团体和刊物如雨后春笋,用群星灿烂形容其研究发展盛况,并不为过。

中国边疆研究史的演进历程是曲折、复杂的。20世纪50年代以降，中国边疆研究受到种种因素的制约，尤其是大批判与继承学术遗产上的简单化倾向，造成当时对20世纪上半叶中国边政研究采取否定、摒弃的态度，加之上半叶有相当一批中国边疆研究者都有旧政权性质不同的政治背景，这就造成这一时期的中国边疆研究在学术研究中鲜被提及，大量边疆研究成果或因其作者的政治身份，或因其学科的资产阶级理论体系，不是被批判，就是不再为研究者提及。迄于20世纪80年代，国内学界对时处民国时期的中国边疆研究第二次高潮的研究尚显沉寂，有关论著鲜见。

20世纪90年代以降，民国时期的中国边疆研究渐次引起学界关注。进入新世纪后，一批"70后"的年青才俊脱颖而出，相关研究成果迭出，一时间民国时期的中国边疆研究成为中国边疆研究史的热点内容之一。洪亮小友（容我这么称呼）是"70后"研究者中的翘楚。他的成果多而精，并已形成自己的特色风格。近些年对洪亮小友的论文我时有关注，收益多多。基于此，对索序之嘱，我也欣然同意，试试！

伏案细读《知人论学：民国时期的边疆学人与学术》，又览阅了他的另两部大著《民国时期的边政与边政学》和《抗战建国与边疆学术：华西坝教会五大学的边疆研究》，形成了些许感悟，权充序以应命。

所谓感，即读后之感，可归之有三：

一是，研究视角独特。

从机构、论著、期刊、学科的角度对民国时期中国边疆研究进行综合和分析固然十分必要，但研究中往往自觉不自觉地将对学人的研判置于从属的地位。须知"学人既是知识和思想的生产者，也是知识和思想的传播者，还是各类学术机构和传播平台的创立者和运营者，他们组织了知识生产和思想传播的全过程。所以他们的经历与思想，与他们所奉献出来的精神产品，具有最为直接的关联。如果不能知其人，论其世，我们也很难设想，我们是否能真正体会其创制的知识及表达的思想，是否能体察其字内真意和言外之意，是否能走入其内心世界并看到其所处时代很多人的内心世界"（"绪论"第 7 页）。诚如钱穆所言："历史讲人事，人事该以人为主，事为副，非有人生，何来人事？"① 洪亮小友将书名定为"知人论学"，即是此意也。研究视角的独特，所论之学术与学人的人生经历紧密相连，枯燥的学理注入了学人的喜怒哀乐，所述所论不仅可信，甚至还有诸多感人可读之处。

二是，谋篇布局新颖。

基于"知人论学"总目标，全书除"绪论""后记"外，设七章，第一章"民国学人的边疆观念和边政主张"，第二章"民国学人对中国边疆研究学科构筑的努力"，是面的纵论；而第三至六章分论了顾颉刚、李安宅与于式玉、徐益棠、张廷休的边疆学术实践，实乃点的深论。第七章"余论"则历数了 1980 年代以来学界有关中国边疆学构筑的努力，并对新时代中国边疆学构筑的分歧统合与路径前瞻提出了自己的看法。这样的新颖布局为独特视角研究的展开提供了极好平台。

三是，资料收集丰硕且有个性化特色。

资料乃是研究赖以开展与深化的基础。中国边疆研究史的研究者都深知，民国时期有关边疆研究史的资料是一多、二杂、三分散，搜集十分困难。仅以 20 世纪 20—40 年代出版的各种期刊言，搜集就难，研读更是难上加难。从本书所附之参考书目可见作者搜集资料所下之功力。除此之外，作者搜集资料还有一个特点，即得近水楼台之便，利用了不少李安宅与于式玉的个人未刊档案文献，当是十分难得。

愚以为以上三端可视之为本书的特色或优点，称之为一部有个性的、成功的中国边疆研究史学术专著，不为过。

所谓悟，即感后之体悟，也可归之有三：

一是，持之以恒、厚积薄发、必有大成。

据洪亮小友在《民国时期的边政与边政学》一书"后记"自述：

---

① 钱穆：《国史大纲》，生活·读书·新知三联书店 2001 年，第 298 页。

"2009年是一个重要的年头"，他开始"静下心来翻读半个多世纪前的泛黄的资料，寻觅当年国人致力于构建中华民族和探求边疆发展与民族文化国族化的思想踪迹"。十多个年头过去，作者始终在民国时期中国边疆研究这一领域笔耕不息，厚积薄发，论文、专著成果丰硕。所论已成一家之言，所著也成关注民国时期边疆研究的学人和读者必想找来一读的作品。作者坚持走符合学术研究规律的研究之道，必有大成，我愿为之击掌！

二是，拓展与深化永无止境。

洪亮小友在"绪论"中痛切地写道："不少在民国边疆学界影响很大的学者，在现今的学术史论著中，大多寂静无声……他们中的大多数，至今仍消隐在那些泛黄发脆的纸页中……所有关于他们的研究成果的总和，都不及学界对费孝通与林耀华的研究。那么我们得思考一个问题，研究现状是否能真实反映本来群星璀璨的民国边疆研究及其学人群体？费、林二人能否代表民国时期的边疆研究与民族学的大部分面貌？答案显然是否定的。"（"绪论"第12页）

基于此，本书选取了顾颉刚、李安宅、于式玉、徐益棠、张廷休等学者为代表做了"知人论学"的点的深化研究，成效可喜。但阅后掩卷，大有意有未尽之憾。

借用洪亮小友所述："仅仅两颗星星闪耀（指费孝通和林耀华——作者注），显然并非民国边疆学术史的完整夜空。"（"绪论"第12页）民国时期的边疆学人与学术仅仅本书所述几位是不够的。

放眼当时中国边疆研究，综观全局影响至深者，诸如吴文藻、华企云当是不应忽略的。吴文藻的《边政学发凡》是第二次中国边疆研究高潮中最具代表性的论文。而华企云当时身居南京，依托新亚细亚学会，在学界、政坛均颇为活跃，1932年出版的《中国边疆》，是较全面地论述中国边疆问题的第一本专著。该书分为上下两篇，上篇综述边疆之沿革与现况、边疆之勘界与失地、边疆邻接各地之地理概况与最近民族运动之鸟瞰、边疆邻接各地之对华历史与受治帝国主义之经过和边疆铁路之沿革与现状;下篇则分别论述国际角逐下之东三省、外蒙古之独立、新疆之三大问题,英人侵略下之西藏和云南之界务问题。该书的撰写与出版在20世纪中国边疆研究发展史上具有重要意义:作者从国家兴亡考虑到边事盛衰,从研讨边疆全局大势到考察边疆局部问题,从分析国内边疆问题联系到中国周边及世界格局。在论述以上诸多问题时,作者又涉及政治、军事、经济、文化、民族、宗教、地理等诸多领域,并以现代人的眼光审视历史问题,这样中国边疆作为一个完整的客体即被明确地推上其自身应有的独立地位,中国边疆研究成为一门发展中的现代边缘学科也得到有力的证明。华企云在1930—1932年间还先后出版了《蒙古问题》《新疆问题》《西藏问题》《云南问题》等专著,对这位驰骋学坛的"星星",在研究民国时期中国边疆研究史时确实不应被遗忘。当然关注边疆史料收集和整理的吴丰培,以一册《中国经营西域史》而史坛留名的曾问吾,以及曾活跃于学界、政坛的边疆研究者黄奋生,也都是应进入"知人论学"研究视野。

洪亮小友本有续写"知人论学"的计划,我期许在研究中能进一步拓展与深化,"将目光瞄准那些曾经非常闪耀而被有意无意遮蔽的星星",果能如此,功莫大焉!

三是,胸有全局,为中国边疆学构筑添砖加瓦。

胸有全局首先是应建立起民国时期中国边疆学术史的全局,唯此,才能有序展开从微观到宏观的专题研究,最终建立起民国时期中国边疆学术史的叙述体系,为中国边疆研究史的写作积累经验。

当然,我们还应有更大、更广的全局观。在中国边疆学研究已成为学界研究的热点,有关中国边疆学构筑研究,学人宏文迭出的今天,愚吁请同仁关注中国边疆学构筑进程中值得重视的四个节点,并进行宏观与微观相结合的深入研究。四个节点简言之是:对前人研究成果的继承和创新,中国疆域理论的探究,中国边疆治理理论与实践的研究,依托边疆历史、面对边疆现实的责任担当。

民国时期中国边疆研究史研究应是四个节点之一,是对前人研究成果的继承和创新的重要组成部分。我深信，洪亮小友对民国时期边疆研究史研究的不断深化，本身也是对中国边疆学构筑的一种推动，诚是。

拉杂写了感之三与悟之三，与作者同议，与读者共享！

是为序！

2020 年 7 月 12 日

于北京自乐斋

目　录

绪　论

　　中国边疆学术源远流长,可以上溯到历代史书中有关边疆民族之史料记载和考证研究。广袤边疆地区及民族文化的存在,大量少数民族历史文献的积累,都为中国边疆研究提供了丰厚的土壤。但近代以前的中国边疆研究,基本上属于舆地之学,不成建制和体系,没有形成学术共同体,更难言学科之构建。一百多年来,中国边疆学之构筑,从思想到实践,均已蔚然可观。但诸说并存,歧见纷出。既有论述,大多乃学理讨论,缺乏对近代以来边疆学科构筑的长时段回溯,对相关问题的见解,也往往秉持学科本位立场,较少跨学科的理解和同情①。因而学界对构筑边疆学的重要性和必要性问题上具有不少共识,但在学科性质与构筑路径上则存在诸多分歧,主要体现在四个方面:一是边疆学的研究对象,即边疆的内涵与特征;二是中国边疆学是否为独立学科;三是中国边疆学与一般边疆学的关系;四是中国边疆学与依托学科的关系。这些分歧可能还会长期持续下去。我认为应有更加理

---

　　①　近年来较为集中的讨论,参见马大正:《当代中国边疆研究(1949—2019)》,中国社会科学出版社 2019 年;《中国边疆史地研究》2018 年第 3 期所刊李大龙《"中国边疆"的内涵及其特征》、王欣《关于中国边疆学学科话语理论体系建构的几点思考》、苗威《建构中国特色的中国边疆学话语体系》、李鸿宾《对"中国边疆研究"概念的认识与界定——兼谈"中国边疆学"学术体系之建构》、崔明德《关于中国边疆学学科建设的几点看法》,以及该刊 2019 年第 2 期所刊吕文利《新世纪中国边疆学的构建路径与展望——兼论中国边疆理论的三个来源》等文。

性和兼容的态度,在和而不同中寻求更多共识。一方面要"多谈些问题,少谈些主义",另一方面,也要在渐进局部解决的基础上逐步寻求整体解决,同时也要处理好外来主义与本土学情的关系①。

今时虽不同往日,但都从往昔中来。我们有必要回溯历史,寻访过去学界对相关问题的探查与思索。自 19 世纪中叶起,中国被迫多次割地赔款,边疆危机空前严重,边疆研究受到许多学者关注。徐松、沈垚、龚自珍、俞正燮、张穆、何秋涛、魏源、徐继畬等就是其中的杰出代表,他们大多讲求经世致用、潜心研究边疆史地,撰写了不少边疆史地著作②。20 世纪初期,列强继续蚕食中国边疆地区,尤其是日本 1931 年侵占东三省,1937 年发动全面侵华战争,造成中国空前严重的民族危机。面对外敌觊觎和入侵边疆,国内出现关注边疆和边政的热潮。随着国民政府迁都重庆,国家政治、经济、文化中心随之迁徙西南,以前甚少受人瞩目的西南地区成了"民族复兴"基地和"抗战建国"大后方,地位陡然提升,被政府及民间寄予厚望。各学科学者倾注精力研究边疆问题,政府机关及社会团体也组织了不少边疆考察和研究活动,各类边疆刊物相继出现③。

在目前学界公认的近代中国两次边疆研究高潮中,晚清时期只是初具规模,民国时期特别是在抗战时期才算众声齐鸣。正如时人观察,在 20 世纪前 30 年相对冷寂的边疆研究,"和其他学科的研究恰然相反,呈现一种空前的热烈与紧张","抗战之顷,各科人士皆谈边疆,无论社会学家、历史学家、语言学家,其所学学科与边疆有密切之关

---

① 汪洪亮:《"问题"与"主义"之变奏:近代以来中国边疆学构筑的回顾与前瞻》,《中国边疆史地研究》2020 年第 4 期。

② 胡逢祥等:《中国近代史学思潮与流派》,华东师范大学出版社 1991 年,第 34—89 页。

③ 汪洪亮:《民国时期边疆研究机构的兴起及对边疆学术之形塑》,《北方民族大学学报》2017 年第 4 期。

系,其谈也固无不宜。然一般不相干的人士,或劳驾远征,或闭门坐谈,亦往往以边事边情为集注之点"①。

1941年国民党五届八中全会通过《加强国内各民族及宗教间之融洽》案、《边疆施政纲要》后,国民党及其政府内部注意边疆问题的人员逐步增多,"专家学者之前往边地考察者相望于道,边疆研究,一时成为风尚"②。有学者就指出:"中国边疆研究,最近已获政府机关的扶植,与一般社会之赞助","我们应加紧努力,迎头赶上,才能配合边疆政治,经济与文化建设的需要"③。

正如《边政公论》编者所言:"边疆问题的重要和边疆建设要求的迫切,已为举国人士所公认,毋庸赘述。惟于边疆建设的步骤与方法,则尚未能与目前的需求相配合,而待讨论的地方正多","一切的研究和学说,都应以切合时用为最终的目标,方可产生伟大的效果。故我们对于边疆问题的研究也必须根据着学理和事实,同时根据着国策,以求能与当前的边疆政治相配合"。编者特别强调该刊发行之目的在于,"欲凭客观的见地,真诚的研究,一方阐发一般边政原理,使得边政实施能有个正确的理论做参考基础,一方与实际融成一片,行政与学术取得配合,以共谋边事的发展"④。边疆问题研究要与边疆政治相配合,在学术上为边政开路,为消泯民族偏见,增进边政改良而发出学者的声音,发挥类似今日所谓"智库"功能,对当时很多学者来说应是一种学术自觉。

在时贤眼中,"西学"往往就是"新知"的代名词,中国变革的动力

---

① 马长寿:《十年来边疆研究的回顾与展望》,《边疆通讯》1947年第4卷第4期。

② 周昆田:《季陶先生与边疆》,陈天锡编:《戴季陶先生文存三续编》,台北近代中国出版社1971年,第340—342页。

③ 卫惠林:《中国边疆研究的几个问题》,《边疆研究通讯》1942年第1卷第1期。

④ 《发刊词》,《边政公论》1941年第1卷第1期。

及希望,即在传播并借鉴"西学"①。一方面,很多西方学科进驻中国,另一方面,很多读书人走出国门。1920年代以后人类学／民族学、宗教学、社会学等本属"西学"的学科开始在中国生长,为现代意义的边疆研究提供了学理和方法层面的支撑。边疆地区成为这些学科在中国发展的重要区域。尤其是在1930—1940年代,这些学科的成就大多在边疆地区取得,其研究对象就是边疆地区的政治、经济、自然、文化和宗教等。而留学归来的一批学人在中国学术界崭露头角,尤其是那些有着人类学、社会学学术背景的学人,成为民国时期边疆研究的主体力量,并提出了边政学、边教学、边疆社会工作学等学科创建的构想。

各个学科学人的汇聚,高校院系与学会团体的存在,使民国时期边疆学术具有组织与合作的群体性特征,使边疆研究行为经常化和组织化。柯象峰就指出,"我国边疆之研究范畴,既如是之广,绝非一二专家或少数之士所能应付,亦非一二学术机关或大学所能担当"。他建议组织全国性的边疆学会,统筹兼顾相关研究工作,可"将全国边疆划分为若干区域,分由各大学或其他学术团体任研究之专责","分配之标准除地域之上接近关系及交通便利外,可再斟酌各大学及学术团体人才之专长及设备之内容以为调整之依据"②。

国民政府时期,学术研究机关与学术文化团体有了长足之进展③。除了一些地方性的边疆研究团体外,不少全国性边疆研究团体也应运而生,如禹贡学会、中国边疆学会、中国边疆学术研究会、中国边疆文

---

① 陈平原:《中国现代学术之建立——以章太炎、胡适之为中心》,北京大学出版社1998年,第7页。

② 柯象峰:《中国边疆研究计划与方法之商榷》,《边政公论》1941年第1卷第1期。

③ 蒋致远主编:《第三次中国教育年鉴》第8编《学术文化》,台北宗青图书出版公司1991年,第1页。

化促进会、中国边疆建设协进会、边疆问题研究会、中国边政学会等。各类"民族研究之团体在此时期内极发达,重庆一地即有8个单位,其他大都市间,每处必有一二团体之组织"[①]。众多边疆研究机构的兴起,边疆研究刊物及出版机构的出现,使边疆研究成为一种学人抱团合力而又相互竞争的事业,成为国家边疆开发与建设的"计划政治"[②]的重要组成部分,成为学术活动迅速开展、研究成果较快发表的热门领域[③]。

民国时期的边疆研究,在广度和深度上较之清代后期都有重大突破。言其广度,表现在学者们推出了一批整体论述中国边疆问题的著作,视野更加宏阔,不再局限于某一地之自然与人文的介绍。同一时期从整体上论述中国边疆问题的论文数量更是不胜枚举。针对具体某一边疆地区的相关论著亦复不少。值得一提的是,民国时期的边疆研究,逐步打破了既往西北研究独尊的格局,在关注区域上较为均衡。作为传统学术的边疆研究,一般以与邻国接壤之区为限,如东三省、内外蒙古、新疆、西藏,均为边疆研究之主要对象。西南各省,过去学人甚少措意,但在民国时期这一景况明显改善,尤其是在抗战时期,由于国民政府迁都重庆,西南边地成为国人的关注中心,相关研究成果层见叠出。言其深度,则表现在许多边疆研究成果突破了区域的局限性,转向了专题研究的广泛性,在边疆研究的各个方面,如边疆政治、

---

① 徐益棠:《中国民族学发达史略》,《斯文》1941年第2卷第3期。

② 有一篇评论文章指出,"计划政治的实质,是学术政治。学术政治是政治与学术的统一,也是哲学政治与科学政治的统一","要有学术政治,才能有计划政治;计划政治的达成,深赖学术政治的建立"。参见严明:《计划政治的达成》,《民族文化》1941年第3期。另有人指出,所谓计划政治,就是"政府运用科学管理方法,按部就班能够实践为人民管理政事的一种科学的行政"。参见黄益中:《计划政治与专家行政》,《防空军人》1940年第1卷第7期。

③ 汪洪亮:《民国时期边疆研究机构的兴起及对边疆学术之形塑》,《北方民族大学学报》2017年第4期。

经济、宗教、文化教育等，都推出了专门著述，而且往往兼顾叙事与说理，有着很强的学理性，而传统意义上的边疆研究则较多叙事，学理层面的辨析较为缺乏。

民国时期的边疆研究，经历了一个从注意边疆自然到关注边疆人文，从调查客观存在到寻求主观方略的过程。这体现了近代以来国人对边疆地区认识由浅入深的过程，也就是从了解是什么，反思为什么，到思考怎么办，最终为边疆建设服务。多学科深度介入是民国时期边疆学术最为重要的特征。如《边政公论》发刊词所言，边政研究"使命十分重大，工作亦十分艰巨，兹当草创伊始，切盼我国内从事边疆工作和注意边疆问题的贤达，以及研究政治、经济、社会、人类、民族、语言、史地等等学问的鸿博之士，予以多多的鼓励指示和帮助，俾本刊能尽

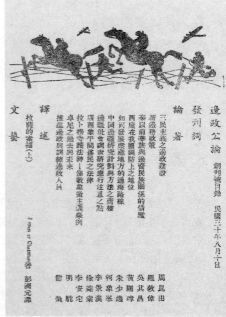

《边政公论》创刊号封面与《发刊词》

到上述的任务,以贡献于边政"①。

　　上述若干看法,散见于笔者既往的相关论著中。近些年来,笔者所从事的工作或许可以定位为近代中国边疆学术史,也就是对近代中国边疆研究的研究。从机构、学人、论著、期刊、学科等多个维度去审视近代中国边疆研究,是非常必要的。如果离开了知识生产和思想传播的主体,而空论知识和思想,无疑是聚沙成塔。但是如果回避了知识和思想,只是关注生产机构与传播平台,所见也就有骨无肉了。能够牵串两者的最佳视角,自然是学人。学人既是知识和思想的生产者,也是知识和思想的传播者,还是各类学术机构和传播平台的创立者和运营者,他们组织了知识生产和思想传播的全过程。所以他们的经历与思想,与他们所奉献出来的精神产品,具有最为直接的关联。如果不能知其人,论其世,我们也很难设想,我们是否能真正体会其创制的知识及表达的思想,是否能体察其字内真意和言外之意,是否能走入其内心世界并看到其所处时代很多人的内心世界。

　　在中国传统史学中,传记本是底蕴深厚的文体,然而,随着 20 世纪"国族主义"的兴起,"人的专史"逐渐被"国家的神话"与"人民的传说"取代。20 世纪前叶,梁启超与钱穆都曾提出过"回归史传"的倡导,却很快被淹没在历史的浪潮之中②。王铭铭近年来关注人类学的学科发展史及学人的人生与学术,推崇"人生史"这个概念。作为一个人类学家,他却宣称"我的追求是历史方面的",并以为要做好"人生史"的研究,最好是"选择一位重要,却并非是路人皆知的'非常人'为对象,围绕这个人物,穷尽相关文献,进行相关口述史或口承传统(如传说、传闻、谣言、访谈)研究,将零碎的信息当作'补丁',恢复该人物一

---

　　①　《发刊词》,《边政公论》1941 年第 1 卷第 1 期。

　　②　刘琪:《社会科学如何在反思中重建——读王铭铭新作〈人生史与人类学〉》,《中国图书商报·阅读周刊》2010 年 12 月 7 日。

生经历的所有事，一生所想象的物，制作某一‘history of a life’”①。

　　这番表述对于从事学科、学人与学术等课题的研究学者，具有特别的启发意义，遥遥呼应了历史学家钱穆关于“历史讲人事，人事该以人为主，事为副。非有人生，何来人事”②的治史名言。近年来近代史学界著名学者罗志田和王汎森都指出了学术史研究中普遍存在的“人的隐去”或“人的消失”的问题，可谓英雄所见略同③。不信东风唤不回。这种持续的呼吁，理应受到史学研究者的高度重视并得到积极回应。

　　在《中国历史研究法补编》中，梁启超专门谈到人物的专史研究，提出“伟大人物是作专史的主要对象，但所谓伟大者，不单指人格的伟大，连关系的伟大也包在里头”④。所言关系，可以理解为联系。关系有多“伟大”，联系就有多密切。其实质是强调人物与社会、国家及世界等外在空间的关联；这种关联越是交错密切，其人生就越具有超越个体和区域的特征。人生史研究具有无限广阔的空间，可以有效连接社会科学研究三个层次的空间单位（个体、社会和世界），可以在呈现人生与文明间相互表达关系的同时，为社会科学突破民族—国家内部

---

　　① 王铭铭：《人生史与人类学》，生活·读书·新知三联书店 2010 年，“绪论”。

　　② 参见钱穆：《国史新论》，生活·读书·新知三联书店 2001 年，第 298 页。他在《略论中国史学》一文中也说：“历史记载人事，人不同，斯事不同。人为主，事为副，未有不得其人而能得于其事者。”参见钱穆：《现代中国学术论衡》，生活·读书·新知三联书店 2001 年，第 113—114 页。

　　③ 罗志田：《学术史：学人的隐去与回归》，《读书》2012 年第 11 期；王汎森北大演讲：《人的消失？！二十世纪史学的一种反思》，2016 年 3 月 30 日，来源：澎湃新闻，http://m.thepaper.cn/newsDetail_forward_1449813?from＝timeline&is appinstalled＝0

　　④ 梁启超：《中国历史研究法补编》，《中国历史研究法》，上海古籍出版社 1998 年，第 186 页。

整合的约束力提供内在动力①。

本书论及的边疆学者，如顾颉刚、李安宅、于式玉、杨成志、徐益棠、张廷休等，不似梁启超、胡适、郭沫若等人在学术和思想界甚至在政治史上都有重要影响，亦不及他们的"关系伟大"，但更能代表那个时代大多数学者的学术选择和思想路径。他们在政学两界都有较高的活跃度，其"朋友圈"或者交游范围相当宽广，他们的学术话题并非仅仅关涉学术，而与民族国家建设及边疆社会发展有着直接关联，从而使其人生角色不再是单一的，而是具有丰富的关系，与诸多话题都有牵连，他们完全具备梁启超所言"专史研究"的"伟大人物"标准了。

由学人而知学术，延及学人所处之时代及其同时代人之研究，应为今人研究学术史的基本轨则。如果仅仅依据文本解读，而忽视了文本创制者的成长经历与思想历程，就会使我们的研究缺乏"温情与敬意"，可能也会导致对文本的误读。如果我们对思想者及其"朋友圈"和他们所受时代的约束及对社会的观感有深入的体察，或许对其思想的经纬及暗隐的心曲能有更多意会。

社会史是近年来史学界非常活跃的研究领域，其概念界定常有专史说、通史说和范式说，各有所本。在笔者看来，从事具体研究的学者们可以各取所需，不必为其概念所束缚。各类专门史与社会史可以贯通，比如经济史、政治史、学术史，都应注意社会史这个视角。任何历史人物和事件，都不是凭空出世的，都有其社会环境、氛围及影响。我们的历史研究对象，并非孤立存在，而其言行及思虑，在很大程度上取决于特定的处境，受制于特定的语境。我们常强调注意文本与语境的密切关联，就是要设身处地去思考其"位置"，从而有所谓"理解之同情"。我们要注意人物行事及性格的成因，要关注历史事件运行过程

① 伍婷婷：《回归人物的人类学研究——从"人生史"想到的》，《西北民族研究》2011年第3期。

中社会各界的互动，要重视人物及事件对社会所造成的影响，要探寻其间"关系的伟大"，其实都是需要借助社会史视角的。

学术史在西方相对边缘，但在当下的中国，却可谓异军突起，方兴未艾。老辈学人的学术史研究，常与关注"重要人物"的思想史纠结在一起。葛兆光的《中国思想史》关注"一般"人的思想，在很大程度上弥补了过去思想史著述中，专注于大人物而忽视更大人群的疏漏。当前方兴未艾的社会史，关注的往往并非众人皆知的大人物，更多具有目光平视或向下的视角。学术史研究也应注意此点。梁启超认为，讨论"学术思想变迁之大势"，必须述及所有"在其时代占势力"而"可以代表一时代一地方之思想者"，不必计其"思想之为良与否、为完全为不完全、为有条理为无条理"①。这为本书的存在提供了价值支持。无论笔者述及的这些学人，在那个时代有如何的地位与影响，但都具备"可以代表一时代一地方之思想者"的定位。

罗志田呼吁学术史研究重心要放在人上：学术史应该是学术的历史，其主体，不仅要有学术，更应有学人；学术史离不开具体的学术文本，更当回到学术的产生过程中。学术史完全可以也应该是学者治学的历史，最好让读者看到学者怎样治学，并在立说者和接受者的互动之中展现学术思想观念的发展进程②。

近代中国处于革故鼎新的大变局时期。梁启超在 1901 年指出，相对于中国数千年来的"停顿时代"来说，当时中国处于充满变数的"过渡时代"。语其大者，政治上的"新政体"，学问上的"新学界"和社会理想风俗上的"新道德"，均未能取代旧有；言其小者，"例案已烧矣，而无新法典；科举已变矣，而无新教育；元凶处刑矣，而无新人才；

---

① 参见《新民丛报》1902 年第 6 号、《周末学术余议》及梁启超的"记者识语"，转引自罗志田《经典淡出之后》，生活·读书·新知三联书店 2013 年，"自序"第 2 页。

② 参见罗志田：《学术史：学人的隐去与回归》，《读书》2012 年第 11 期。

北京残破矣,而无新都城",无一不体现"过渡时代"之特征。在这种时代里,当然新旧杂陈,有"老朽者",也有"青年者"。梁启超呼唤适应过渡时代的具有冒险性、忍耐性和别择性的英雄,但同时指出,一国之进步,还是要靠多数之国民,其所言英雄,也是"芸芸平等之英雄"①。他的"新史学"注重书写"国民"的史观与其对"芸芸平等之英雄"的期盼也是一脉相承的。

报人张季鸾认为20世纪前30年中国之变化,为"五千年来未有之新局":"中国政治、经济、社会各方面,实已经重大之变迁。盖由帝制以至共和,由党政以至党治,由筹备立宪以至国民革命"②。

1938年,李安宅在《社会学论集》的"自序"中说道:"这一段落的中国社会,是在空前未有的非常时期,自无待言。整个社会系统既那样动荡着,活在系统以内的个人也更脉搏紧张地充满了这个节奏。可惜著者不是从事文艺的人,不能写出惊心动魄或如泣如诉的文艺来。更可惜不是从事武备的人,没有在行动上打出一条血路。一个关心社会现象的知识分子,一面有建设科学的野心,一面又感觉到口头的科学没有用,要在活的人生里找出理论的指导线索,且使理论的知识变成活的人生,结果便流露了这么一点痕迹。"③

1945年2月22日,寓居成都的徐益棠在其著作《清代秘史》的"自序"中写道:"士当乱离之世,当必有所建树,或荷戈于疆场,或运筹于帷幄,生何足恋,死亦不惜!乃余避乱他乡,偷生篱间,消磨于图籍之中,俯仰于饥寒之下,掇拾败纸,辑成斯编,得不为贤者所齿冷乎?……壮者待教,幼者待养,东望故乡,又安得使余奋然投袂而起,奔赴国事者耶?他日国军凯旋,挈儿辈翩然返里,重过竹贵轩廊下,风

① 梁启超:《过渡时代论》,《饮冰室合集·文集之六》,中华书局1989年,第27—30页。
② 张季鸾:《大公报一万号纪念辞》,《大公报》(天津)1931年5月22日。
③ 李安宅:《社会学论集》,燕京大学出版部1938年,"自序"第1页。

廉凉榻,纨扇流萤,溯往事于当年,哭穷途于斯日,又得毋憬然兴感,泫然流涕也欤？"①

上述两位学者的喟叹,一在全面抗战军兴之初期,一在抗战胜利前夕。时势虽异,所见略同。作为学人,二人均对无法建树而感到自责。相比一直充满革命情怀的李安宅,徐益棠更多一些感时伤世。但我们都可以从中看到他们所处社会的动荡以及他们的无力又奋起的复杂心态。如果我们不能体验李安宅、徐益棠等学者对时势的认识,对其个人经历与时代洪流的精神联系缺乏理解之同情,那么我们在审视其文本时要做到"心通意会",真正理解学人及其所在的时代,显然是存在困难的。这再次提示我们,过去相关学术史研究主要立足于学人论著而相对忽视学人与时势的互动以及其心境,或许对我们全面准确把握其思想与学术是有所窒碍的。

王建民、胡鸿保等学者在中国民族学人类学史研究领域做出了突出贡献,他们全面梳理了各个历史阶段学科发展的宏观情形,但对具体的学者如何投入边疆研究,取得了何许成绩,何以取得这些成绩等问题还有进一步深入探讨的空间②。我们看见了他们所罗列的各个历史阶段的学术成果,却很难看见成果创造者的学术思想及其思想形成的过程。学术界对此关注不够。不少在民国边疆学界影响很大的学者,在现今的边疆学术史论著中,大多寂静无声。随便列举一下,这个名单就可以拉得很长：吴文藻、华企云、凌纯声、柯象峰、徐益棠、张西曼、芮逸夫、卫惠林、吴泽霖、梁瓯第、马长寿、江应樑、任乃强、李有义、吴定良、岑家梧、胡耐安、胡鉴民、庄学本、张少微、蒋旨昂……他们中的大多数,至今仍消隐在那些泛黄发脆的纸页中。

当然,近些年来,情况有些微变化,部分开设民族学专业的高校在

---

① 徐益棠：《清代秘史》,铁风出版社 1948 年,"自序"。

② 参见王建民：《中国民族学史》,云南教育出版社 1997 年；胡鸿保：《中国人类学史》,中国人民大学出版社 2006 年。

整理和追溯学术史传统的时候,也注意到传承发扬前人学术传统的必要,比如马长寿之于陕西师范大学、吴泽霖之于中南民族大学。笔者所在的四川师范大学,也有多位学者关注曾在该校工作的李安宅、于式玉。当然,就上述名单中的学者而言,所有关于他们的研究成果的总和,都不及学界对费孝通与林耀华的研究。那么我们得思考一个问题,研究现状是否能真实反映本来群星璀璨的民国边疆研究及其学人群体? 费、林二人能否代表民国时期的边疆研究与民族学的大部分面貌? 答案显然是否定的。

在民国时期的边疆学术地图上,我们可以在不同时段不同区位看到诸多学人忙碌的身影,也可以看到一些重要学人在不同时空中的穿梭。仅仅两颗星星闪耀,显然并非民国边疆学术史的完整夜空。如果我们在研究工作中目不斜视、心无旁骛,坚持干一行爱一行,研究一人即崇拜一人,而没有"吾爱吾师,吾更爱真理"的历史主义态度,不对同时代学术圈做更多的研究,不对学者的人生交集和思想学术异同做更多的考察,仅仅依据后见之明就牵强附会,那么学术史研究中的拔高与矮化,叠加与遮蔽,也就难以避免了。基于这样的考虑,笔者特意将目光瞄准那些曾经非常闪耀而后来被有意无意遮蔽的星星,不外是一种回到历史现场的追求。

本书即是近年来所作边疆学人研究的一点尝试。全书共分七章。前面两章聚焦学人群体,探讨他们的边疆观念和边政主张,梳理他们对中国边疆研究的学科努力。第三到第六章则聚焦学人个体,对以边疆学人为身份标识被研究较少的顾颉刚、李安宅、于式玉、徐益棠、张廷休的边疆研究经历与思想作了初步的论述。第七章则是对当前中国边疆学构筑的学术努力及未来的发展路径的回顾与前瞻,也对本人的研究计划做一"坦白交代"。作为群体的边疆学人既有和而不同者,也有同而不和者;作为个体的边疆学人,具有各自的生活经历与心理体验,也有对时代的一些共同的观感和认识。目前所做的研究,与笔者所主张的研究旨趣和期待的局面相比,显然还有很大的距离。在此后的研究工作中，笔者自然会延伸相关研究领域，放宽历史的视野，关注更多的学人，同时也期待学界更多朋友进入这一研究领域，成为"仰望星空"的人。

第一章　民国学人的边疆观念和边政主张

中国是个历史悠久的多民族国家,历代边政虽因时移势异迭有变化,但其政策大体不出文化主义,少有主动介入边疆经济社会事务以促其发展。时至近代,在西力东渐及西潮冲击下,中国边疆局势持续恶化,边疆政策也有显著变化,知识界出现两次"边疆学运动"。1937年日军全面侵华,更使中国边疆危机关系国家民族生死存亡。昔日作为国防前线的边疆,此时已成抗战大后方和民族复兴基地。这一时期国人对中国边疆与边政的认识,相较过去已大相径庭。国人对边疆与边政含义的认知,直接影响到当时边疆研究范围的广狭和研究方式的变化[①]。学界对此问题已有初步研究,但主要集中在边疆,对边政相对忽视,且较少注意国人边疆观念在民国时期的流变,乃至混同政学两界观念。时人对边疆问题的严重性及边政存在问题有许多考察和判断,对如何调整边疆政策及改革边政机构等提出了不少建议。本章拟对上述相关问题做一初步梳理。

---

① 参见汪洪亮:《中国边疆研究的近代转型——20世纪30—40年代边政学的兴起》,《四川师范大学学报》2010年第5期。

第一节　中国边疆与边政的概念考察

南京国民政府时期国人对近代中国边疆局势变迁的观察及对边疆、边政含义的认识有一个演变过程。1930 年代边疆危机严重的时候，地理边疆说更有市场，其国防意义更为当局所看重。但在 1940 年代，不管是官方还是民间，多从文化视角看待边疆，并对其含义作了基于地理的解释。这样来理解和界说边疆，其意在避免将国内民族问题政治化，而是将其定位在地理和文化上。国人言说中的边政，内容涵盖面很广，举凡边疆民族地区的政治、经济和文化建设，皆在其中。但在边政工作中，民族工作又常被认为具有关键性、基础性作用。国人对边疆与边政含义的认知，直接影响到当时边疆研究范围的广狭和研究范式的变化。

一、政学两界对边疆含义的认识

晚清时期内忧外患，清政府在边疆地区的统治逐渐松弛。列强对中国边疆蚕食鲸吞，东北、新疆、西藏、蒙古等地险象环生。原来的国际秩序早已被打破，国人的民族意识逐步觉醒。《浙江潮》首任主编蒋方震指出："民族主义者，十九世纪之产物，而亦其主人翁也"，"一呼而全欧靡而及于美而及于澳而及于非犹以为未足，乃乘风破涛而入于亚"。在他看来民族主义，就是"合同种异种以建一民族的国家"，"凡立于竞争世界之民族而欲自存者当以建民族国家为独一无二义"，也就是说，唯有全民族竭诚团结，才能扭转此种严峻形势①。

这种民族主义的指向，不再是早先的"非我族类"，而是遥远的"外邦"。清季朝野积极开展各个层面的改革，但甲午一役，清廷完败，

―――――――――――

① 余一（蒋方震）：《民族主义论》，《浙江潮》1903 年第 1 期，见张楠、王忍之编：《辛亥革命前十年时论选集》第 1 卷下册，生活·读书·新知三联书店 1963 年，第 486 页。

迨至戊戌维新百日而辍，不少国人对朝廷丧失信心，积极寻求新的价值体系，逐渐接受国家概念，将过去对汉文化的忠诚转移到了种族、国家这二者相结合的对象身上，以民族国家来界定自身①。如何将这样一个被鸦片战争拖入近代国际秩序的多民族王朝国家整合为近代民族国家，即"构建民族国家"（National—Building），成为时人的重要任务。

为应对列国交侵的严峻形势，清政府制定"门户开放"政策，并开辟自开商埠，以维持各国在华力量均势②。"九一八"是个重要转折点。日本占领中国东北后，原有的列强在华均势遂被打破，"门户开放"的原则也被"摧残殆尽"，帝国主义国家"纷起效尤，对于领土之侵略，更明目张胆，不复有顾忌"③。自此中国全部边疆都"交了多事之秋"④。

时任国民党中央政治会议秘书的范苑声认为："各列强宰割中国边疆的活动范围和实力，多受了日本势力的牵制，而日帝国主义者已无形中占了最上峰的地位，这不能不说是中国边疆问题上的一种大转变"，帝国主义者"最怕中国赶上了二十世纪的现代国家的正常地位"，"在某种利害的共同意识之下，来加紧对中国边疆的准备工作"，这是边疆问题严重化的"主要因子"⑤。相对于"天朝上国"，近代中国无疑处于"衰世"，但又有复兴的可能性。面对西方强力，的确有不少国人

---

①　参见［美］恩杰尔（Jonathan Unger）主编：《中国的民族主义》，纽约夏珀图书出版公司1996年，第11页。

②　参见杨天宏：《晚清"均势"外交与"门户开放"》，《社会科学研究》2008年第6期。

③　凌纯声等：《中国今日之边疆问题》，正中书局1934年，"编者序言"第1页。

④　思慕：《中国边疆问题讲话》，上海生活书店1937年，第2页。

⑤　范苑声：《我对于今日的边疆问题之认识与意见》，《边事研究》1935年第2期。

在惊讶之余知耻而后勇，在学习西方过程中渐有赶超西方的心态①。

地方主义在边疆的蔓延和民族离心趋势的严重也是边疆危机的要因。晚清政府无力整合地方政治，地方政治力量异军突起，这种趋势延续到民国。民初的军阀乱象即为明证。帝国主义国家在中国鼓吹民族独立和"民族自决"，也有一定市场。有些边疆地区少数民族上层就以帝国主义为靠山，搞民族分裂活动。由于语言文化及历史传统的差异，部分国人往往在家族、地域或宗教层次上建立对民族的忠诚理念，这是中国历史上民族矛盾冲突绵延的重要根源。如若各族不能超越狭隘的族群观念，实现多民族社会文化及政治的交融和整合，则中华民族命运堪忧②。

中日战争绝非短期可分胜负，持久作战势在必行。中国边疆的开发与建设很大程度上将决定抗战前途，如姜蕴刚所言："欲使长期抗战，或如日本人所说的中日战争百年化，若非尽量开发边区，实在是无长期经济基础及安置难民之办法，中国应该藉此开边。不仅可以多增富源，而且可以使边区开发后之产物，促使中国农村社会工业化。"③

中国古代边疆地理仅有距离中枢远近的意义，而没有明确的四至界限。近代以来由于中国丧失大片国土，签订若干条约，再加上西学东渐中的学理输入，国人的民族与国家意识逐步觉醒，试图对边疆的概念与范畴有准确认识。民国时期的边疆观念，已由古时相对的文化边疆说转变到了多元边疆说，但其侧重点仍有变化：1930 年代地理边

---

① 参见郑大华：《论孙中山的赶超西方思想及其意义》，《史学月刊》2006 年第 11 期；彭大成：《论中国近代赶超西方的急躁心理及其现代效应》，《湘潭大学学报》1996 年第 5 期。

② 胡成：《略论晚清民族主义思潮对边疆事务的构思》，《近代史研究》1995 年第 6 期。

③ 姜蕴刚：《边区问题之理论与实际》，西南边政协会 1940 年，第 13、14 页。

疆说更有市场,边疆的国防意义更为当局看重。但在1940年代,时人多从文化视角看边疆,并对其作了基于地理的解释,如区位分隔、生产方式差异、地形差异等。不管是官方还是民间,对边疆的文化性似更为重视,阐释得更为充分。

蒙藏委员会秘书周昆田曾说:"抗战以还,国内学人及从事边政工作之人士,对此问题即不断加以研讨,惟以个人观点的不同,见仁见智互有歧异,迄未获一致的结论。"[①] 周氏所言,符合历史事实。那时边疆概念相当多元,政学两界可谓各抒己见。其实结论本无须一致,因为"边疆"一词本就有多种含义。如实施文化教育和国防建设,各自所针对的"边疆",其具体区域及方法,肯定大相径庭。或因为此,那时国人对边疆的认识依然是驳杂的,但是依然有条主线,那就是在肯定边疆地理含义的情况下,非常重视文化意义上的边疆。不从地理角度审视边疆,这样的讨论缺乏根基。不从文化角度来讨论边疆,这样的讨论无疑是浅薄的。

国民党早期并没有对边疆进行明确具体的论述,多是谈民族问题而顺带涉及。国民党三大(1929年)第一次较全面系统阐述其边疆观,决议指出蒙古、西藏及新疆边省人民的方言、习俗与他省不同,在国家行政上稍呈特殊形式,但其着眼点侧重在民族。国民党四大(1931年)通过《确定边区建设方针并确实进行案》,指出边远省区与内地各省在地理、历史、风俗、人民思想等方面存在不同[②]。虽然已提及边疆地区的特征,但其界定主要针对蒙、藏、新等地,对其他边疆地区少有提及,或不与蒙、藏等地相提并论。抗战军兴后西北、西南部分省区虽被国民党政要屡屡提及,其开发建设问题也日益受到重视,但其

---

① 周昆田编著:《边疆政策概述》,台北"中央"文物供应社1984年,第5页。

② 参见朱子爽:《中国国民党的边疆政策》,国民图书出版社1944年,第45页。

"边疆性"仍少有得到确认。尽管对边疆的多种含义已有初步认识，但侧重蒙、藏、兼顾其他，重视陆疆，忽视海疆，应是国民党人边疆观念的基本特征。

石青阳 1933 年指出，中国边疆除海岸线外，由东三省经蒙古、新疆、西藏、滇、桂，均与强邻相接[①]。海岸线所在地为边疆，与强邻相接处也是边疆，这是典型的地理边疆论。黄慕松 1936 年指出："边疆两字，普通多指四周接近邻国之地域，其义广，而在本题则仅指远离中原，既接强邻，又与内地情形稍有差别之领土。如地带、气候、民族、语文、政俗诸端，均与中原相同，则虽在极边而不视之为边疆，如闽、粤诸省是。否则虽不在边徼，亦可视为边疆，如青、康诸省是。本此意义以定我国之边疆，自当以蒙古、西藏、新疆、西康为主，察、绥、宁、青等省次之，此外如东三省、云南、两广及沿海诸省，虽处边疆，民情风俗，一如中原，法令规章，普遍使用，已无特殊行政区域之性质，故不能与边疆同视。"[②]

二人言说上述话语时均在蒙藏委员会委员长任上，见解就已不同，虽然都以蒙、藏、新为边疆，但黄慕松认为沿海"不能视为边疆"，与国界相邻区域亦非全是边疆，且将边疆分出主次，均为石青阳所未论及。两人所论边疆区域，范围广狭悬殊，可见当时国民政府对边疆区域范围尚无明确规定。

长期从事军政和边疆事务的高长柱认为："凡国与国之间标识其领土主权之区别者曰'国防线'，接近'国防线'之领域，即边疆也。边疆有远边近边之分，远边，如吾国之外蒙、新疆、西藏是也；近边如察、绥、青、康是也。无论远边近边，其去内地必远，交通阻塞，自无待言……然边地之地理、气候、风俗、语文，均与内地不同，其所设施，亦

① 《蒙藏委员会委员长石青阳在中央纪念周报告词》，见张羽新、张双志编纂：《民国藏事史料汇编》第 1 册，学苑出版社 2006 年，第 196 页。
② 黄慕松：《我国边政问题——五月三四两日在本处电台之讲词》，《广播周报》1936 年第 86 期。

必因地制宜,始能顺利进行而无碍,故宜如何指导协助,势非加以适当之研究,特殊之计划不可","筹边与国防,关系至为密切,故谓筹边即建设国防,无不可也。"[①] 他也注意到边疆与内地有着不同的自然和文化特征[②]。

曾在国民党宣传部门工作的黄奋生指出:"边疆就是一个国家领土的边缘疆域,但是中国边疆的解释,非这一意义所能包容,因为一般人对于中国边疆的看法除了中国领土的边缘的疆域,如辽、绥、甘、宁、青等位居腹地之省份,也称之为边疆",乃因"这些省份的土地未尽开发,又为游牧经济的各宗族所散居,其人民的语言文化,亦与中原各省有所不同,基于这些特殊的条件,故一般人叫这些省份为文化的边疆,前者是国界的边疆。文化的边疆又名之为近边,国界的边疆,又名之为远边"。由此他认为中国边疆有国界的和文化的两种内涵,这样界说"颇能把中国边疆的涵义道出"[③]。

1947 年国民政府教育部长朱家骅对边疆有过比较全面的解说,他认为"边疆"有三种含义:一是地理的边疆,二是政治的边疆,三是文化的边疆。他指出了三种不同内涵的边疆范围,及三种内涵兼备的边疆范围,并对其各自对应的实施层面做了分析。

> 国境之边界或边缘地带,谓之地理的边疆,地理的边疆兼指海疆与陆疆而言……地理的边疆,常视国势之隆替为伸缩,一方为国防之边缘,一方又为经济的对象。诚以此种边疆,大半为未经拓殖之地带,一旦交通发达,人烟茂密,蕴藏开发,必富有经济

---

① 参见高长柱:《筹边政策与边疆现状》,《边疆问题论文集》,正中书局 1941 年,第 1—4 页。

② 有关高长柱,可以参见张子凌:《高长柱筹边思想及边疆著述》,《中国档案》2020 年第 2 期。

③ 黄奋生:《泛论边疆教育》,《西北通讯》1947 第 1 卷第 3 期。有关黄奋生,可以参见王佩龙、忒莫勒:《边疆学学者黄奋生及其著作》,《中国边疆史地研究》1996 年第 4 期。

的价值，可为经济建设之基础。

政治制度或其组织与内地一般所行政制不同者，谓之政治的边疆……政治的边疆，为边政的对象，边政措施之得宜与否，常决定政治的边疆之内向与外倾。又中央政权之集权与分权，亦多影响政治的边疆之范围……

文化的边疆，系指语言文化具有特殊性质者而言。如谓地理的边疆基于属地主义，则文化的边疆可谓基于属人主义。其包括之范围，约分为内边与外边两种，蒙古人、西藏人、南疆之维，康、滇之夷，湘、黔之苗，两粤之瑶，台湾之高砂，均使用特殊之语文，形成特殊之文化型，统称内边；越南、缅甸、琉球、朝鲜等地，向受中华文化之孵育，其后让割分隶，致文化稍稍变质，然其基本生活，仍不脱中土情调，姑称之为外边。实则文化的边疆即古代或现代之地理的边疆，文化势力与国境边界不能协同伸展或缩减之时，即产生文化的边疆，由于前者成内边，由于后者成外边。文化的边疆，为教育的对象，教育飞速发展，文化的边疆日就缩小，至教育普及之日，"文化的边疆"一词，即不复存在。①

朱家骅还指出，上述三种边疆，有仅为地理的边疆者，有仅为政治的边疆者，有仅为文化的边疆者，又有三者复合兼指者。以笔者目力所及，这是官方对边疆含义最为周至的界定：兼顾了陆疆与海疆，指出地理的边疆为国防前线，具有经济开发潜力；提出中央权力与边疆特殊政治制度的均衡发展为边政原则；分析文化的边疆为内边与外边，并指出其为教育的对象，并随教育的发展而缩小。

民国时期，官方人士对"边疆"没有固定见解，各自表达的差异很大。学者们的认识，也同样多歧。胡焕庸在其《国防地理》等书中即持地理边疆说，认为国人常称边疆为塞外、域外、关外，而称内地为中

---

① 教育部边疆教育司编印：《边疆教育概况（续编）》，1947年，朱家骅"代序"。

原、腹地、关内①。边疆的地理意义是任何学者都承认的。不过在更多民国学人看来,单从地理来界说边疆,显然不够全面和科学,应多从文化的角度来界定。

吴文藻认为高长柱和胡焕庸的地理边疆说有明显的政治含义,实际上"东南诸省,以海为界,本是国界,而并不被视为边疆;反之,甘、青、川、康,地居腹心,而反被称为边疆。这明明不是指国界上的边疆,而是指文化上的边疆";而"文化上的边疆,系指国内许多语言、风俗、信仰以及生活方式不同的民族言,所以亦是民族上的边疆"。他还敏锐地指出:"旧称边疆为'化外',亦代表着文化的观点。所谓'化外',

吴文藻、冰心夫妇合照与《边政学发凡》

① 参见胡焕庸:《国防地理》(青年书店1938年)、《地理与国防》(正中书局1941年)。

就是蛮荒未开化的区域。文化一词，本含有耕作的意思。中国传统文化，是农业文化，所以凡生产技术，尚未达到农耕阶段者，统称之为边疆。"①

吴文藻所言，在李安宅《边疆社会工作》一书中得到了详细阐释。在李安宅看来，边疆是相对内地而言，其不与内地相同，"就自然条件而论，不在方位，而在地形；就人为条件而论，不在部族，而在文化"。从地理角度看，东南沿海各省虽位于"边界"却不能算作"边疆"，而新疆、蒙古、西藏"同样到了边界，则又算作边疆，甚至于国土中心如川、甘、青、康的交界藏名安多区者，在四川有松潘、茂县、汶川、理番、懋功之类……也都成了边疆"。从历史角度看，某些部族在某一时代为边民，但并不表明在其他时代还是边民，"如此，我们便不能不用地形与文化来作边疆的界范"："河谷、平原、盆地不是边疆；高原、沙碛、茂草、森林才算边疆"，"进行精耕农业者不是边疆，进行粗放游牧者才算边疆。而粗放游牧者必据高原、沙碛、茂草、森林一类的地形；精耕农业必据河谷、平原、盆地一类的地形。故文化的边疆实以地形的边疆作基础"②。他又指出：中国正统文化是以农立国的文化，"惟因地理之限制或人工之未尽而未至农工阶段者，其区域吾人率以'边疆'目之"。故国人谈论的边疆，多指文化上的边疆，非国界上的边疆，中国的东

《边疆社会工作》封面

① 吴文藻：《边政学发凡》，《边政公论》1942年第1卷第5—6期。
② 李安宅：《边疆社会工作》，中华书局1944年，第1—2页。

北、西南、西北各方面在文化与国界双重意义之下,可称为边疆的区域很多①。

《边疆研究季刊》编者明确宣称:所谓边疆,依词义解释,当为中国与外国毗邻的地区,"惟吾人本于文化观点,以为边疆之涵义,当为'中华民族文化之边缘'"。编者将"中国民族"分为"我群"和"他群",所谓"我群"即汉族;所谓"他群","则为边疆及内地之浅文化,其语言习俗,乃至一切文化生活,尚须经过相当涵化作用,以渐与'我群'融合为一体"。编者虽然分出"我群"与"他群",却并不特别强调多元,又表示"时至今日,国危族殆,整个中华民族之'群',已不容再有'他''我'之分"②。其实他、我之分,虽然存在,仅是文化差异,均为中华民族一分子。在中华民族内部,对于当时需要不合时宜,故编者又强调不容再分。不管怎样,这是典型的文化边疆说。

有趣的是,张廷休与朱家骅对"远边"定义相近(见后文);高长柱对于"远边"的定义与朱差别极大。高认为,外蒙、新疆、西藏即是"远边",尚属"吾国"范畴;而朱之谓"远边"则是"向受中华文化之孵育,其后让割分隶"的越南、缅甸、琉球、朝鲜等地,已是外国了;黄奋生则认为国界边疆为"远边",文化边疆为"近边",其义又与前两人更不相同,再次证明官方对边疆论述很不统一。

凌纯声认为边疆可从三个方面来界定:一是地理的,如东北、蒙、新、青、康、藏、云南及其他沿内陆边疆之地,"不仅地在沿边,且多为未经开发之区";二是文化的,"在国内具有特殊语文文化的弱小民族,分布之区,即在腹地,可称为文化之边疆";三是政治的,"至今各省尚行旧日边政制度之地,即为政治的边疆"③。

吴泽霖指出,从地理立场看,边疆是一个纯粹的空间概念;从政治

---

① 李安宅:《实地研究与边疆》,《边疆通讯》1942年第1卷第1期。
② 《发刊词》,《边疆研究季刊》1940年第1卷第1期。
③ 凌纯声:《中国边政改革刍议》,《边政公论》1947年第6卷第1期。

观点看，边疆与中枢是对立的名称，部分地区因离中央遥远，或因人口组织的复杂，或因国防上的重要，"政府在设政施令上不得不略有权益处置的必要，因而边疆遂成为政治上的特区"。他强调，如果国家之政治中心、地理中心与政治重心不符，政治重心偏重于地理上的边疆者，则边疆会失去政治意义，如东南沿海本是中国边缘地带，但因其为当时中国政治中心及经济命脉所在地，"毫没有边疆社会的特征"，而"甘肃、内蒙一带，在地理上实为中国的中心，但因离政治中枢过于遥远，又因民族及宗教上的特点，强邻势力的侵入，这些地方的应付及对策最可影响国家的命运，在这种情形之下这些中心地带反成为政治上的边区"，文化上的边疆比政治上的边疆更接近内地，但因与内地民族、语言、文字、宗教、信仰、风俗习惯不同，故被视为边疆 ①。

陶云逵认为："边疆（Frontier）一词，含义甚广，一国之内毗邻政治边界（Boundary）之地带称之为边疆，而一国国民移殖它邦自成一社区，其居住地实亦其国之边疆，如英、法人之殖民它陆，及国人之移居各洲是。有统治权之殖民地为其国之政治的边疆，无统治权之殖民地为其国之社会的边疆。故边疆一词包括国内毗邻边界诸省与海外侨胞社区。"将侨胞社区也作为边疆，这是一个值得珍视的重要见解。那时国人最为关注的还是本土的边疆，包括那些并不在"政治边界"的地带。他提醒应注意边疆文化问题，"在西北、西南诸省中有若干与中原文化不同的人群，各自有其独有的语言与文化模式（Culture Pattern），这若干种人群，我们称之为'边疆社会'"。陶云逵指出："现在普通一般所谓'边疆社会''边疆民族'等等实在是指所有一切与中原汉语

---

① 参见吴泽霖：《边疆的社会建设》，《边政公论》1942 年第 2 卷第 1—2 期。当时不少学者在论述边政问题时，对"边疆"往往都有类似声明，如凌纯声在《中国边政改革刍议》中也指出"本文所称之边省，系指一国内有政治的或文化的边疆之省份而言，其地域之是否在边地，又在其次"。参见《边政公论》1947 年第 6 卷第 1 期。

文化不同体系的诸非汉语社会而言。边疆社会一语的'边疆'一词的地理的含义在诸人心目中实已失去其显著地位",由此"边疆社会乃是'文化的边区'（Cultural Marginal Area）的社会。前述的海外华侨社会乃是社会的边疆（Social Frontier），而东西南北诸边省是政治的边疆（Political Frontier）"。陶云逵所言边疆，实已有三义，即政治的边疆、社会的边疆和文化的边疆。或在其看来，政治的边疆涉及的主要是国防，无由措手，故边政的重心应在文化的边疆上。陶云逵认为，时人最为关注的西南、西北边疆问题或边疆社会问题，"实是个文化的问题"，解决边政问题最关键是要实现"真正的团结"，前提是要"统一的文化"，"就是有同样的社会制度与文化模式"，"这里所谓文化的统一化或文化的改变乃是把边社的文化也跟中原人群的文化一样的'近代化'起来。换言之，就是全国近代化的统一化"，故"政府的边政之重心是使边疆社会的文化改变为近代化的文化"①。

张廷休分别从地理学、人地学和文化的立场辨析了边疆的含义。地理边疆是"海岸线以外的领土边境"，"与外国国土毗连"，无论其语言、风俗及文化有何差异，"在国防的观点上，其有同样重要之地位，概以边疆名之"，可称为"内边"。与"内边"相对应的是"外边"。张廷休认为"凡人文习风与中土密合者可以边疆视之"，如安南及南洋一带华侨密集区域，"无论此等地域在历史上曾否投入故国之怀抱，其当前宅居之人，确然为中国人民，殆无疑义"。"内边"是从地理学立场而言，"外边"则是就"人地学"立场而言，"苟舍属地主义而言属人主义，当亦以边疆名之。吾人如欲与前举'内边'相对待，则此等边疆，可名为'外边'"，除内边和外边外，还有文化的边疆，即"开发较迟，文化水准过低之区"②。

---

① 陶云逵:《论边政人员专门训练之必需》,《边政公论》1941 年第 1 卷第 3—4 期。

② 张廷休:《边疆与教育》,《贵州教育》1942 年第 7—9 期。

　　张廷休此论与陶云逵、朱家骅的观点均有类似之处。张、朱所言"内边"与"外边"主要分野在国家主权归属，但张所谓"内边"是基于地理与国防意义的，"外边"则是根据人文风习，实为中国文化圈之外围，包括侨胞社会；朱家骅从文化的边疆角度来阐述，而"外边"又与陶所谓社会的边疆涵盖范围基本一致。

　　杨成志认为边疆可从两方面解释，狭义的边疆是指"中华四方境土凡与外国领土或殖民地接壤或毗邻的地方……凡领土、政治及人民尚未能与本国文化、政治、经济和教育发生更加直接或密切关系同列于水平线上的区域，便是边疆。这与英文的 Borderland 或 Frontier 两字恰是同等的意义，虽外国人关于我国边疆问题的著述，常惯用 Borderland 一字而很少采用仅指国防前线而比较窄小范围的 Frontier 这个字"。他认为："凡国家的疆土必有其边界，边界的范围原未固定，却随着时代、权力与疆土的扩张和缩小而变迁"，所以不能"拘泥于字义的边疆，尤须顾及实际上的领土完整"，节言之，"今日的广义边疆界说，便是'领土完整'四个字可作代表。再伸述之，不特包容了狭义解说所指定的地区，而且应概括凡沦陷区和接近沦陷区的各省，尤其是既未开发而尚有无□未受汉化的苗、夷、瑶、藏、回各族群所居的内省各山地，都属于边疆范围的重地"。由此，"边疆"即"国疆"，"边疆问题亦等于国家问题"[①]。此说虽也兼顾地理和文化的含义，但特别强调领土完整，把边疆问题上升到国家问题的高度，却为当时多数学人所未论及。

　　上述部分学者，其实也具有官方身份，如吴文藻曾担任国防最高委员会参事，张廷休当时从教育部蒙藏教育司调任贵州大学校长，凌纯声也曾担任边疆教育司司长。但他们均有较多著述，立论多秉学术立场，故不妨归入学界讨论。

　　总之，民国时期官方与学界对边疆的概念并没有统一的见解。很

---

　　① 杨成志：《边政研究导论——十个应先认识的基本名词与意义》，《广东政治》1941 年第 1 卷第 1 期（下文简称《边政研究导论》）。

少有人单独从地理角度界定边疆,他们大多认识到仅仅用国界及附近区域来界定边疆,已与事实及国人认知明显不符,不足以充分表达边疆所包含的各种含义。时人从各个角度看到的边疆,也并非恒定不变,而是与时俱变的:国家势力的强弱,会影响到边疆的广狭;经济文化的发展也会使边疆范围缩小;所处时代的边疆局势和边疆政策也会影响边疆范围的变化。从政治、经济、文化、地理等各个层面来考量,中国内部都有相应的中心和边缘,如地理的边缘区域、政治的边缘区域、经济的边缘区域、文化的边缘区域等,这些层面的边缘区域或重合或互不统属,因而边疆的概念也就显得丰富而又复杂。

古代中国的"边疆"一词,更多具有文化的含义,蕴涵了一种内向的民族主义,是中华民族内部的自视甚高的"傲慢"。民国盛行的文化边疆说,与古代有了明显不同,至少立意截然相反,强调其文化差异,目的在于显示对各族人民的平等对待和团结,以共同对抗其他民族的侵入。这已是一种外向性的民族主义。当时兴起的国族主义思潮,便是边疆局势恶化与时人边疆观念变化的结果。

三、政学两界言说中的边政含义

中国"边疆"含义如此驳杂,时人言说中的中国边政因涉及边疆工作相关层面,含义亦甚广。又因时人称谓边疆,多从文化角度立论,故其谈论边政多指边疆民族地区的边疆政治。相对中央政治,边政是一种地方政治;相对于外交来说,边政是一种内政;但因边疆又常与外国接壤,边政又与外交活动有着关联;边疆地区常与民族地区重合,边政又常体现为民族事务。中国边政的这种多元面相,均为时人所注意。类似的各类观点基本呈现在政学两界的边政论述中。

1934年,郭家英在《训政时期的边政建设》虽未明确界定何谓边政,但从其内容阐述来看边政实已包括边疆建设的各个方面。边政当然不能和边疆建设完全等同,但郭似将两者混一。她认为"边疆的建设,也是训政建设的重要部分。边政的整理,也是训政时期中的重要工作"，中国边政问题日形严重，"我们边政从来便未曾确实认真的修治过，时至今日，积弊相沿，经营既欠周密，管理亦不完善，组织尤感松懈，何能与列强大炮钢甲相较"，所以"居今日而思反抗帝国主义的侵略，维护民族的生存，边政建设实为最急之要务"。可是论述到后面，她就转到边疆建设的话题上来了。她认为，"就我们整个国家的生存而论，边疆建设，尤其急不容缓"，"从国民经济以至于民族生存的未来言之，边疆之建设尤其不能忽视"，从"民族平等"的"立国精神"来讲，"边疆建设"亦是"目前的急务"。她强调"今日要办理边政，应以经济事业为其基本的骨干，而以政治为其灵魂"①。她的论题是边政建设，但论证时却反复讲边疆建设，显然在其心目中，边政建设其实就是边疆建设，包括边疆的经营、管理和组织，也包括边疆政治、经济和文化建设，这是对边政的一种相当宽泛的理解。

黄慕松在 1936 年的一次讲演中指出："何谓边政？国家对于边疆所行之政令，无论其为保卫，为治理，为开发，亦常因地制宜而有特别注意规划之必要。例如主管边事之机构、治理边疆之法则、开辟边地、启发边民之急务，以及其他一切有关边疆之设施，皆属讨论边政问题之范围。"②可见其所谓的边政，既包括边疆政策，也包括边疆行政；既包括边疆地区的安全保卫，也包括经济建设和文化教育等方面。

张佐华在 1937 年指出，当时国人注意力均集中于抵抗"强敌进侵"和收复国土，但忽略了"足以诱致敌人进侵的中国边政问题"，"这是一个绝大的错误"。他所说的边政，"是边疆政治的简称，是指中央政府对边疆各地的一切行政设施和政治计划而言"。他将中国边政问题梳理一遍后，发现中国边政问题的一个共同特点就是"复杂的民族问题"："中国边疆各省，都是各个不同民族集居的地方，我们今后要保住我们的边疆，首先要对边政工作下功夫，主要便是民族问题的解决，

---

① 郭家英：《训政时期之边政建设》，《天山月刊》1934 年第 1 卷第 1 期。
② 黄慕松：《我国边政问题》，《广播周报》1936 年第 86 期。

如果各民族间的一切新仇旧恨解除，同时再以真正平等的原则作去，各民族都会亲亲善善，团结出来一个坚固而强大的中华民族来，这样，边疆省份自己就会御侮的，更不会引狼入室。"①

地理学家丁骕认为，所谓边政，是指边疆的政治而言。然而"边疆"二字，没有适当的定义可言。字面上的意义是与事实上的含义大不相同。"所谓边政也者，一般的意思是指具有不同文化方式的民族的区域的政治。我们所能了解的，今日中国除了汉语的人民之外，仍有多少人民保持其固有的文化、语言、风俗、习惯、宗教等等，而与汉人不同。恰好大多数的非汉语人民都是居住在中国国土的边缘地区。故将一地域的观念的名词，加诸人民的活动上面，而统称为边民，其政治为边政，这两个意义的凑和是完全不逻辑的，然而我们一谈到边政、边疆，无形中会有上述的了解，故在名词的推敲上面，可以忽略的。但是我不能不说明一点，我们今日所谈的边政，应该是非汉语人民的政治。不论其是什么地域，固然西藏与蒙古，人民与地域，都合于边疆及非汉语人民两个条件。可是贵州、湖南的苗、仲，广西的僮人，福建的畲民，青海的羌、番，都不能算是在边疆地区，他们的政治仍旧称边政。"②

在杨成志和吴文藻的两篇奠定边政学理论基础的论文中也可以看到类似的观点③。在当时学人看来，边政绝非今日与经济、文化并列

---

①　张佐华：《一年来的边政问题》，《中国学生》1937 年第 3 卷第 19—22 期。

②　丁骕：《边政更张的一种看法》，《边政公论》1948 年第 7 卷第 3 期。

③　杨成志的《边政研究导论》以名词解释的形式，对边政研究的对象、内容、理论与方法等层面条分缕析。这篇文章应该是对边政学进行学科建构论述性质的第一篇文章。通常被认为是边政学"开篇之作"或"奠基之作"的吴文藻《边政学发凡》，于 1942 年 1 月发表在《边政公论》第 1 卷第 5—6 期，其发表时间比杨文要晚 4 个月。目前没有证据表明吴文藻写作时曾参考杨文，但两文发表时间相近，都是民族学者对边政研究做发凡性质的论述，呈现了中国南北方人类学者的许多共识。参见汪洪亮《民国时期的边政研究与边政学——从杨成志的一篇旧文说起》，《民族研究》2011 年第 4 期。

之一般所谓政治可以涵盖。杨成志认为，"所谓边疆政治者，就是管理边疆一切边民的事，其最重要的任务，就是如何实现边疆各项问题，如何开化边民，如何提高边族文化，如何推行边疆教育，如何开发边疆资源，如何举行边疆调查，如何探讨边疆文化与历史，如何训练边政干部，及如何设立边疆博物馆等等"。他所归纳的"边疆问题"的三大问题和九个题目，均为当时边政中的急务，囊括了边疆工作各个方面，故杨成志所言，边政研究其实就是立足边疆建设、发展和稳定而对边疆各项问题的综合研究①。吴文藻认为，边政一词，比边事、边务等词的含义更加显明确定，最为适用。边政本系略语，举凡边疆政治、边疆行政或边疆政策等名词，都可以之代表。但是"时人不察，往往滥用边政一词，致使三种意义混而为一"，其实应加以辨别。在他看来，边政有广狭二义，广义为边疆政治，狭义为边疆行政。人类学往往关注政策的具体实施及其成效，即狭义的边疆行政，但政治学多关注较为宏观层面的，类于今日所谓"顶层设计"。讨论边政学既然以人类学和政治学为观点，要贯通二者，惟有采用广义的边政②。

当时刊物中含有"边政"字眼的栏目，所刊文章或信息同样包罗万象，且普遍涉及民族问题。如《边疆通讯》有"边政简志"和"边政资料"栏目，《蒙藏月报》有"边政简讯"（1941年曾改为"边政动态"）栏目，细读之亦不难发现，基本都是边疆民族地区所涉及的各类相关消息。也可见其"边"所涉并不局限于蒙、藏，也不局限于地理边疆，其"政"也绝非囿于政治，而是广泛涉及经济、文化与社会等。不妨举例说明。《边疆通讯》1948年第5卷第2—3期"边政简志"共有35条信息，主要涉及几个方面：一是高层信息，内容有"蒋主席召见伊敏指示新疆省建设""政院增拨热振款救济绥省伊乌盟灾民"。二是有关蒙藏委员会的政策制定或方案实施，内容有"蒙藏委员会喜饶嘉措

① 杨成志《边政研究导论》，《广东政治》1941年第1卷第1期。
② 吴文藻：《边政学发凡》，《边政公论》1942年第1卷第5—6期。

副委员长谈边胞拥护戡乱情形""蒙藏委员会遵照宪法规定拟具蒙旗地方自治方案草案""蒙藏委员会拟定扶植西藏经济发展计划"。三是边地信息,如"锡林郭勒盟阿巴嘎右旗雄王谈该盟情况""西藏商务代表团抵京晋谒主席致敬""拉卜楞保安司令黄正清抵京述职""回教朝圣团返京回新""新疆哈密区各族代表来京分谒各首长献旗致敬"等。四是有关部门的边政措施,如"经济部拟增设台湾工业实验所""教部分发西北边地小学仪器"等①。

　　当时出版的一些含有"边政"字眼的资料也是如此。胡耐安著有《广东之边政报道》(广东省政府边政指导委员会1942年),实为山区少数民族地区的工作报道,分"连阳安化教育区之创置""粤北边疆施教区之改称""边政指导委员会之设立"等3个部分。从地理边疆而论,广东有海疆,但在国人眼中,广东经济富庶,并非边疆,但该地也设立边政机构,说明边疆地区也可以在内地,可见边政也涵盖虽不在边疆但少数民族较为集中的地区。《川康边政资料辑要》是1940年国民政府军事委员会委员长行营边政设计委员会基于实地调查而编的资料集,包括川康地区29个县的资料,每县又分为疆域、沿革、气候、建制、种族、户口、官制、交通、民政、财政、教育、产业、礼俗、语文、名胜等21项,可以说是包罗万端。

　　综合上述,不难看出,首先,那时国人言说中的边政内容涵盖面广,举凡边疆民族地区的政治、经济和文化建设,概莫能外,所以边政建设亦不妨是边疆建设的同义词;其次,在边政工作中,民族工作又是一个具有关键性、基础性作用的主要工作,民族问题不能得以解决,边政工作就难以措手。

----

　　① 《边政简志》,《边疆通讯》1948年第5卷第2—3期。

第二节　中国边政兴革的取径探索

民国边政在政治上目标就是要维护领土完整，重塑中央在边地的权威，建构中华民族以团结各族人民共同对抗外敌。从其实施策略及过程来看，其目标部分得以实现。国民党在历次代表大会宣言中都特别强调要发展出一套促成全国各民族融合的国族主义理论，以培养和增强各族人民对中华民族的认同，造成"一强固有力之国族"。边疆地区的地方上层及普通民众大多认同国民政府及抗日战争的正当性，为持久抗战和最终胜利奠定了民心基础。在经济方面，国民政府兴修水利和移民垦殖，开展边疆地区铁路、公路建设，增强内地与边疆经济交流，促进边疆经济发展。由于大量内地工厂西迁，政府积极开辟富源，边疆实业有了突出进展。1935 年后，国民政府及中央党政各机关竞相在边地办学。1941 年，行政院颁布《边地青年教育实施纲领》，规定"中央对边地青年教育，依一般教育行政系统，仍由教育部主管"，边疆教育行政权至此始告统一。此后中央政治学校多个分校也划归教育部管辖[1]。这一年，教育部就有改设边疆教育司的动议[2]，但因"沿用已久，不便骤易"，蒙藏教育司于 1947 年才改名为边疆教育司[3]。不过那时中国已陷入内战之中，南京国民政府的诸多构想如昙花一现。

与过去中央王朝对边疆地区无为而治的消极态度不同，南京国民政府全面筹划边政，并主动渗透边疆实施边政，而且在对边疆谋取治理的过程中，也不是单一的政治和军事手段，而开始注重经济开发和文化教育发展。但是国民党政治资源稀薄，是个脆弱的党治政权[4]。国

---

① 教育教育年鉴编纂委员会编：《第二次中国教育年鉴》，台北文海出版社 1986 年，第 1215、1223—1230 页。

② 《教部将添设边疆教育司》，《申报》1941 年 1 月 13 日。

③ 参见蒋致远主编：《第三次中国教育年鉴》，第 911 页。

④ 王奇生：《党员、党权与党争——1924—1949 年中国国民党的组织形态》，上海书店出版社 2003 年，第 212 页。

民党中央势力在抗战前基本超不出长江下游,西部各省名义上承认国民政府,行动上各行其是①。当时中央权威未能在地方普遍树立,地方实力派与中央貌合神离,边疆地区或有列强插手或自成独立王国。中央因受边疆交通掣肘和文化隔离等制约而反应迟钝,再因外国势力利用地缘政治及民族宗教因素蛊惑蒙、藏"独立",在边疆地区的施政难度大大增加。国民政府或因建政伊始,即处内忧外患,始终未能通盘推进边疆建设,比如抗战前就关注西北,抗战军兴后运筹西南,看似灵活机动,实际上是功利从事。所以尽管民国政府在边政方面有所作为,却不能做到大展宏图。再者,国民政府边政规划固然完备,但多停于纸面,落到实处不多,一则施政既短,诸多计划未及实施,二则政出多门,缺乏监管,不仅规划未能统筹,有时甚至互相牵制。

那时国人对近代以来中国边疆问题的严重性及边政存在问题有许多考察和判断,对如何调整边疆政策及改革边政机构等提出了不少建议。学界对民国边政有较多研究,但从学术史和政治思想史的角度对那时国人的思考和建议进行梳理的还不多。本节拟以民国后期最主流的边疆研究刊物《边政公论》所刊发文章为例,对那时学人的相关认识进行一番梳理。

一、对民国边疆政策、边政机构及地方边政制度的认识

(一)边疆政策

中国古代历代王朝对边疆地区多数只图"归顺"的名号和边徼的安宁,在边疆经济开发、文化教育发展等方面少有建树。在高长柱看来,自秦迄明,中央所施行的,均是消极的边政,"对于边徼,虽不免时有兵戎之兴,然苟不遭侵扰,即从事玉帛之议,或饵以利禄,或封以爵

---

① 崔之清:《国民党政治与社会结构之演变》中编,社会科学文献出版社2007年,第948页。

位,仅具有朝贡通好之虚名,决未尝尽'筹边政策'之能事"①。

古代如此,近代亦然。时人指出,近代中国边疆沦陷和屡次变乱,中央政府边疆政策的失当,要负"一大部分的责任"。清中叶以来,中央政府对于边疆地域"只取敬而远之的消极态度,甚至漠不关心,完全不知边情",将"宣抚""册封""赠谥""致祭"一类仍作为"法宝","这只表现当局对边疆问题的无策";"边疆有事变发生,不作釜底抽薪之计,只因循敷衍,想偷安一时,也是大大的失策"。乃至到了抗战前夕,"中央对于边疆既多半取消极的政策,边疆经济的开发,文化的发展自然谈不到"②。

抗战结束后,国人对边政的批评不但没有停息,反而更加严厉。1947年,张汉光指出,"最近年多来,我国边疆,外蒙独立,新疆动荡,西藏若即若离,内蒙迭次要求自治,东北陷于混乱,台湾复有二二八事变,几于无日不呈风雨飘摇之况。由于问题日趋严重,中央边疆政策,边政机构以至边疆地方政治制度,乃为国人讨论之中心"③。可见南京国民政府边政,在政策、制度及行政等层面均不能让国人满意。

对中国政府边政"无策"或"失策"的认识,在当时政学两界近乎是一种共识。1937年,一署名"思慕"的学者陈述了中国各个边区的严重边疆问题,试图回答"究竟中国政府对边疆是不是有政策,是甚么政策,执行的效果怎样"④。在时人心目中,中国边疆政策之有无都还是疑问,更遑论其内容及效果。1947年,还有人"向政府要边疆政策",质问:民国以来,政府忙于"安内攘外",对边疆鞭长莫及,但抗战胜利后,边疆问题反而比过去还要严重,政府却拿不出和平民主、切实可行的边疆政策来,"那么我们要问,政府对边疆有没有根本政策? 有

①　高长柱:《筹边政策与边疆现状》,《边疆问题论文集》,第 2 页。
②　思慕:《中国边疆问题讲话》,第 16—18 页。
③　张汉光:《中国边政的出路》,《东方杂志》1947 年第 43 卷第 14 号。
④　思慕:《中国边疆问题讲话》,第 3—4 页。

的话,究竟是什么"①?十年过去了,问题却没变。政策本是政府制定,却要由百姓来"要",可见那时边疆政策还很"不接地气",或未见践行,或成效不彰,民间认同度很低。

不仅学界有此认识,政界人士也有类似的观感。蒙藏委员会秘书周昆田在 1941 年承认历届全国代表大会及中央全体会议虽对边疆问题均有所涉及,但"有关此项文献,前后散列,易为一般人所忽视,或竟以为现在尚无一定之边疆政策"②。1947 年,教育部边疆教育司司长凌纯声还说,"近尚有人认为中央对于边疆,迄今犹未建立一确定之政策者,此实为已定边疆政策,未能见诸实施,而引起之误解"③。从 1937 年到 1947 年,十年之间,国人对中国边政无策的观感并没太大改观。政府自以为有而被民间误解为没有,边政官员也承认边疆政策文献散列,或未能见诸实施,很能说明国民党及其政府的边疆政策不明确或实施效果不明显。这证明时人对国民党边疆政策之有无尚存疑虑是合乎情理的。

国民党在边疆政策上有比较明确而系统的表态,还是在 1941 年 3 月召开的国民党五届八中全会上。此次会议由国民政府委员章嘉、国民党中央执行委员麦斯武德、蒙藏委员会委员罗桑坚赞分别就"边疆情形"做了报告,嗣由第八战区司令长官兼陕甘宁边区总司令朱绍良报告甘肃省党务,甘肃省政府秘书长王漱芳报告甘肃省政治。会议通过《加强国内各民族及宗教间之融洽》等案④。全会通过《边疆施政纲要》,敦促各地"设置边政研究机关,敦聘专家,搜集资料,研究计划

① 桑林:《向政府要边疆政策》,《西北通讯》1947 年第 1 卷第 2 期。
② 参见周昆田:《三民主义之边政建设》,《边政公论》1941 年第 1 卷第 1 期。
③ 凌纯声:《中国边政改革刍议》,《边政公论》1947 年第 6 卷第 1 期。
④ 参见《国民党五届八中全会》,《二十世纪中国实录》编委会主编:《二十世纪中国实录 3》,光明日报出版社 1997 年,第 2913—2916 页。

边疆建设问题，以贡献政府参考，并以提倡边疆建设之兴趣"①。此后边疆建设开始由言论口号变为政府决策。卫惠林1943年指出："自八中全会以来，每次党的政府的民意机关的重要决策，总有关于边疆建设的若干决议，若干政治的，经济的，教育的措施，已见诸施行。但边疆还是边疆，一些临时的设施距离时代与国家的要求仍甚遥远。"②

一般来讲，那时评论国民政府边疆政策者，大体还是认同其政策的进步性，尤其是具有官方背景的学者，多是为政府边政作注解，加以阐发。国民政府重视边政，本来有抗战形势需要的背景，经济文化建设又非短期可以竣事。朱家骅认为，边务工作百端待举，内容应该包括五个"要目"，即心理建设、伦理建设、社会建设、政治建设和经济建设③。"五位一体"，本是边政应有之义，但这五个方面在实施中并不均衡。国民政府经济部专门委员罗敦伟指出："过去的边务政策，似乎太偏重于政治方面，而对于'心理建设'和'经济建设'，虽然也在注意，可是分量还略嫌轻了一点"，心理建设在广义上固然可算是政治建设之内容，但过去政治建设多注重狭义的政治设施④。

从区域来讲，国民政府的边政还有偏重西北的特点。黄文华指出："我国历来一般为政者，都重视西北，说西北是天生重地，言人民，秉性强悍，足为冠国雄兵；言地势，关山雄险，足以握全国枢纽"；但对西南，"未曾有人善为注意过"，"其实西南的重要，实不亚于西北。抗战以来，言民族复兴者，皆推西南，说西南是民族复兴之根据地"⑤。

凌纯声也注意到，"朝野人士，大都注意到西北而忽略了西南……

---

① 《八中全会通过之边疆施政纲领》，《边政公论》1941年第1卷第1期。

② 卫惠林：《边疆文化建设区站制度拟议》，《边政公论》1943年第2卷第1—2期。

③ 朱家骅：《边疆政策与边疆建设》，《新亚细亚》1944年第1期。

④ 罗敦伟：《新边务政策》，《边政公论》1941年第1卷第1期。

⑤ 黄文华：《抗战中的西南民族问题》，《东方杂志》1938年第35卷第21号。

此实为晚近国家建设一件不幸之事"。他认为西北与西南都是复兴民族的根据地,"在抗战建国中的地位至少是一样的重要;西南的地理环境、气候、资源与民力等等多较优于西北,可说是复兴民族的主要根据地"①。他承认两者地位"一样的重要",但不觉又说西南是"主要根据地",可见其潜意识中,西南更为重要,或者委婉地表达西南地位的提升。江应樑认为,过去国民政府的边疆政策重心"是在西北而不在西南,换言之,即只认蒙、藏、新疆为边疆而视西南各苗夷区域为内域……自抗战以后政府西迁,西南边疆及西南边民的实况,始渐为执政诸公明了,才深觉得这广大区域与复杂的宗族,实在不能不有特殊的治理方策和开发方案,实在应当和蒙古新疆作等量齐观,于是政府治边的范围乃始扩大",这一转变是"智慧进步之举"②。凌文发表于1938年,而江文发表于1948年。十年过去了,两个民族学学者对此问题的观感并未发生大的变化,可见国民政府边疆政策"重北轻南"的特点一直很明显。实际上国民政府对西南建设已经相当重视,但身处西南的江应樑所感知到的依然是"重北轻南",可见在其心目中,至少政府对西南建设还重视得不够。

(二)边政机构

那时不少官方学者往往肯定中央边疆政策完善,而批评地方各行其是。而在一般学者看来,边政不善的主要原因是中央边政机关的庸碌无为。南京国民政府的边政机构设置,尤其是蒙藏委员会,是那时学者批评最为集中而激烈的部分。由于复杂的历史原因及当时严峻的形势,蒙藏地区未像其他边区一样建立省份或类似省级地方政权组织,所以中央绸缪边务,以蒙藏为切入点,算是抓住了主要矛盾。蒙藏委员会在加强中央对蒙藏地区的政治联系与监督方面起了重要作用。蒙藏虽在国民政府边政中处于中心地位,但不能以蒙藏代表整个边

---

①　凌民复:《建设西南边疆的重要》,《西南边疆》1938年第2期。

②　江应樑:《请确定西南边疆政策》,《边政公论》1948年第7卷第1期。

疆,不能以蒙藏民族代表整个边疆民族。其边政机构直接以"蒙藏"为名,显然犯了以偏概全的逻辑错误,暴露了国民政府边疆民族观念的片面性。

张汉光指出,尽管蒙藏委员会在处理边疆事务时偶有涉及其他边疆区域,但其具体负责机构只有蒙事处和藏事处,在处理其他边区事务自然无力兼顾。以蒙藏委员会处理边疆事务,显然师出无名,其边政成效大打折扣。新疆及其他边疆地区事务,在中央没有固定的管理机关;在当时蒙藏情势下,蒙藏委员会仅能承袭蒙藏院、理藩院的"理藩作风","打团结与安定的口号,办招待、调处、宣慰、册封等等的事务"[1]。史振纲注意到,自吴忠信以迄罗良鉴,蒙藏委员会的治边政策近于清代的羁縻政策,如今"内外情势大变,仍思一味盲从,妄冀仅以装潢门面和粉饰太平为追求团结和安定的最高希望的手段,却不免落为羁縻政策的尾巴,无以名之,姑名之为蒙头藏尾的'裱糊政策'",与其"抱怨近十年来封疆大吏对于边政上没有齐一步骤,那么毋庸说中央边政机关的姑息无为和领导无方,应当是一个主要的原因"[2]。

不仅名称狭隘,蒙藏委员会机构设置也比较简单。当时不少学者都喜夸赞清代边政,并以中央边政机构理藩院位高权重、机构健全为主要原因。如凌纯声指出,清代理藩院最初属礼部,后与六部同级,"中央边政机构地位之高,为历代所未有,因此有清治边成绩,亦历代所不及"。民国以后,理藩院先改为蒙藏事务局,后改蒙藏院,直隶于大总统;国民政府成立后,再更名为蒙藏委员会,改隶行政院。在他看来,"三十年来,中央边政机构,不仅名称变易,其地位亦已不及各部而居次要。近年中国边政之废弛,其原因固多,然中枢无健全之边政机构,恐为其主因。今欲改革边政,必须如清初之强化中央机构"[3]。

---

① 张汉光:《边政往何处去》,《边政公论》1947 年第 6 卷第 3 期。

② 史振刚:《论现下边政之歧途》,《西北通讯》1947 年第 1 卷第 4 期。

③ 凌纯声:《中国边政改革刍议》,《边政公论》1947 年第 6 卷第 1 期。

　　曾任国民政府考试院秘书长、国民政府顾问的许公武从组织与职权两个方面,比较理藩院与蒙藏委员会的职能权责。他认为理藩院组织健全,事权统一,设有六司三户及厅、处、管、库十三部门,辖区包括内外蒙古、甘、宁、青、新、康、藏等地带,职权涉及政治、军事、经济、宗教以及司法;而蒙藏委员会则仅辖蒙藏两地,其他边疆地区在法理上不属其管辖范围,在职权上"组织法"仅规定其关于蒙藏之行政及兴革事项。蒙藏委员会以蒙、藏人任委员,而委员多散居各边地,无法集思广益,"仅有委员会之名,而无委员会之实,又况教育、文化、军事、交通等项,多分掌于中央关系各机关,割裂支离,事权分散,结果十与年来该会所能推行者,不过边疆政治之联系与边民情感之沟通而已"。经此比较,"理藩院之效率,洵非民国以还中央边政机构所可比拟,此过去史实具在,固无庸为讳者也"①。

　　黄奋生认为理藩院和蒙藏委员会分别代表了中央边政机关的一元制和多元制:前者"职掌繁多,事权统一",是为一元体制;后者为多元体制,"职掌单纯,事权分属",这种多元体制在当时有其必然性,目的是"化特殊的边区如一般的内地","要把边区的政治、军事、交通、经济、文化等,很快的建设起来,责之于一个机关来总揽这么多的事,计日程功,其势有所不能,故仍须分工合作,分道并进"②。

　　蒙藏委员会承袭民国初年的蒙藏事务局、蒙藏院的设置理念,专管蒙藏边疆地区事务,在隶属关系上不再是民国政府内政部所属机构,而是与各部平行,政治地位得以提升。其他中央机构也成立了一些司局或处,负责管理相关边疆事务,如教育部蒙藏教育司(后改名边疆教育司)、参谋本部边务组、中央组织部边疆党务处及边疆语文编译委员会等。单纯从机构及职能来看,应该承认,中央党务和行政部门均有边政工作的负责机构,相关职能及人员配备也不断完善,增设了

---

①　许公武:《调整边政机构之拟议》,《边政公论》1947 年第 6 卷第 1 期。
②　参见黄奋生:《边疆政教之研究》,商务印书馆 1947 年,第 32—33 页。

不少驻外机构、招待室、编译委员会、派驻蒙藏各处专员或办事处，逐步深入边地处理边政，代表中央行使职权，有利于加强对边疆地方的政治控制，强化中央在边地的权威。但因各部门隶属关系不一，地位难有高下之别，很难形成有效的规约和权力传递机制。

对此弊端，国民党中组部部长朱家骅就有体认。1942 年 10 月 25 日，他在边务工作会上指出，"目前掌管边务的机关，虽则各自有其专门的任务，但因缺少联系，难于相辅相成。我们对于边务工作必须合力进行，庶几事半功倍，获致实际的效果"[1]。

从纵向来看，中央边政机构以蒙藏委员会为中心，地方上则没有统一布局，二者联系脱节，中央政令不能贯通，无法形成有效互动。部分边疆省份设置了相关边政研究或调研机构，并非决策或执行机构，且地方边政机构设置较为自主，其隶属关系及其职权范围，均无一律。这些机构缺乏统一规划，职能单一狭隘，存在时间长短不一，没有明确的施政方针和组织保障，其效能自然大打折扣。

（三）边疆政治制度

因边地广袤，民族复杂及历代边政传统，我国边疆地区长期存在与内地不同的一些政治类型。民国尚存的主要边疆政治制度有盟旗、土司、政教、部落等四种，"以之推行行政，不无窒碍"[2]。关于这些边政制度，民国学者已多有研究。不过多为从文献记载叙述制度演变过程，或为当事人口述实录，且多为回溯性的事实研究，而非对策研究。

凌纯声关于民国边政制度的研究值得关注。他指出，"民国二十年前，我国边政废弛"，由于"旧有制度日就凌替，新的制度迄未建立"，南京国民政府时期的"边政系统，紊乱已极"：盟旗各自为政，土司几近独立，形同部落，久与中原隔绝，"故边政初由不知管而放任不管，由

---

① 参见朱家骅：《边务工作应有的认识和态度》，"中央组织部"边疆语文编译委员会 1943 年。

② 凌纯声：《中国边政改革刍议》，《边政公论》1947 年第 6 卷第 1 期。

放任不管而终至不能管,几无边政之可言"。"九一八"后,朝野重视边疆,边政主持者"尤能深知今后欲整饬边务,改革边政,必先从事研究边疆之政教"①。他先后撰写数文,对这些地方边政制度的起源、发展及其组织与边政关系等做了细致的考证与辨析,对其现状及改革方向也都提出了具体意见。

在凌纯声看来,清廷以盟旗制度统治游牧民族,在政治制度上是一大变迁。时至 1943 年,"外蒙四部,科布多、乌梁海等地,已经废除王公及活佛贵族阶级",盟旗等名称虽在,但其首领已"多由人民选举";东北盟旗由日本控制,设置兴安省,以盟为分省,撤废县治;"惟有在绥远之伊克昭盟及在宁夏、青海、新疆之西蒙盟旗,仍沿旧制,迄今甚少变革"。他肯定地说:"清代所创的部落而封建之盟旗制度,已不能适合现代政治",但"在三民主义边政政策之下,应如何改革,在战时战后,也是正待研究而要解决的当今急务"②。对于土司制度,他认为该制"演变至今,实已成为部落而封建兼备之制,以土司之虚名,实行部酋之统治",对这种"逍遥于政府法令之外"的土司制度"急应加以改革",第一步就是"将土司政治列入边政范围","以土司划归边省与中央专管边政机关直辖,使土官不得藉口为土司而处于法外"③。凌纯声关于边政制度研究的第三篇论文,发表时已是 1954 年,但其基本观点应形成于 1949 年前。他对政教制度之源流,元、明、清三代政教制之演变及其现状与分布做了研究④。至于部落制度,散居西南、西北

①　凌纯声:《中国边政之盟旗制度》,《边政公论》1943 年第 2 卷第 9—10 期。

②　参见凌纯声:《中国边政之盟旗制度》,《边政公论》1943 年第 2 卷第 9—10 期。

③　参见凌纯声:《中国边政之土司制度》,《边政公论》1943 年第 2 卷第 11—12 期;1944 第 3 卷第 1、2 期。

④　参见凌纯声:《中国边政之政教制度》,《中国边疆民族与环太平洋文化》,台北联经出版事业公司 1979 年,第 161—178 页。

边疆各地,只是略具政治之雏形。凌纯声认为,这些边政制度有三个共同点 : 第一,统治者多是世袭或转世 ; 第二,所辖土地均行公有制度 ; 第三,被统治者多数视为世民,行动不能自由。简言之,官为世袭,地为公有,民为世民。这些制度都停滞于部落封建神权政治各阶段之上,与现代政治制度格格不入。如要改革边政,就要摒弃这种分而治之的民族隔离政策,一视同仁对待各族①。

关于边政制度的权力机构及其与现代政治制度的不相容处,张汉光也有体会。他指出,在地方边政制度下,权力世袭,贵族专权,民权无保障。在蒙古盟旗制度下,"平民绝无参与政治之权,而有向旗扎萨克纳税与服役之义务"。在西藏政教合一制下,宗教领袖即政治领袖,达赖总揽政教大权,"所谓民众大会,不过徒具形式",西藏政治的实质"显然是僧侣贵族混合统治神权社会的政治"。土司制度存在类似问题,"大小土司,官为世袭,生杀予夺,权为独尊,地为私产,民为私民,封建思想,牢不可拔,封建势力,根深蒂固"。部落制度也是边疆政制之一种,其中散处西南各省之苗、瑶等族,"尚具有隐约之部落政治形式","均有土有民,或称土官,或称头人,亦俨然君国"②。

二、对边疆政策调整和边政机构、制度改革的建议

南京国民政府的边政,不管是从边疆政策的实施、边政机构的设置,还是从地方边政制度的运行来看,都存在很大问题 : 一、边疆政策少有得到真正落实,以至于让人误解为没有明确的边疆政策 ; 二、边政机构设置不科学,以至于不能有效推动边政措施的实施 ; 三、地方边政制度的存在与运行使边疆地区自外于国家法令。边政如何兴革 ? 时人对此问题多有讨论,在此略作梳理。

---

① 参见凌纯声 : 《中国边政改革刍议》,《边政公论》1947 年第 6 卷第 1 期。
② 参见张汉光 : 《中国边政的出路》,《东方杂志》1947 年第 43 卷第 14 号。

（一）边疆政策：三民主义和五大建设

官方学者对于边疆政策的阐释，基本如出一辙。不管是朱家骅的《边疆政策与边疆建设》还是周昆田的《三民主义之边政建设》，都是从"总理遗教"和"总裁言论"和国民党中央历次宣言及决议中"仔细寻求"，从而证明"三民主义之边疆政策，早已确立"①。周昆田曾对国民政府边政进行理论解读和宣传，从民族、民权、民生等三个方面来论述边政各项措施。也就是说，边政目标就是要在边疆地区实现三民主义②。凌纯声的写作思路与周昆田基本一致，他还将1946年《中华民国宪法》中的有关条文摘抄出来，以示三民主义之边疆政策，已明文载在宪法，应该"使其明确而制度化"③。

边政建设与国家建设密切相连，是国家建设的重要组成部分，尤其是在抗战时期具有特殊意义。蒋介石1938年在武汉演讲时提出，要"在抗战进展中，逐渐完成三民主义的国家建设"，"就要推行五种建设——一是心理建设，二是物质建设，三是社会建设，四是政治建设，五是武力建设"，应以武力建设为中心④。他在1944年出版的《中国之命运》中所提到的五大建设已经变成了心理建设、伦理建设、社会建设、政治建设和经济建设，武力建设不在其中。大概此时抗日战争挺过最难阶段，只要持续推进五大建设，增强国力和坚持抗战，胜利终属于中国。这很能说明时局变化之下国家建设的重心转移。不过，蒋介石的这两番表态是针对整个国家建设而言。在边疆建设中，所谓五大建设主要是指后者。

朱家骅认为，边疆心理建设是一切建设的基础，边疆建设工作首先要使"边疆同胞认识他自己是组成国族的一部分，也就是中华民国

① 参见凌纯声：《中国边政改革刍议》，《边政公论》1947年第6卷第1期。
② 周昆田：《三民主义之边政建设》，《边政公论》1941年第1卷第1期。
③ 参见凌纯声：《中国边政改革刍议》，《边政公论》1947年第6卷第1期。
④ 蒋中正：《五大建设》，《华侨先锋》1938年第4期。

的主人；尤其是要使他们能了解国内各民族存亡与共的休戚关系"，使其产生民族主义情愫，拥戴中央和热爱国家，"共同发扬整个中华民族的民主精神"。边疆伦理建设，就是要尊重边民宗教信仰，引导其"爱国家爱民族"。边疆政治建设是要"培养边疆同胞的自治能力，使他们能够做现代中国的国民"。至于经济建设，目标有二：一是内地与边疆"结为国防经济的整体"；二是"边疆人民的生活问题得到圆满的解决"[①]。1943 年正是抗日战争的关键时期，朱家骅谈边疆建设特别强调"国防体制"和"国防经济"，可见那时国民政府对边疆地区关注的重心所在。

国民政府经济部专门委员、行政秘书罗敦伟认为边务政策"如果不与经济政策相配合，把他的基础放在经济方面，可以说，永久不会有真正的成功的。因为在宣传中央德意，集中意识，提高边疆民族内向的情绪，单单在政治上用功夫，固然也可以收效于一时，决不能收效于长久"。只有搞好经济建设，边疆民生改善，"边疆民族才能够了解大中华一统的利益"，内地与边疆的联系"才能有了真实的基础"，所以经济建设"在边务政策中间应该占一个绝对重要的地位"[②]。江应樑特别强调心理建设问题，"第一在收拾民心"。政府威信在边地极为低落，与"边疆官吏之贪污无能"密切相关，应整顿吏治以取得边民信任[③]。

1942 年，金陵大学教授徐益棠在《边政公论》发表《边官边民与边政》一文，开篇即言："国人之论边疆问题者，辄归咎于往昔边政腐败，然边政之腐败，实由于边官之庸碌。边政之良窳，与边官之贤否互为影响，其理至明。然我国边疆何以多庸碌之官；边官是否均为庸碌；则当有一公允之论评。"徐文所言"边官"，主要就是汉官。该文对边

---

①　朱家骅：《边疆政策与边疆建设》，《中央党务公报》1943 年第 12 期。

②　罗敦伟：《新边务政策》，《边政公论》1941 年第 1 卷第 1 期。

③　江应樑：《请确定西南边疆政策》，《边政公论》1948 年第 7 卷第 1 期。

官与边政关系的思考,提醒我们审视中国近现代边疆与边政,应该着重把握边官的素质与作为这一重要因素,但也要注意不可忽视边地的政治生态及边官的个体差异。这对于我们思考历史时期乃至当下的边疆治理都有借鉴意义。徐益棠认为,边官的不作为固然有多种原因,但是"不能专责之于边疆官吏之本身,当转而期诸政府"。政府"当为边疆着想而训练官吏,保障官吏,鼓励官吏,使边疆处处事得其才,才尽其用"。但过去政府没有将边疆问题纳入国民教育,没有"以从事边疆事业为终身志职"来训练官吏,没有以良好的保障与待遇来鼓励边疆工作者,在经费、人事等方面也没有形成促进有志青年的推动力量①。显然边政不良,政府也难辞其咎。改良边政是个系统工程,需要政府做好顶层设计和统筹安排。

　　总之,时人对民国边疆政策的期待有二:一是政策要确立,要以三民主义为指导,兼顾西北和西南,兼顾五大建设各个方面;二是政策要落实,要改良吏治,培植边疆工作人才。

　　(二)边政机构:改名扩权

　　时人对边政机构的改革建议,主要集中在蒙藏委员会。"抗战军兴,中枢转移,边政始为朝野所重视,胜利之后,外蒙独立,新疆多事,谈边政者,或认治边必先改制,改制必先正名。"②不少学者提出,中央边政机构应该改名扩权,蒙藏委员会应改为边政部或民族部。凌纯声、许公武都认为,应兼顾地理边疆与文化边疆,调整后的边政机构,其管辖区域应将两种边疆均纳入其范围,宜将蒙藏委员会改为边政部,扩大其管辖权。凌纯声表示,"中国边政区域,不仅蒙藏二地,照上述之文化的与政治的区域,均在边政范围之内,则边政辖区,远较内地为广大,诚有设部之必要也",蒙藏委员会应改为边政部(或称民族部)③。许公武指出,

---

　　①　徐益棠:《边官边民与边政》,《边政公论》1948 年第 7 卷第 1 期。

　　②　梁瓯第:《论边政制度的革新》,《边政公论》1947 年第 6 卷第 1 期。

　　③　凌纯声:《中国边政改革刍议》,《边政公论》1947 年第 6 卷第 1 期。

应兼顾地理边疆与文化边疆，调整后的边政机构，其管辖区域应将两种边疆均纳入其范围，宜将蒙藏委员会改为边政部，扩大其管辖权①。

黄奋生也主张改名为边政部，不过他认为先要理顺"一元决策，多元实施"的工作机制，必须建立一个"健全的最高边政机构"，一个地位高于其他各部的"神经中枢"，负责决定边疆政策，制定边疆建设计划及方案，联系边疆工作相关部门并考核其工作进度，"凡是边区官民的一切请求，都要先透过这个首脑的边政机构，使边疆施政一贯，边人信仰一尊，采一元之长，得多元之利"。这个机构可名为"最高边务委员会"，直隶于国民政府，有关各部部长为当然委员，根据业务性质，"分应办事"。蒙藏委员会改为边政部，负责边疆兴革及宗教工作，仍隶属行政院，其他军事、交通、农林等部门，可仿教育部设立主办边疆工作的厅或司，以增强其主管的业务。由最高边务委员会"按期召集有关部门，举行会报"，听取各部工作进展，加以指示和决定②。

长期从事边疆教育工作的梁瓯第指出，"我们居今日而论边疆，海疆实须包括在内"，不仅东南沿海省区要进入边疆版图，而且要专设机构对沿海省区人口"生聚教养，使他们走上科学民主之途，臻入于现代化"。这还不够，梁瓯第主张把华侨事务纳入边政，"将侨务委员会并撤，与蒙藏委员会同一命运，合入一个完整的边政机构 —— 边政部中"，此举有简政增效的双重功用，蒙藏与侨务两委员会合而为一，"并不影响财政支出，人员编制，海疆与陆疆，譬如鸟之两翼，车之两轮，配合发展，不但工作无碍，而且相得益彰"③。

边政部的领导人选非常关键。许公武指出，"行政机构为事业推进之原动力，此原动力之健全与否，关系行政效率至巨，虽然边政机构之组织与职权之规定，固属先决问题者，然边政领袖之人选，尤为重

---

① 许公武：《调整边政机构之拟议》，《边政公论》1947 年第 6 卷第 1 期。
② 黄奋生：《边疆政教之研究》，第 32—35 页。
③ 梁瓯第：《论边政制度的革新》，《边政公论》1947 年第 6 卷第 1 期。

要"。他认为,边政部的部长人选应具备三个条件:(一)对三民主义深切了解且有革命殊勋者;(二)洞察边情,并确具政治军事经验者;(三)公正、廉明、德高望重,素为边民所崇敬者,"果能如此,则边政机构之调整,较为健全,而后边疆建设,乃有开展希望,事关国家百年行政大计,心所谓危,未敢缄默"①。若说许公武相对强调"政治水准",梁瓯第则更为注重"业务水平",他认为边政部部长"应该遴用边务专家,或对边政有重大功勋的长官,次长之中至少有一人须选用侨务专家,或对侨务有重大贡献的人才。因为在目前,我们尚找不出对海疆和陆疆兼有专长的人物,这种编配,在统一边政,业务所重的功用上,是一种过渡的形态:到了后来,海、陆、边、侨打成一片,业务逐渐熟悉,有了综合的领袖人物,交流的工作干部,这个限制自可消弭于无形了"②。

至于边政部与中央及地方政府的关系,时人一般都认可边政部应与其他相关部会协同工作,各边地则应有相应下设机构从事具体工作。许公武认为:"边疆行政,除关于外交事务,应由边政部和外交部协商办法,仍由外交部主管,以免影响外交统一外,其他政治、军事、经济、教育、交通、牧畜、农林各项行政,视其性质以定所属,凡有因地制宜之性质者,概归边政部统盘筹划由各部会同办理,以一事权而利进行"。至于边疆地方政府设置的边政机构(厅或科),边政部"均有直接监管指挥之权","各边地省政府暨中央派驻边疆大员,所有呈报中央有关边政事项,应咨由边政部核转,或另备副本咨送边政部查照"③。但边政部之下如何设立司局,颇费踌躇。一种意见是按"宗族"来分,如蒙事司、藏事司、回事司、侨务司、苗夷司等,另一种意见是按照政治、经济、宗教、文化等业务性质来分。

凌纯声认为,边政部的组织机构可分旗政(主管盟旗)、司政(主管

①　许公武:《调整边政机构之拟议》,《边政公论》1947年第6卷第1期。
②　梁瓯第:《论边政制度的革新》,《边政公论》1947年第6卷第1期。
③　许公武:《调整边政机构之拟议》,《边政公论》1947年第6卷第1期。

土司及部落）、政教（主管政教及喇嘛）、地籍（主管公有土地及户籍）、礼法（主管礼俗及单行律例）、总务等六司和调查、编译两处，其他如人事、会计等处室设置同于各部，蒙藏委员会名额，仍应保存，用以罗致在边疆负有声望之人士，及对边政有研究之专家，以备该部顾问①。

在许公武设想中，边政部可设秘书处，负责会议记录、报表等；总务司，负责文书、出纳等；理疆局，负责边界、边防、兵役等；政务局，负责边疆民事、土地、财务、刑罚、宗教、礼俗、救济、卫生等；建设局，负责边疆交通、水利及农牧等；教育局，负责边疆教育文化；人事处，负责边疆政教领袖宣传、册封及公务员选任、调考等；调查编译局，负责边事调查及边疆语文编译等；另设会计室、统计室和蒙事、藏事、回事委员会②。

在梁瓯第看来，这两种分法都有问题：前者"只顾到人的单位，而忽视了地的因素"，而甘、青一带"宗族复杂，它的业务，究竟归到那一司呢"？后者虽然顾及各项业务工作的专业性，但也有问题：一是在业务上与相关政府部门有冲突，如政治方面与内政部，农牧方面与农林部，文化方面与教育部都有交叉；二是在传统上，边疆研究与边疆工作多数是以"宗族"或地区为考察对象，很少以农牧、政教做课题，区域间差别也大，"全能的通才难求，而某一部分的专家倒容易聘致"，所以这种分类也不科学。他认为地理分类法可以避免上述缺陷：边政部之下设总务、海外、西北、西部、西南、东北等司，总务司是惯例事务，海外司主管侨务，其他四司"依着中国地形与人文的区划，分理各所属边政事业"。从人文来说，各不同区域均有若干聚居或杂居的"宗族支派"，"系统分明，条目井然，与边疆各族聚居情况可以呼应，能够吸收第一种分类的优点，而无其缺点"；从地形来看，边疆地区"确有划区治理，分求改进的必要"，且西部、西南、西北、东北"实为中国边疆地理的自然划分，而需要配合国防、交通、经济、农林、教育、卫生等，以使其与东

① 凌纯声：《中国边政改革刍议》，《边政公论》1947 年第 6 卷第 1 期。

② 许公武：《调整边政机构之拟议》，《边政公论》1947 年第 6 卷第 1 期。

南、华中、华南等区,共存共荣,协同进化"①。

黄奋生和梁瓯第都主张中央边政机构应该设置一个规划设计部门。黄奋生主张在"最高边务委员会"内成立设计委员会,由专家担任委员,负责制定计划和方案,设顾问、参谋、专员等职,聘请"边疆领袖名流"担任②。梁瓯第认为,边政部"应该有一个研究、设计、咨议的组织,可以叫它边政计划局","要网罗许多专家、学者,不但是理论的,而且是实践的,来做大大小小的设计与策划,通过边侨人民的需要,配合国家的政策,使每一个方案的厘订与执行,都保持符合科学与民主的原则,接应由上而下,由下而上的需要"。另外还应设立边政参议会,"作为一个民意机关由各地区选举出各自代表,以社会贤达的地位来参议边政。他们的意见,可以交给计划局去研究,可以交给各主管司去执行",参议委员须"来自边地或海外"③。

边政机构的设置,贵在政令通达。如果光有中央边政决策机构而没有地方层级的边政执行机构,那政令就是一纸空文。故当时学者对地方边政机构的设置提出了不少设想。凌纯声建议,同一民族聚居之较辽阔地区,可设自治省;民族杂处之较小地区,可设自治区,直隶于中央边政部;既有边政机构可设边政处,"隶于省政府而统于中央边政部";"边省中已废除旧有边政制度但尚有弱小民族散处之地",可在省政府中设边务处。由此全国边政系统如下:中央边政部(或民族部)——自治地方(西藏),自治地区(康西),自治省(新疆省之南疆),自治区(呼伦贝尔、伊犁等地),边政处(兴安、嫩江、松江、辽北、吉林、热河、察哈尔、绥远、宁夏、甘肃、青海、新疆、西康、四川、云南),边务处(贵州、湖南、广西、广东、台湾)④。梁瓯第也认为,"边疆省份需要有省

① 梁瓯第:《论边政制度的革新》,《边政公论》1947年第6卷第1期。
② 黄奋生:《边疆政教之研究》,第33—35页。
③ 梁瓯第:《论边政制度的革新》,《边政公论》1947年第6卷第1期。
④ 凌纯声:《中国边政改革刍议》,《边政公论》1947年第6卷第1期。

县两级的边政机构",省政府可设边政处,县政府应设立边政室。至于侨务,可在驻外使馆中设立侨务参赞,由边政部派遣,会同外交使节,"办理海外侨民生聚教养,辅导侨政,发展商务"①。

值得注意的是,多数学者主张扩充蒙藏委员会的职能,即更名边政部,扩充其内容。梁瓯第干脆主张蒙藏委员会和侨务委员会合并,如果说这是一种"合"的思路,丁骕对边政机构设置的思路则趋向于"分",而且还"分"得相当彻底。他建议几乎每个族群都设立类似蒙藏委员会的机构。他说:"蒙藏委员会目前的业务稍加具体的规定,即着重在蒙民、藏民居住地区的经济建设计,其中应有至少两个委员会,一为藏,一为蒙。事实上,西康、青海均应分别由设计的委员会,而不再把蒙藏委员会弄成一个理藩院。"维吾尔族住民区应单独设立一个"相当于蒙藏委员会的机构",并且视人口多寡及其组织情况,给予"苗、傜、仲、僮、罗罗、摆夷、台湾的土番等等"的"相当的治权"(相当于省或行政区,或县),还要为西南区(包括康、滇、黔)另设一经济建设设计的委员会。"以上的委员会或具有今日蒙藏委员会的地位,或全部归纳为一设计机构。"丁骕认为他的主张"无异在一般的行政区划之外,加了两套":一是保持各民族原有制度,通过其原有组织来掌握所在地的治权;二是"打破政治区域的经济体系,由中央视各边疆区经济的状况而决定的一种组合。但设计者将有各该组合所在地的人民在内"②。

上述主张主要集中在改名扩权,当然各自思路也有其差异,出发点自然都是为了更好开展边疆工作,促进边疆政治建设和经济建设,但是否符合国情和边情,却值得推敲。边政部内部司局设置,以地理区位还是民族分布为主要考察因素,就颇费踌躇。为使事权统一,黄奋生主张成立一个统揽全局、协调各部的最高边务委员会。而丁骕则

---

① 梁瓯第:《论边政制度的革新》,《边政公论》1947年第6卷第1期。
② 丁骕:《边政更张的一种看法》,《边政公论》1948年第7卷第3期。

主张成立更多地以民族为单位的委员会,则恐怕导致事权分散难以统合的结果。

张汉光认为上述将原有中央边政机构改名扩权的主张非常合宜,"不是空洞的原理,不是不切实际的理想",表现在四个方面:(一)以孙中山民族政策、宪法所载有关边政的政纲为根据;(二)顺应时代潮流和世界大势,符合"国族情形"和边区实际状况;(三)从国家整个边区通盘计划;(四)根据其历年研究与边务工作心得而拟具①。尽管张汉光认为凌纯声等人主张不错,但他又不无灰心地说:"这一派的意见虽好,无奈在目前烽火连天之际,得过且过,成为时行风气,即使庞大的机构成立,其对于边疆仍然是没有功效的,不过徒糜费国家公币而已。"②

不过也有反对者认为中央边政机构改名扩权会"大而无当"。史振纲认为:"不需要像蒙藏委员会机关报《边政公论》1947年第6卷第　期那几篇代表作中所建议的有如国民政府'分府'那样大而无当的边政机构。在走向宪政的现阶段中一切都必须依照宪法,似应尽照五权分立的原则,在行政院中就原有的蒙藏委员会改组一个紧凑灵活而能负起边政新任务的新边政机构就行了"。他认为人事的调整比机构调整"尤见切要"③。此言自有其道理,不过缺乏良好的制度设计和机构设置,人事恐亦无法"任事"。

其实凌纯声等人所倡议的"边政部",并无"分府"的意图,边政部虽然涉及边区事务甚多,但相关业务是由其他各部共同参与,且边政部也隶属于行政院,与其他各部职级等同,其设置目的不在分权,恰在促进行政权力统一。设置边政部与实行宪法并不矛盾,人事调整也在凌纯声等人设想之中。若是蒙藏委员会原有框架不变,仅是改组即可

①　张汉光:《边政往何处去》,《边政公论》1947年第6卷第3期。
②　张汉光:《中国边政的出路》,《东方杂志》1947年第43卷第14号。
③　史振刚:《论现下边政之歧途》,《西北通讯》1947年第1卷第4期。

胜任,未免将边政看得过于简单了。张汉光认为边政部机构扩大导致
"分府"的说法歪曲事实,边政部虽然较蒙藏委员会有所扩展,但其
"六司两处"的规模远不及其他各部,至于边地之行政机构,则与教育
部在各省有教育厅,社会部在各省有社会处并无区别。反对者认为在
国家即将"行宪"的情况下,边政部的设置有违地方分权原则。凌纯
声等人主张边政改革,其要义"在统一政权,贯彻法令,使中华民国境
内,无脱离独立状态,除国防外交为国家行政必须统一于中央外,予各
地方自治",与地方分权的原则并无违背;边政机构与人事并行不悖,
"人事的调整往往因为机构改革而更见彻底"。反对者将边政改良希
望寄托在"行新政,用新人",但如无"扶植边疆自治事业发展的边政
制度",又如何能保证"新人"治"新政"的效果[①]?

(三)地方边政制度:扩大民主,内政统一

边疆政治制度的存在有其历史与现实原因,难以须臾革除,但又
影响国家行政统一。如张汉光所说,边疆地方旧有政治制度,"在形式
上在实质上,都不近于现代的民主的政治,制度既属封建,民权亦毫无
保障。同时,除西藏的政教合一制而外,盟旗、土司、部落既都间杂在
省县的地方制度以内,又都分散在好几个省区以内,因此政令便不能
推行,省县与盟旗、土司之间,便不免时时发生纠纷,形成互不能统辖
对立之势"[②]。所以地方边政制度改革问题的本质就是权力统一问题。
如果边政改革单是在边疆政策和边政机构上着力,而不触动地方边政
制度,则其改革就是一纸空文。这些地方政治制度之形成与长期存
在,有其历史渊源或现实博弈的双重因素,率尔革除,绝无可能。唯一
之法就是明确改革方向,循序渐进,徐图改革。当时不少学者都提倡
在一段时间内保持其制度形态而又将权力相对统于中央,要不断提高
边民文化和生活水准,逐步改革旧有政治制度。

---

① 张汉光:《边政往何处去》,《边政公论》1947 年第 6 卷第 3 期。
② 张汉光:《中国边政的出路》,《东方杂志》1947 年第 43 卷第 14 号。

凌纯声提出边政机构改革的第一个原则就是"力求边区政权统一",原有边政制度及机构,均不妨暂时保留,可根据其辖地大小及人口多寡,确定其"初级边政单位"后,"以法令规定各单位之等级,及组织内容,统治者不论其世袭王公、土司,或转世活佛,或世职土司及酋长,凡属行政首长,及高级佐治人员,均须由政府任命,并从优核给俸给。其职责为执行国家法令,治理人民,一如其他行政官吏,不得再为今日之王公、土司、活佛、酋长,自恃世职,自外于政府法令"。这样可使政权统一,法令贯通,"使中华民国之内,无寸土尺地脱离中央政府自属于独立状态"①。

梁瓯第指出,原有边政机构有土司制度、盟旗制度、政教制度等,"民族学者凌纯声氏与《边政公论》各期中阐研甚详",盟旗盛行东北蒙、满一带,土司盛行于西南边疆,政教盛行藏、康、青一带,"虽然是一种旧的制度,但在边民住区中,其实力深不可侮"。那么问题就出来了,在新的边政体系下,这些旧有边政机构应保留还是淘汰? 如果执意淘汰,必然遭遇强烈反抗。他认为,"边政改革,宜渐不宜骤,宜徐不宜急"②。他对地方边政制度的改革充满乐观情绪。他举苏联的民族政策为例,说明斯大林曾痛斥苏联当局在民族问题上的突击政策,主张说服劝导,迂缓达到其自愿结合目的,认为中国也应借鉴斯大林的做法,"作旧的形式,新的内容底努力"。不管哪种地方边政制度,"名

---

① 凌纯声特别注重政权统一问题。即如尚未设省的西藏和虽设省但未施行的康西自治地区而论,西藏地方政府机构完备,但改为自治地方后,其司伦、噶布伦、各宗宗本,以及各扎萨克、喇嘛寺,应由地方推选,呈请中央任命。其改革方向是,政教分离,达赖、班禅,仅为宗教领袖,不能兼政治首长,即使其政治渐离宗教而趋于民主化、现代化。康西在西康建省前一直被藏军占据,赵尔丰改设县治,亦推行不久,有名无实。较为折中办法是设置西康自治地区,组自治政府以"宗"为自治区。参见凌纯声:《中国边政改革刍议》,《边政公论》1947 年第 6 卷第 1 期。

② 梁瓯第:《论边政制度的革新》,《边政公论》1947 年第 6 卷第 1 期。

义一视同仁，不妨保留"，但在"技术"上却须巧妙运用"知意"与权力，"培养进步的实力，改革腐恶份子，用教育、科学及现代政治的力量——民主精神，在短促时间内，攻入人民的心脏，热化顽固的堡垒，让他们自动自觉，废掉这些旧的渣滓，拆除这些传奇的藩篱，由新的内容来决定它，建设它，使它彻底地转为新的形式"。基于此，梁瓯第很乐观地估计，只要保留旧制，维持现状，同时用"人力加工"方式等待时机，"人民自治的力量，一生长强大，土司、盟旗、政教，甚至于部落的旧制，那简直如摧枯木，拆崩墙，不费吹灰之力，迎刃而解"。[①]

地方边政制度的核心在于边地政治权力世袭，而改革边政制度的要害即在于把权力纳入国家行政体系，至少要掌握地方首脑任命权。收拾民心，扶植"进步势力"非常关键。凌纯声指出，民国以来虽有扶植弱小民族自治的政策，但未切实施行，"王公土司"也故意"曲解自决自治之真义，以为脱离政府，破坏国家领土统一，即为自决；独立行动，自处政府法令之外，即为自治"。这与自决自治真义决然相反，"所谓边疆民族自治，系指任何弱小民族全体人民而言，并非统治阶级之自治。故今后培植边民之自治能力，尤须注意基层民众，普及平民教育，改善其生活，提高其文化，如此改革边政，庶能渐趋于民主化"。[②]

黄奋生主张在保持边省政府行政权统一的原则下，将边省境内的民族区域划定，予以自治，但隶属于省府。民族区政治首领兼省府副主席，这样省府与自治区域结成一体，融成一片。省府设边政厅主办边事，中央边政机关负责审核监督与指导，国防、军事、交通等有关国家行政，由中央边政机关及驻边大员办理，"这样省府的行政权既统一，而省府与边政机关的权限，亦划分清楚了"。[③]

---

① 梁瓯第：《论边政制度的革新》，《边政公论》1947年第6卷第1期。
② 凌纯声：《中国边政改革刍议》，《边政公论》1947年第6卷第1期。
③ 黄奋生：《边疆政教之研究》，第33—35页。

上文从边疆政策、边政机构及地方边政制度三个方面,介绍了时人对边政存在问题的认识及提出的改革方案。虽然各人见解容或有异,但其落脚点基本是在政治权力之统一上。如果任随边疆地方"自治",所谓边疆建设与发展也就无从谈起。当然边政内涵很多,除了政治建设外,经济建设和社会建设等都不可或缺,只有多种建设齐头并进,也才能真正将边疆与内地紧密团结在一起,共同推进边疆与内地的经济文化发展,从而建设一个强大的不再受人欺负的中国,即那时国人多强调的"抗战建国"与"民族复兴"。

前文已研讨过,抗战时期国人言说的"边政"实则包含了边疆建设各项工作。故边政工作显然还应将边疆经济社会工作纳入。边疆地区一般地处边陲,交通不便,信息阻隔,经济社会发展迟滞。边疆地区虽然自然条件相对恶劣,但幅员辽阔,自然资源丰富,经济建设仍有一定基础。通过时人的言论和考察,可知交通和水利建设是边疆经济建设的两个基础工作,前者对边疆地区矿产资源开发和工商业发展都有重要影响,后者对农业发展具有直接功用。

同时,推动边疆社会文化建设,巩固中华民族认同,也是边政工作应有之义。边疆建设离不开社会建设,李安宅看来,主要就是社会建设。他编写了《边疆社会工作》一书,对此论述甚详。边疆文化建设与边疆社会建设相辅相成。对边疆文化因势利导,"完成一个中华民族文化,造成一个现代化的中华民族国家"[1],是边疆建设取得成功的关键。边疆文化建设之目的主要在于增益国族文化,而其路径自然主要依赖边疆教育。限于篇幅,本节主要陈述边政的政治层面,对经济和社会文化层面只是略带提及,以后当另文辨析。

---

① 吴文藻:《边政学发凡》,《边政公论》1942年第1卷第5—6期。

第二章　民国学人对中国边疆研究学科构筑的努力

　　中国边疆研究源远流长,经历了"千年积累、百年探索的继承,以及40年创新的实践"①。近代以来历经三次边疆研究高潮,已成学界共识。从中国边疆研究的学科构筑而言,则是晚清开其端,民国继其后,改革开放后总其成。如果套用"问题与主义",边疆研究的学科化历程可以分成三个时期:1.晚清时期:专注于"问题",顾不上"主义";2.民国时期:可以分成两个阶段,一是1931年前,"问题"持续严重、"主义"开始萌芽,二是1931—1949年,"问题"达到顶点,"主义"多而落地少。3.1980年后:边疆"问题"研究形成热潮,"主义"多元而有对话。

　　罗志田认为,"问题与主义"之争反映了"五四"前后中国思想界丰富而活跃的动态,包括中国社会改造是局部解决还是整体解决的问题、输入外来"主义"如何适合中国国情的问题,成为那个时代关注的焦点问题;而作为北大同事的胡适和李大钊的相关言论,在一段时间里共同成为年轻一辈的思想资源,但也不意味着新文化人的"分裂",

---

① 马大正:《中国边疆学构筑是当代中国学人的历史担当》,《云南师范大学学报》2019年第1期。

或即使"分裂"也不到既存研究所论述的程度①。

这样的分析框架，似乎也基本适用于看待近代以来学术界关于中国边疆学的学科建构问题的见解。尽管对如何构建边疆学的认识有分歧，但也分享着许多共同的思想资源；或者观点表达阵营分明的双方，在现实中可能是私交不错的同事。不过限于本书的主题，本章只介绍民国时期学人关于中国边疆学科构筑的学术努力，并择取一二案例做一初步分析。

第一节　中国边疆研究的学科探索

晚清西北史地学兴起被认为是近代中国第一轮边疆研究高潮的重要标志。这是对西方觊觎中国边疆的一种学术回应，如顾颉刚指出：清代道光以后"中国学术界曾激发边疆学之运动，群以研究边事相号召；甚至国家开科取士亦每以此等问题为策论。察此种运动之起因，实由于外患之压迫"，那时国人认定俄国因国土毗邻，"为中国之大患"，故"当时学者之精神群集中于西北"，"及俄患稍纾"，"此轰轰烈烈之边疆学运动乃渐就消沉矣"②。

清代中后期学者尚无西方知识分类的学科背景，如祁韵士、徐松、洪亮吉、龚自珍、魏源、姚莹、张穆、何秋涛、李文田、丁谦等，都是文史学者型官员。他们产生大批经典之作，如徐松《西域水道记》、沈垚《新疆私议》、龚自珍《西域置行省议》、姚莹《康輶纪行》、张穆《蒙古游牧记》、何秋涛《朔方备乘》、魏源《海国图志》、李文田《元史西北地名

---

① 参见罗志田的"'问题与主义'之争再认识"系列论文，包括《因相近而区分》，《近代史研究》2005年第3期；《整体改造和点滴改革》，《历史研究》2005年第5期；《外来主义与中国国情》，《南京大学学报》2005年第2期。
② 参见顾颉刚：《禹贡学会研究边疆学计划书》，《顾颉刚全集·宝树园文存》第4卷，中华书局2011年，第215—222页。

考》、李光廷《汉西域图考》等。那时虽形成了顾颉刚所认为的"边疆学运动",但严格来讲,"运动"范围并不大,参与人并不算多,"边疆"也并未成"学"。学有学理,那时学人还顾及不上这一点。所以在边疆学科建构的"主义"层面尚无建树。

梁启超认为,清季西北边疆史地学,"风会所趋,士大夫人人乐谈"①,显系相对于此前国人对边疆研究缺乏关注而言。从研究范围看,多为开发边陲及维护边防所涉局部区域。从研究领域看,大致局限在史地范畴,很少涉及民族、宗教与社会。从方法上看,沿袭传统士人撰述方法和体裁,以游记、杂录、地志居多。

民国时期大批留学生学成回国,充实到大学校园和科研机构中去,部分进入政府部门工作。很多社会学、民族学、政治学、地理学等学科学者加入了边疆研究队伍。这一时期边疆研究与晚清时期的西北史地研究有明显不同,无论边疆学术研究的内容与形式,还是组织与运行,都发生了极大变化。由于众多边疆研究机构、学术刊物及出版机构的出现,使边疆学术研究主体和载体亦有前所未有之气象,诸如职业化的学者群体、大学的学科和专业,专门研究机构、新式学会、图书馆、学术期刊,报纸等,都是清季所没有或不普遍的。边疆研究开始从个体行为向群体行为,从书斋研究为主到实地调查为主转变。边疆研究学者的学科背景及研究方向经历了由单一向复异,以史地学者为主向以社会文化学者为主的转变过程。学科构成变化是边疆研究理论与方法转型的外在表现,表明边疆研究到了民国时期已发展成为一个多学科参与的研究领域②。

这一时期中国边疆研究学科构筑历程可以分为两个阶段。

①　梁启超:《中国近三百年学术史》,中国书店 1985 年,第 28 页。
②　本段有关论述参见汪洪亮:《中国边疆研究的近代转型——20 世纪30—40 年代边政学的兴起》,《四川师范大学学报》2010 年第 5 期;《民国时期边疆研究机构的兴起及对边疆学术之形塑》,《北方民族大学学报》2017 年第 4 期。

第一个阶段，是 1910—1920 年代，国内处在多事之秋，边疆问题依然严重。一是外蒙古在俄国支持下宣布独立，中国承认外蒙古自治，1915 年中俄蒙协定，外蒙古改为自治。二是英印势力渗透西藏。三是日本支持逊清王公从事满、蒙"独立"。这个时期研究边疆问题的学者渐多，且出现多学科参与的局面。

这个阶段边疆研究学科参与增多，边疆研究活动开始具有组织、协同的集体行为特征，但是在"主义"上仍无建树。考虑到政学两界参与，多种学科介入，"主义"虽未浮出水面，但已在萌芽，这个时期可以称为筹备期。

所谓"主义"，一般是指对于自然界、社会以及学术问题等所持有的系统理论和主张。当年胡适与李大钊等人关于"问题与主义"的讨论，就已经显示：“问题”是相对具体的，而"主义"是相对抽象的，但"主义"可以基于"问题"而产生，也可以用于分析和解决"问题"。所以"主义"应该是"问题"研究发展到一定程度的产物。关于边疆研究的系统性"主义"，就应产生于对中国边疆与边政问题的深入考察，产生于"边疆学术之综合的研究"，那就需要"谈实际的边疆问题"，关注"边地民众"，也就是关注族群和文化。

1920 年代中国大学的科学研究刚起步，学术成就有限。胡适在 1922 年参加北京大学成立 25 周年纪念大会，就批评北大"学校组织上虽有进步，而学术上很少成绩"，"开风气则有余，创造学术则不足"，"自然科学方面姑且不论，甚至于社会科学方面也还在稗贩的时期"[1]。北大如此，其他高校可想而知。那时中国大学大多处于初创时期，往往缺乏图书、仪器设备，研究风气与研究条件都不尽如人意[2]。政治学、

---

① 胡适：《回顾与反省》，《胡适教育论著选》，人民教育出版社 1994 年，第 173 页。

② 苏云峰：《从清华学堂到清华大学》，生活·读书·新知三联书店 2001 年，第 120 页。

经济学、社会学、民族学等学科也多在 1920 年代末才进入中国高校学系和课程设置中。

这一时期边疆研究基本还是延续晚清的套路,考察游记类的居多。比较例外的是,一些外国传教士开始运用人类学、民族学、博物学等学科方法来对中国边疆进行研究,较典型的就是华西协合大学博物馆及华西边疆研究学会[①]。徐益棠注意到,1920 年代不少边区考察团所关注的重心往往"纯粹的自然科学"方面,而"边疆上之实际问题,常被视为属于外交或内政之问题,科学家不甚加以注意;偶或有所记述,大都由于好奇,零星简略,不足以供参考;盖其时边疆学术之综合的研究,尚无人注意,而民族学在我国之幼稚,在当时亦毋庸讳言也"。即使有一些"谈实际的边疆问题者","每每注意于'土地'与'主权',而边地民众之如何认识,如何开化,如何组织与训练,均不甚加以重视也"[②]。

第二个阶段就是 1930—1940 年代。这个阶段,边疆"问题"达到顶点,多种"主义"出现。徐益棠指出,1930 年代不少研究者认识到"中国之边疆问题,民族的因子实居其重心,文化之低落,又为其根本之原因";各地当局对此也有省察,"于是各省乃竞设学校,广训师资",同时注重"民族研究之工作"。此言反映了国人对边疆问题成因从外到内的观察视角,揭示了"民族因子"和文化低落具有相通性,同时也表明了,有些民族学家的边政思路是从文化角度调适民族问题和推进社会建设。

民国时期不少学人致力于边疆研究的学科建设,持续呼吁构筑中

---

① 关于此点,可以参考周蜀蓉:《发现边疆:华西边疆研究学会研究》,中华书局 2018 年;汪洪亮:《抗战建国与边疆学术:华西坝教会五大学的边疆研究》,中华书局 2020 年。

② 本段及下段,参见徐益棠:《十年来中国边疆民族研究之回顾与前瞻》,《边政公论》1942 年第 1 卷第 5—6 期。

国边疆学,形成了多种学科建构话语。中国边疆研究的发展历程及其间学科构筑的实践,贯穿了"问题与主义"之变奏。那么这一时期出现了哪些比较有代表性的关于中国边疆研究学科化的努力呢? 据笔者目力所及,这一阶段至少有五种比较有代表性的关于中国边疆研究学科化的努力:一是顾颉刚的"边疆学",二是杨成志的"边疆学",三是吴文藻的"边政学",杨成志的"边政研究";四是杨堃的"边疆教育学";五是李安宅的"边疆社会工作学"。

(1)顾颉刚的"边疆学"

顾颉刚曾提出过边疆学的概念。1936 年,顾颉刚在《禹贡学会边疆研究计划书》中指出,尽管晚清西北边疆研究后来"渐就消沉",但外国人对中国边疆的调查研究却未曾停止,"吾人苟欲认识自己之边疆问题,已不得不借材于外国",此为"大可耻之事""大可怵目而伤心之事"。顾颉刚呼吁"我国研究边疆学之第二回发动",且表态深信"此第二回发动之收效必远胜于第一回"[1]。边疆研究在 1936 年还需要发动,可见在他看来,边疆研究在那时还远未形成"运动"。但据后见之明,20 世纪 30—40 年代中国边疆研究非常兴盛。此文是回顾"百年来中国之边疆学",可见在顾颉刚看来,两次边疆研究高潮是具有内在联系的,他所言"第二回发动",相对于曾经"激发"而后"消沉"的第一次边疆研究,可谓"复兴"[2]。

这个计划书是在冯家昇所撰初稿基础上修订而成。据《顾颉刚日记》,1935 年 12 月 30 日,他"根据伯平所起稿,重写《研究边疆计划书》";31 日"修改《计划书》"。1936 年 1 月 1 日"到研究院,草《研究边疆计划书》","点改履安、自珍所抄《边疆计划书》"。2 日"草《研究

---

① 顾颉刚:《禹贡学会边疆研究计划书》,《顾颉刚全集·宝树园文存》第 4 卷,第 215—222 页。按:收入该书时改题为《禹贡学会研究边疆学之旨趣》。

② 参见汪洪亮:《20 世纪三四十年代中国学术地图变化与边疆研究的复兴》,《四川师范大学学报》2015 年第 2 期。

边疆计划书》毕,凡九千言"。4 日,"抄《禹贡学会研究边疆计划书》,日夜写六千字"。5 日"抄《研究边疆计划书》三千字,毕,即付晒"。"耿贻斋来,为扎寄英庚款会书,装订《计划书》成册。"6 日"修改《研究边疆计划书》","修改《计划书》毕,付抄"。11 日"此次到南京,为募禹贡学会款。张石公先生谓予,'要募款,须论今,勿论古'。予因其言,作《禹贡学会研究边疆计划书》"。13 日"校《禹贡学会研究边疆计划书》两份"。17 日"校《研究边疆计划书》一份","校《计划书》一册"①。

我们无法判断冯家昇的初稿与顾颉刚最后修订本的差异到底有多大,难以确知初稿中是否明确提出边疆学的学科概念并给予论证,但以顾颉刚的笔力,尚且花费如许时间和精力,必然在该文中灌注了其个人对边疆研究的若干深入思考。该计划书梳理了"百年来中国之边疆学"及"百年来外人对于我国之调查研究工作",还专门介绍了"近年日本学者之中国研究",并详细阐述了对开展中国边疆学研究的若干看法。他提出了收集边疆史料、训练调查人才、奖励边疆研究等三个主张。他格外关注边疆史地研究,认为边疆种种政治问题都有其史地背景存在,"史地之背景明则政治问题无不得其解决之端矣",同时他也强调实地调查的重要性,认为边疆研究者须具备民族文化语言习俗及地质、生物等专业知识②。

虽然该文内容曾在小范围内传播,且在燕京大学边疆问题研究会上作为宣言,但大体上是属于内部传播,未曾公开发表③。所以我们不能对顾颉刚所提出的"边疆学"概念流传及其影响评价过高。顾颉刚1940 年在成都组织中国边疆学会时,其身份是齐鲁大学国学研究所主

---

① 本书使用的《顾颉刚日记》为中华书局 2011 版,不注页码。
② 参见顾颉刚:《禹贡学会边疆研究计划书》,第 221—224 页。
③ 参见娄贵品:《近代中国"边疆学"概念提出与传播的历史考察》,《学术探索》2012 年第 8 期。

任、教授,他指出那个时代是"边疆学的启蒙时代"[①],可见其一方面对边疆研究的前景看好,寄予厚望,另一方面对其时边疆研究的成绩还不够满意,从"启蒙"到繁荣显然还有距离。

吴文藻在倡导"边政学"时特别强调,"九一八"事变后复兴的"中国边疆学",是以史地研究为主要内容的边疆之学,实为固有学问,如果对其加以"科学洗礼"并"予以发展机会","在边疆政治上自有特殊的价值"[②]。此处所言,大概是指顾颉刚所倡导的"边疆学"。二人均于1929年到燕京大学工作,曾共同组织考古旅行团、举办照片展览会、参加抗日十人团等,且均于1938年到云南大学工作,都在1941年参加了中国边政学会工作,对边疆研究工作应有交流,思想见解和而不同。关于二人之人生交集和思想异同,拟另文讨论。

（2）杨堃的"边疆教育学"

杨堃1937年发表在《旬论》第1卷第2期的《边疆教育与边疆教育学》,没有得到学界的足够重视。文章开头就说,边疆教育这个名称很流行,但边疆教育学这个名词还没人用过。他声明并非标新立异,而是感觉到"边疆教育的一切难题与一切病源全系于此"。他认为教育是一种社会制度,社会生活完全不同的民族不能具有完全相同的教育制度,所以他很警惕所谓"汉化教育"或者"国化教育"的政策。他认为,边疆民族非常复杂,对"汉化教育"感应也不同。可以分为两类:一是文化较低,其中有已受汉化的,有可能继续接受"汉化教育";也有较为原始,虽有教育制度但没有特设教育组织,在人类学看来就是原始教育,在教育学来看则无教育。二是自身文化也很高,可以分亲汉和排汉两派,亲汉的容易接受"汉化教育",排汉的就认为是文化侵略。杨堃虽然没有讨论"汉化教育"是否为文化侵略,但其潜台词其

---

① 顾颉刚:《中国边疆学会丛书总序》,许公武:《边疆述闻》,正中书局1943年,第2—4页。

② 吴文藻:《边政学发凡》,《边政公论》1942年第1卷第5—6期。

实是认为并非文化侵略,因为"文化侵略的大本营乃是一切帝国主义的国家"。他注意到,帝国主义采用了人类学研究为基础的新政策,人类学做了帝国主义工具固然遗憾,但也因此而获得发展,应用人类学、殖民社会学、殖民民族学,就属于此类,其下就有土人教育学,或原始教育学。杨堃认为其提倡的边疆教育学,即属此类,是采用人类学的原理与方法,而以边疆诸民族之旧有的各种教育制度作为研究的对象,一是研究其本质和功用,二是研究其演化及变迁。他表示:"固然我坚决相信,仅有以边疆教育学为根据的边疆教育才是一种合乎理想的教育政策或文化政策,然而边疆教育学的本身却仅是科学的而不是政策的。"他认为边疆教育学"不仅是一门科学而且是一门比较的与综合的大科学"。他也认识到边疆教育学建设非短期可以成功,"需要现有一种大规模的边疆民族的调查作为研究的张本,其次还需要集合全国人类学学者与其他诸专家编制一种方案,每组以一二边疆民族作为研究的对象",这种研究是"精深的与局内法的研究",研究者要有人类学训练,对于所研究的民族要有深切认识,熟知各种有关文献,要能说听民族语言,"深入其境"参与经历其社会生活,在这样的"专门研究与专门报告"积少成多后才能有完成"边疆人类学"或"边疆民族学"的可能,在此基础上才可能建立"边疆教育学"[①]。这篇文章虽然论述了边疆教育学的重要与必要,奠定了理论基础,但对其学科体系并没有展开论述,其后杨堃也没有对此进一步研究。

吴文藻在稍后也指出,边疆教育是"发展国内民族文化的基本工作","边疆教育的对象,系中国边地各种浅化民族,经济文化比较落后的弱小民族";他特别强调中国边疆的特殊性,"对中央不是殖民地的关系,不是藩属的关系,亦不是如欧美人或日本人所说保护国和宗主权的关系,而是整个中华民族或一个中华民国地方与中央的关系",所以中国政府所倡行的边疆教育"中国文化与土著文化双方并重同时并

---

① 杨堃:《边疆教育与边疆教育学》,《旬论》1937年第1卷第2期。

行的边地义务教育"，与奴化教育／殖民地教育有着本质区别。他还指出边疆教育是一种特殊教育："必须先建设一套边疆教育学的理论作为科学研究的张本。然后在应用一方面，始能根据确定一种或多种比较适当的边疆教育政策。"①尽管那时学界已有不少学人，包括李安宅、张廷休、徐益棠、曹树勋、梁瓯第等均对边疆教育有专门论述，但都缺乏学科构筑的立场，可见那时对边疆教育学的建构具有自觉的人仍是凤毛麟角②。

（3）杨成志的"边疆学"

杨成志在 1941 年发表《边政研究导论》前，也曾提出"边疆学"学科建设的规划。1939 年 3 月至 6 月，杨成志拟定《国立中山大学文学院边疆学系组织计划纲要》，建议在中国高校设置边疆学系，希望把边疆学建成一个学科③。其宗旨是"养成边疆各项建设专门人材之干部，并本科学研究精神，从事开发西南边疆自然与人文之学术宝藏"。杨成志认为边疆工作"根本之图"，"莫若本教育为经，立研究为纬，使教育学术与国家建设，打成一片"。他列出了"急待研究之三大问题暨九节目"，包括开发边民问题（分文化、教育、社会三节）、改进边政问题（分政府、经济、资源三节）、巩固边圉（史地、外交、国界三节）等问题。这段表述在两年后所写的《边政研究导论》中再次强调。这应该是在中国高校设置边疆学学科最早的倡议，但未获准。杨成志还曾提出要在西部地区建立一所西南边疆学院或西南民族学院或西南国族学院的建议，对其在教育、学术、政治、军事、国防上的"希望结果"甚为乐观，但未获准④。尽管杨成志对设置边疆大学、边疆学系等实务层面有

---

① 吴文藻：《论边疆教育》，《益世周报》1939 年第 10 期。

② 参见汪洪亮等编：《民国时期边疆教育文选》，黄山书社 2010 年。

③ 参见娄贵品：《近代中国"边疆学"概念提出与传播的历史考察》，《学术探索》2012 年第 8 期。

④ 杨成志：《西南边疆文化建设之三个建议》，《青年中国季刊》1939 年第 1 卷第 1 期。

较为周全系统的思考,但恰对"边疆学"的理论和方法等学科层面存而不论。或因此弊,两年后杨成志在《边政研究导论》中对此问题作了非常系统的论述。

（4）吴文藻的"边政学"和杨成志的"边政研究"

民国时期有关边疆研究的学科论证最成体系的是"边政学",有两位学者专文论述其学科性质及其建构。一般学者认为吴文藻1942年1月发表在《边政公论》第1卷第5—6期的《边政学发凡》为该学科的奠基之作。其实1941年9月杨成志即在《广东政治》创刊号上发表了《边政研究导论》。文章以"名词解释"的形式,对边政研究的对象、内容、理论与方法等各个层面进行了条分缕析[①]。吴文藻的《边政学发凡》,1942年1月发表在《边政公论》第1卷第5—6期,比杨文发表要晚4个月。杨成志在《边政研究导论》的开篇即言,该文"是一种发凡性质的论述,把边疆研究的各项部门,一一略加解释,俾望国内一般人士得明了边政研究为如何的事业"。吴文藻在《边政学发凡》开篇也提出,边政研究能否成为一门独立学问,"国内学者尚未加以讨论。本篇之作,亦属初步尝试性质,只能先给边政学划出一个轮廓"[②]。吴文藻所言不算谦虚。他在北平燕京大学时期专注于社会学中国化工作,在边疆研究方面并无论著,即使是在云南大学工作期间,在边疆研究方面也没有积极参与。他在自传里就说:"更遗憾的是,虽身处多民族的地区,却没有把握良机亲身参加实地调查"。1941年他转到重庆工作,担任国防最高委员会参事,"职责是对边疆的民族、宗教和教育问题进行研究和提出处理意见,同时,还兼任了蒙藏委员会和边政学会的常务理事"[③]。此时他才具体从事边疆研究,《边政学发凡》就是在这个时段写出,显然对当时中国边政及学界研究有了认识和思考。

---

①　本节凡引用杨成志观点,未特别注明者,皆引自《边政研究导论》。

②　吴文藻:《边政学发凡》,《边政公论》1942年第1卷第5—6期。

③　吴文藻:《吴文藻自传》,《晋阳学刊》1982年第6期。

　　两文均自称属"发凡性质"或"初步尝试形式"，均对边政研究中若干"关键词"进行了阐释，并对边政研究的内容与方法及所涉学科进行了分析。对比两文，我们可以归纳出以下几点：一是两人均指出边政研究为时代所必需，其重要性和迫切性也为时人所共见。两人均有"为政由学始"的观念，认为要改良边政，促进边疆现代化，非加强边政研究不为功。二是两人均指出人类学（民族学）研究具有理论和应用研究的两种趋势，在"抗战建国"关键时期应用研究更为急需。吴文通篇采用"人类学"，杨文则多采用"民族学"，其实二人旨趣一致，提法有别源于他们分别在美国与法国接受学术训练。他们都注意到民族学和社会学关系密切，应为边政研究所倚重。三是两人均对边政研究所涉及的相关概念做了辨析，都认为边疆不是个简单的地理概念，具有政治和文化意义。在边政研究中，他们都格外注意边疆民族及文化，认为这是解决边疆问题的关键，也是边政研究中的核心议题。四是两人均认为边政研究中既要以民族学为基础和核心，又要有相关学科的广泛参与。不过，吴文藻在肯定人类学的基础上，还提出政治学为副。杨成志虽未明确列举边政研究相关学科，但在论述边疆调查和边疆干部培养时，表达了类似观点。两文发表时间相近，都是民族学学者对边政研究做发凡性质的论述，都是专门针对边政研究学科建构所作的努力，尽管具体论述有些差异，但其基本关怀和学科构想较为一致，呈现了南北人类学学者的许多共识，具有很强的系统性，堪为"边政学"建立的理论宣言①。

　　考虑到《边政公论》是蒙藏委员会下辖的中国边政学会的机关刊物，持续时间达八年，发表当时政学两界人士各类论著二百多篇，在边疆学界具有重要影响，再因吴文藻在蒙藏委员会及中国边政学会均有较高地位，《边政学发凡》一文之传播应较广泛。发表在《广东政治》

---

① 汪洪亮：《民国时期的边政研究与民族学——从杨成志的一篇旧文说起》，《民族研究》2011 年第 4 期。

这一地方性刊物的《边政研究导论》或许在当时读者会少些。需要说明的是,杨成志的文章中并没明确提出"边政学"这个专有名词。不仅如此,据笔者所见,除吴文藻外,民国时期其他学者在论著中均未明确提出"边政学",而多以"边疆研究"或"边疆社会研究"来表明其研究领域。这表明那时学人虽热心边疆问题研究,但对边疆学科建构问题的紧迫性和必要性尚缺乏共识,故没有积极回应"边政学"的学科概念。

（5）李安宅的"边疆社会工作学"

与前面几种仅通过一篇论文来阐述学科构想不同,李安宅以一部专著的规模来对边疆社会工作学做了较为系统的阐述。《边疆社会工作》集中表述了李安宅的边疆观念及其边政主张,实际上构建了一个较为完整的学科体系。时人指出,这是李安宅"十余年人类学修养和三年藏民区实地研究的结晶,它是量少而质高的一种作品",对"边疆社会工作或应用人类学"有着许多"特殊贡献之点"[①]。

李安宅对边疆社会工作的论述具有相当的完整性和可操作性,涉及边疆工作的实施原则与步骤、机构设置与人员安排等方面。该书共有七章,标题分别为"何谓边疆""何谓社会工作""何谓边疆社会工作""边疆社会工作所有之困难""边疆工作所需要之条件""边疆工作如何做法""边疆工作之展望"。这样的章节安排,是朝着一个学科导论的方向走的,只是没有明确标注该学科之研究对象、研究内容、研究方法等等。李安宅的主张是一种基于文化的理解和互惠,是一种社会建设先导的体系。他指出,边疆社会工作也可以说是应用人类学,"边疆的特点乃是实地研究的乐园,尤其是应用人类学(边疆社会工作)的正式对象"。他为阐明"边疆工作所需要的条件及其实际方法"所贡献的意见,就是"不但根据实地经验,亦且

---

① 参见窦季良:《读过〈边疆社会工作〉以后》,《边政公论》1945 年第 4 卷第 2—3 期。

依照'应用人类学'的通则"，接下来，他斩钉截铁地表态："应用人类学就是边疆社会工作学，只因舆论不够开明，所以热心边疆的人与机关尚多彷徨歧途，而不知有所取法。"如果书名为《边疆社会工作学》，或许更能表明其学科关怀。该书论述的落脚点在于消除边疆的"边疆性"，让"边疆"仅仅是个地理的名词而失去文化的意义。李安宅的这番表述，与胡耐安的观念有相似之处。胡认为从事边疆建设者应认识到，"国土是一块整土""国族是一个整体"，"除了地理上的边疆名词以外，不再有移用边疆名词于其他任何部门的权宜办法"[①]。边疆工作成为无差别的社会工作，也就是边疆居民与内地居民都成为现代的国民，边疆社会工作的归宿即在此。作为国民政府社会部研究室编的"社会行政丛书"中的一本，当时有学者评价，其"最大特色，在于不是为边疆而论边疆，乃是从整个国家去看边疆，将边疆工作与整个国家的要求联系起来"[②]。后来有学者在边疆工作思想链条上为李安宅定位：边政学突破了最初一些学者主张的失之粗略的同化战略，到"吴文藻高屋建瓴地提出边政学的理论目标和参照体系；最终在李安宅这里形成以西方为榜样的比较成熟的边疆工作模式"[③]。

李安宅有着建构立足应用的边疆学科的雄心。但从学科角度来说，"边疆社会工作"即使成为一个学科，也是"二级学科"，没有"边疆学"或"边政学"内涵丰富，而且应用人类学和边疆社会工作学也难以画等号。尽管如此，这个学科设想仍然具有丰富的思想史意义，反映了那个时局中一个学者对于多种潜在的学术话语困境的突围选择。

---

① 胡耐安：《边疆问题与边疆社会问题》，《边政公论》1944 第 3 卷第 1 期。

② 王先强：《边疆工作与国家政策 ——读李安宅著〈边疆社会工作〉纪要并代介绍》，《文化先锋》1946 年第 6 卷第 5 期。

③ 参见谢燕清：《中国人类学的自我反思》，王建民主编：《学科重建以来的中国人类学》，中央民族大学出版社 2008 年，第 116 页。

综合上述,相对而言,民国时期后半段,"主义"纷呈,但大多昙花一现。故对其学科理念传播及影响,需要谨慎评估。顾颉刚的边疆学主张,在当时没有及时发表,后来虽然组织了中国边疆学会,又很快因三个学会同名而合并。杨成志的边疆学系设置及边疆学院设置构想,并未得到正面回应。他转而提倡边政研究,提出的系列构想,与稍后吴文藻提出的边政学,可以说是边政学作为学科建构的理论宣言。由于有了中国边政学会和相应的期刊《边政公论》,边政学研究具有较好的载体,中央大学和西北大学1944年都成立边政学系,也使边政学的人才培养具有根基。但是仅从理论建树而言,那时高举边政学旗帜的并不多,至少公开呼应杨成志和吴文藻的论著并没有看到。1940年代出现了很多有关讨论边疆研究理论与方法、组织与程序的论文,但是并没有明确提出边政研究,多以"边疆研究"为题目,比如柯象峰、林耀华等从事社会学、民族学研究的学者也都是讨论"边疆研究"而不提"边政学",其中有何玄机,值得思考。杨堃的边疆教育学,虽有学科建构的理想,但没有延续和深入下去。至于李安宅的边疆社会工作学,旗帜不够鲜明,理想隐约其中。总体而言,这些"主义"在当时留下痕迹不多。提出了学科构建构想的人,对其系统阐述也比较有限。即使是提出了较为系统的阐述的,在当时就受到支持和拥护,得到传播和推广的仍然很少。

第二节　华西坝边疆学人的中国边疆研究学科思考

华西坝教会五大学是抗战时期内迁到成都华西坝的齐鲁大学、金陵大学、金陵女大、燕京大学与华西协合大学(简称华西大学)的一个办学联合体。学界过去对西南联合大学研究很多,近年来对西北联大也有关注,但对华西坝教会五大学这个联合体关注甚少。岱峻近年出版了两本关于五大学的著作《风过华西坝:战时教会五大学纪》(江苏文艺出版社2013年)、《弦诵复骊歌:教会大学学人往事》(商务印书

馆 2017 年），但侧重"儒林内史"，讲述人情世故。笔者关注边疆学术
史经年，注意到华西坝人类学和边疆学者所做的学术努力，体现了近
代中国边疆研究的转型及西学东渐的本土化。包括华西大学的李安
宅、于式玉、蒋旨昂、闻宥，齐鲁大学的顾颉刚、张伯怀、侯宝璋，金陵大
学的徐益棠、柯象峰、马长寿、卫惠林，金陵女大的刘恩兰，燕京大学的
林耀华等在内的五校边疆学者，大多兼通中西学，能从跨学科的多元
视野考察边疆，能对照历史来审视现实，且常以国外的边政和民族政
策来观照中国边政。他们对中国边疆研究的理论与方法问题做了富
有学科价值的探索，诸如边疆研究应该包含哪些内容，在研究中应该
注意哪些事项，边疆研究应该涉及哪些学科，这些学科的各自地位及
其相互关系，提出了边疆学术科学化和学科化的诸多构想，相当程度
上代表了那个时代在建构中国边疆研究学科上的学术努力，对于我们
今日提倡的中国边疆学的创建具有重要的借鉴意义。

一、避虚就实：华西坝学人对边疆研究学科体系的认识

学人对边疆及边政含义的认识，将决定边疆研究的范围和范式。
不同定义下的边疆，其广狭范围大相径庭，所适用的理论和方法可能
千差万别。抗战时期"国内学人及从事边政工作之人士"讨论边疆问
题，正如蒙藏委员会秘书周昆田所言，对边疆含义"见仁见智互有歧
异，迄未获一致的结论"[1]。那时国人对边疆的认识依然驳杂，但大多
学者在肯定边疆地理含义的情况下，主要还是站在文化的立场上论述
边疆，所言边疆类似于今日习称的边疆民族地区[2]。所谓边疆研究，可
理解为边疆民族研究。华西坝学人几乎分享了那个时代学者对边疆
的定义，尽管其中也有分歧，甚至华西坝学人内部也不可能整齐划一。

---

[1]　周昆田编著：《边疆政策概述》，第 5 页。
[2]　汪洪亮：《民国时期国人对"边疆""边政"含义的认识》，《中国边疆史
地研究》2014 年第 1 期。

我们今日强调筑牢中华民族共同体意识,也是承认一个多元一体的共同体。我们所理解的学术共同体也并非要有完全相同的学术理解和理论方法,而是有着大体类似的学术领域及旨趣。

顾颉刚认为边疆一般指"一国领土之外缘地带","而在国家主权及政治制度上皆与内地合为一体",但在中国的"东南滨海,未曾有以边疆一名呼之者;而察、绥、宁、青、康、黔诸地,虽尽在腹地,却无不目之曰边疆。因此,所谓边疆与内地之界划,实以地理环境与生活文化为其标准"①。吴文藻曾说国人心目中的边疆并非都与国界有关联,比如东南诸省"并不被视为边疆",而甘、青、川、康"反被称为边疆",显然这是一种"文化上的边疆",也是"民族上的边疆",表现在语言、风俗、信仰以及生活方式的差异。顾颉刚和吴文藻,分别作为历史学家与人类学家,对边疆含义有大致相同的认知。但是吴文藻将"文化的边疆"等同于"民族的边疆",顾颉刚大概是无法认可的。顾颉刚不主张动辄将具有不同文化和生活方式的人群说成"民族",他在来到华西坝前就曾发表《中华民族是一个》,吴文藻门下费孝通撰文商榷引发论争②。

值得注意的是,尽管在学术见解上未必一致,并不影响他们在学术生活中乃是朋友。顾颉刚和吴文藻都是1929年到燕京大学工作的,时有往来,曾共同组织考察活动。在《顾颉刚日记》中常出现与"文藻""孝通"交往的记录,可见他们曾有较多的学术互动。笔者拟另文专论,此不赘。

李安宅认为把"边疆"理解为"国界"是一种"误解"③。在他看来,边疆是相对内地而言,"就自然条件而论,不在方位,而在地形;就

———————

① 顾颉刚:《中国边疆学会宣言》,《中国边疆学会宣言及会章》,1941年,第10—11页。

② 汪洪亮:《顾颉刚与民国时期的边政研究》,《齐鲁学刊》2013年第1期。

③ 李安宅:《如何建设边疆文化》,《新西康月刊》1938年第1卷第1—4期。

人为条件而论，不在部族，而在文化"，应"用地形与文化来作边疆的界范"。他采用了拉铁摩尔（Owen Lattimore，李安宅译为"赖德懋"，《顾颉刚日记》中记为"拉丁摩"）的观点，认为中国有精耕细作的农耕文化和粗放的游牧文化，其中有过渡地带，耕牧皆有；农耕文化是正统文化，游牧文化为附从文化，前者就是内地，后者即为边疆。所以二者的区分实际上是社会距离的远近 ①。

柯象峰也提出，"在中国而言边疆之研究，盖不仅以与邻国接壤之区域为限"，"我国边疆之研究，应为一较广之范畴，即除边区各广大之民众外，边省内地，未尽同化之民众，以及在可能范围内，邻近有关之各地民族，均可加以研究" ②。华西坝学人所接触的"边疆"主要乃是"华西"，实际上就是藏羌彝走廊区域，或青藏高原东缘地区。他们注意到边疆和民族的密切关联，认识到边疆问题对中国来讲是内政问题。马长寿认为中国边疆有其特殊性，中国边疆并非中国的殖民地，中国自己反而是列强的"变形的殖民地"，所以中国的边疆问题"是内政问题，不是民族问题" ③。马长寿发表此文虽在抗战结束以后，但其有关思想却是在抗战期间对边疆民族问题的长期体察和思索中形成的，其所谓"变形的殖民地"实际上与近代中国社会的"半殖民地半封建"性质的表述意思相差不离。

华西坝学人没有专门提出所谓"边疆学"或"边政学"，而是以平实而保守的"边疆研究"来表述他们从事的边疆民族研究。这与杨成志和吴文藻不约而同提出"边政学"或"边政研究"并试图对此做出学科性解释不同。顾颉刚来华西坝前曾提出要建设"边疆学"，但他对

① 李安宅：《边疆社会工作》，第 1—3 页。
② 柯象峰：《中国边疆研究计划与方法之商榷》，《边政公论》1941 年第 1 卷第 1 期。
③ 马长寿：《人类学在我国边政中的应用》，《边政公论》1947 年第 6 卷第 3 期。

边疆研究的学科性擘画仅在小圈子内流传,在当时没有产生较大学术反响①。相对来说,华西坝学者们比较务实理性,虽未在学科建设上雄心勃勃,但对边疆研究理论和方法的探索并不逊于"南杨北吴"。实际上华西坝学人与"南杨北吴"所代表的南北学人具有一定的亲缘性,渊源颇深,如李安宅、林耀华等本来出自燕京大学,徐益棠、卫惠林等初本属南派学风。这更加验证了李绍明所言"华西学派"的"兼收并蓄"②。

顾颉刚 1936 年曾在禹贡学会边疆研究计划书中梳理了百年来国人对边疆的研究及外国人对我国边疆的调查研究工作,尤其介绍了日本人的中国边疆研究,并且提出了"边疆学"的概念,发表了对开展中国边疆学研究的若干看法。该文曾在小范围内传播,且在燕京大学边疆问题研究会上作为宣言,但未曾大范围公开发表。所以我们不能对顾颉刚所提出的"边疆学"概念流传及其影响评价过高。杨成志 1939 年也提出"边疆学"学科建设的规划,建议在中国高校设置边疆学系,希望把边疆学建成一个学科。这应该是在中国高校设置边疆学学科最早的倡议,但未获准。杨成志还曾提出要在西部地区建立一所西南边疆学院或民族学院,也未获准。杨成志和吴文藻还先后发表了有关边政学或边政研究的导论性文章,均是那个时期有代表性的学科化努力③。

李安宅的经典名作《边疆社会工作》具有学科建构性质。他指出,其所谓"边疆社会工作",也可以说是"应用人类学"。他认为且不

①　娄贵品:《近代中国"边疆学"概念提出与传播的历史考察》,《学术探索》2012 年第 8 期。

②　李绍明:《略论中国人类学的华西学派》,《广西民族研究》2007 年第 3 期。

③　参见上一节有关顾颉刚、杨成志、吴文藻、李安宅等人致力于学科建构的论述。

论抗战建国需要，单就知识立场而言，应该抓住"获得边疆知识，进行边疆建设千载一时的良好机会"①。该书章节安排是朝着一个学科导论的方向走的，落脚点就在消除边疆的"边疆性"，让"边疆"仅仅是个地理的名词而失去文化的意义。

抗战时期最有影响的边疆研究刊物《边政公论》的发刊词中陈述了该刊宗旨及"研究的范畴"。其所言边疆研究，一是边疆政策和边政机构，一是政治所"寄托"的社会，其中政策和机构是"政治成败的决定要素"，政治又为社会现象，认识社会必须从"人""地"和"文化"三个要素来研究，就边疆社会而言，"人"即边疆民族，"地"即边地自然环境，"文化"包括边地物质和非物质文化，如何改良边民生活和提高边疆文化，须先有分别研究和精确探讨②。显然，其研究范畴可粗分为边疆政治及社会，细分则有边疆政策、边政机构、边疆民族、边疆自然环境、边疆文化等五个方面，涉及基础研究和应用研究两个层面。

华西坝边疆学人大多与《边政公论》发刊词所言有着相类的立场。林耀华也说人类社会不管是在什么区域什么时代，都包括环境、人和文化三个要素的交互作用，"并且相为因果"。他指出："所谓边疆，非即地理名词，亦指人类社会。边区社会也一样的包括以上三个要素的交互作用，只因边区或有特殊情形，三个要素的交互作用即和中心区域不同"。由此边疆研究应根据三要素来确定步骤或"途径"：（1）研究边区地理环境和历史沿革，"史地学识即为研究边区社会的基本条件"；（2）"考究边民的个人行为方式"，因为"要精确的考察人类社会，先要知道人类本身"；（3）研究语言，语言学可以包括语音学、文字学和意义学。林耀华特别介绍了李安宅所阐发的吕嘉慈的意义学基本原理，即记载、字眼、符号、圜局和定义等的区别和联系；（4）研究人群团体的机构。林耀华主张边疆研究最好有一个实用目标，以便

---

① 参见上一节有关李安宅致力于学科建构的论述。

② 参见《发刊词》，《边政公论》1941年第1卷第1期。

确定并纵横拓展考察研究范围，"历史背景的学识，也常不足以分析制度的变迁；所以需要实地考察的材料，而实地考察又须相当时日，才能精切的看到变迁的过程"①。

对于边疆研究中的民族文化元素的看重，是华西坝边疆学人的一个共同点。徐益棠指出过去论边疆问题者"每推其原因于帝国主义者之挑拨"，但 1931 年后逐步认识到中国边疆问题，"民族的因子实居其重心，文化之低落，又为其根本之原因"②。徐益棠此言反映了国人对边疆问题成因从外到内的观察视角，也揭示了民族因子和文化低落的相通性，暗含了民族学家希望从文化角度调适民族问题的边政思路。柯象峰也明确提出边疆研究范围不以"与邻国接壤之区域为限"，东南沿海"全为文化进步之国民所据，自不在边疆研究范围之内"，但东三省、内外蒙古、新疆、西藏等地及其民众，"固为边疆研究之主要对象"，而"西南各省，文化不同之民众"，"边疆研究者，固不容忽视者也"。他更进一步指出："如再推而广之，西北至中亚细亚，南至南洋群岛以及东南沿海之岛屿，凡具有远大之眼光者，谅亦注意及之也。"由此，他提出"边区"及"边省内地，未尽同化之民众，以及在可能范围内，临近有关之各地民族，均可加以研究"。显然柯象峰所认可的边疆概念，还是侧重于文化的，边疆研究自然当以文化为重要内容③。

卫惠林认为，那时学术界的中国边疆研究虽有一定成绩，但多为"零星片断，缺乏有计划的发展，与适当的分工与连系"，因此可说"一直到现在为止，中国边疆研究或中国民族学，尚滞留在幼年时代"，"我们还没有一张民族分布地图，及文化分布地图。对于语言，经济等特

---

① 林耀华：《边疆研究的途径》，《边政公论》1943 年第 3 卷第 1—2 期。

② 徐益棠：《十年来中国边疆民族研究之回顾与前瞻》，《边政公论》1942 年第 1 卷第 5—6 期。

③ 柯象峰：《中国边疆研究计划与方法之商榷》，《边政公论》1941 年第 1 卷第 1 期。

质，虽有简要地图，但离正确的程度，还差得很远，民族称谓与分类问题也都还没有满意的解决"。有意思的是，卫惠林与徐益棠均为留法人类学家，且前者受后者延请到金陵大学从事民族学与边疆研究工作，但二人对当时中国民族学与边疆研究的成绩与"段位"的判断是如此不同。卫惠林对现状略显悲观，但也承认："中国民族学已经产生，也正在一天一天成长着。"他指出中国边疆研究中有几个基本问题需要探讨。一是观念问题。他指出在政治原则上中国早已确定国内民族一律平等的民族主义，但在学术上存在一种"中华民族一元论"，"从学术的立场，觉得其既不合政治原则，也不合科学精神"。他认为，民族学与边疆研究工作"对政府的民族政策亦只有裨益绝无妨碍，即当前建国工作中一个重要部门的边疆建设必须建立在对边疆更多的认识与理解上"。二是技术问题，包含语言问题、风俗习惯问题、研究技术问题。他认为如果不具备边疆民族语文能力，也不善于使用"通译"，如果不能了解和尊重边地风俗习惯，尤其是禁忌和礼俗，如果没有完整的计划和充分的技术准备，那么边疆研究很难顺利开展，也很难写出"真有贡献的文章"[1]。

由上可见，华西学人虽未明确提出边政学或边疆学的学科概念，但在对边疆研究范围的论述中他们与当时南北人类学学人及顾颉刚等史学家大体仍然分享着相似的观念。尽管卫惠林未明言，但实际上他对顾颉刚所提出的"中华民族是一个"对民族文化研究的有所遮蔽是不满的。顾颉刚也正视了民族文化的差异，并将中国民族文化分为三个文化集团。他后来对其立场有所解释，参与论辩的另一方费孝通未再回应，或是因为对那时形势需要已经心领神会[2]。我们在回顾这一

---

[1] 卫惠林：《中国边疆研究的几个问题》，《边疆研究通讯》1942 年第 1 卷第 1 期。

[2] 汪洪亮：《民国时期的边政与边政学》，人民出版社 2014 年，第 64—82 页。

段学术史时,或许可以更多从他们的立场相同或相通的角度来理解。

二、趋于规范:华西坝边疆学者对边疆研究理论与方法的探索

那时学者构建的边疆学、边政学,实际上都是综合性的关于边疆问题的研究,并非特指边疆史地或边疆政治。吴文藻在《边政学发凡》中所说的"边疆学"倾于边疆史地研究,但是顾颉刚并没有如此界定[①]。他在北平燕大期间及华西坝期间,与众多民族学学者、人类学家均有密切过从,与吴文藻及徐益棠、李安宅、柯象峰等华西边疆学人有学术交集,在边疆研究方面自然也有共同语言,尽管其学术谱系有所不同。笔者曾经指出,顾颉刚在民国时期边政研究中具有相当重要地位,他介入边政研究较早,持续关注的时间也较长,是民国时期边政学潮流中一位贯穿始终的中心人物[②]。

华西坝学人对边疆研究的学科属性虽未必有吴文藻、杨成志表述得那么清晰,但其研究对象和范畴却基本相似。就边疆研究所涉及的学科而言,华西坝学人也认识到需要众多学科合力而为。杨成志与吴文藻都注意到民族学和社会学关系密切,在研究对象和研究方法有很多相似点。实际上,社会学和人类学的研究对象和研究志趣,有着相当的差异;但在抗战时期,学者们少有强调两个学科间的分野,这在某种程度上也表明各学科学者对边疆问题的共同关注[③]。

关于人类学、社会学及民族学的学科分野,民国时期就有不少学者对此有过讨论。卫惠林指出民族学经历了"若干纠纷与意义上的变迁",尤其是"民族学与人类学中间的纠纷,非常复杂"。他将二者关系

---

①　吴文藻:《边政学发凡》,《边政公论》1942 年第 1 卷第 5—6 期。

②　参见汪洪亮:《顾颉刚与民国时期的边政研究》,《齐鲁学刊》2013 年第 1 期;《顾颉刚与李安宅的人生交集与思想学术异同》,《中国藏学》2015 年第 2 期。

③　吴文藻:《边政学发凡》,《边政公论》1942 年第 1 卷第 5—6 期。

划分为四个"时代"：一是"民族学包括人类学的时代"。以1839年巴黎民族学会纲领为例，民族学定义是"关于人类体质与智慧之'社会的'研究"，研究内容"包括人类科学的全部要素，即人类学亦应包括在民族学之内"，这是相当广义的定义，"内容应包含着社会学、文化史、人种学、语言学以及人类学的要素"。二是"民族学与人类学对立的时代"。英、德等国学者对两个学科的分野有不同的表述，但都认为二者有区分和侧重，如有认为，民族学研究"种族与民族"，人类学则是研究"人类起源的博物学"，或认为民族学重在研究社会，而人类学则主要研究人，或认为人类学侧重研究人类自然史，民族学则研究民族的心理、精神特质。三是"人类学包括民族学的时代"。1859年成立的巴黎人类学会，把一切关于人类的科学包括在内，认为"人类学是研究人类的中心科学，可以运用一切知识。民族学只是人类学内的一部门，是研究种族的科学"，不过这种见解在法国共鸣者甚少，但在英美却获得支持和承继。四是"姊妹科学时代"。自1889年巴黎召开的民族学大会上后，学界倾向认为人类学和民族学是"一般人类学的二大分支，即人类学是研究人类之起源、变异与种族的科学"，民族学是"对于民族文化的研究"，"两者联合起来，构成一般人类学"①。

大体而言，民族学和人类学研究的内涵基本一致，都以研究初民社会或相对落后社会为主旨，而社会学研究则以主流或进步社会为对象。对于这些学科的发源地而言，中国研究就全为人类学研究对象，因为在他们看来，中国就是个较为落后的地方。但中国内部区域发展不平衡，族群众多且文化差异明显，尤其是存在"中国本部""十八行省"及边疆地区的区域划分，以及中原文化和边疆文化的文化分野，对中国学者而言，中国内部似乎也还有区分社会学和人类学研究对象的必要。民国时期虽然边疆研究复兴，但是民族学、人类学在高校学科

---

① 卫惠林：《民族学的对象领域及其关联的问题》，《民族学研究集刊》1936年第1期。

课程设置中往往挂靠在社会学系。

虽然时人讨论多从文化角度入手,实际上仍时常观照其地理因素。边疆地理研究的重要性也为世人所注意。《边政公论》曾以编者名义撰文强调边疆地理研究之重要性,认为建设国家以地理事实为基础,边政设施与地理关系也很密切:订立国界须有丰富的地理知识,边境经济建设"有待于地理之研究",边防建设"尤须以地理事实为依归"[①]。吴文藻认为,"为边政设计工作着想,通达边疆现状重于了解边疆经历,所以边疆地理研究重于边疆历史研究,并且边疆人地志,与边疆民族志或风土志,关系本极密切,工作原可配合,而前述区位社会学派,及地缘政治学派,都是以地理学为出发点的。地理之足重,于此可见一斑"[②]。

华西坝边疆学人也指出,地理研究在边疆研究中具有特殊地位。顾颉刚认为在需要救亡图存的纷乱世界,所学当是经世致用之学。其中"吾国地理之研究实居重要地位之一","盖研究吾国地理之目的,端在明了古今疆域之演变,户口之增损,民族之融合"[③]。徐益棠强调边疆研究者"不要忘记了边疆的特殊性质——自然的地理环境"。他以西藏为例,提出 14 个问题,诸如西藏的人口为什么这样少,且南密于北? 为什么西藏人口自乾隆初年至光绪末年就减少至八十万之多? 为什么西藏人不肯洗脸浴身? 多胃病、心脏病、麻脸,而没有印度平原流行之疫病? 什么西藏人不用棺葬,而用鱼葬、鸟葬、火葬? 为什么茶叶居西藏进口货第一位? 为什么尼泊尔和印度产麦米很多,而西藏不能? 等等。其目的即在于告知世人,地理环境对社会文化的形成及其特征有着重要影响。他认为"边疆研究最基本的学术,当然要算地学","假使我们不能从地理的环境中去了解其文化,假使我们不能从

---

① 《边政与地理》,《边政公论》1944 年第 3 卷第 3 期。

② 吴文藻:《边政学发凡》,《边政公论》1942 年第 1 卷第 5—6 期。

③ 《本会此后三年中工作计划》,《禹贡》1937 年第 7 卷 1—3 期。

地理的环境中去决定其政策，空谈'边疆'，抑又何益"①？

边疆研究需要多学科参与，但各种学科亦有轻重缓急之分。那时民族学在边疆研究中的核心学科地位，也为时人所认同。马长寿注意到抗战时期各科学者都加入边疆研究队伍中，甚至"一般不相干的人士，或劳驾远征，或闭门坐谈，亦往往以边事边情为集注之点"②。徐益棠也有同感，他观察到当时与民族学相关科学的研究者，也利用各自学科专门的知识与方法，来从事边疆民族学的研究③。柯象峰认为民族学及社会学家应在边疆研究中居于"主角"位置，其主要任务就是研究"边民文化之内容，社会组成之实质以及民俗信仰各项制度生活实况等问题"④。徐益棠指出，民族学内涵相当广大，自体质以至文化，就理论以至应用，凡语言心理、社会、人文地理、古生物学、考古等科，莫不与之有密切关系⑤，是一个需要众多学者共同努力的学科。在中国人类学的学术版图中，可能华西边疆学者的"科际整合"思维表现得最为突出。这种跨学科思维实际上也是学术现代转型的重要特征。

整个1930年代边疆研究在理论和方法上确实还不成熟，虽已有一些基于实地考察的作品，但从边疆研究成果来看，却不能令人乐观。至少在那时少有专门讨论边疆研究理论和方法的论著，也未见严格按照后来众多学者指出的边疆研究若干原则与途径而撰之作。边疆研究理论方法的形成，是众学者在长期学术实践活动中水到渠成的提炼

① 徐益棠：《边疆问题之地理研究的必要》，《边事研究》1935年第1卷第3期。
② 马长寿：《十年来边疆研究的回顾与展望》，《边疆通讯》1947年第4卷第4期。
③ 徐益棠：《中国民族学之发展》，《民族学研究集刊》1946年第5期。
④ 柯象峰：《中国边疆研究计划与方法之商榷》，《边政公论》1941年第1卷第1期。
⑤ 徐益棠：《十年来中国边疆民族研究之回顾与前瞻》，《边政公论》1942年第1卷第5—6期。

总结。不少学者对过去边疆研究论著的诸多缺陷已有反思，注意到应有专门的学术规范。西方学问在中国的入乡随俗并形成学术规范有个长期实践的过程，尽管民族学、人类学和政治学等诸多学科进入中国，进入大学课程和专业是在 1920 年代，但都经历了一个学科本土化的过程，中国学者能够自觉应用这些学科知识到中国边疆研究中，也需要学术训练和意识培养。日本全面侵华导致大批高校和研究机构内迁，各科学者云集西部地区，研究边疆的群体扩大，机会更多，自然有更多学术实践经验。这正好旁证了柯象峰所述，"在研究方法方面，初期间固可任其摸索，但一旦成熟，仍宜有一统一之研究方法，庶几所获之资料，无有遗漏，以及轻重倒置之弊，且可将各方所得之资料，加以比较，对于学术上及致用方面，定有裨益"①。1940 年代以边疆研究方法论为主题的论著次第出现，似是"一旦成熟"后的水到渠成。

柯象峰对中国边疆研究之开展及其方法有系统论述。他认为边疆研究要做好已有资料整理和新资料搜集工作，并充分利用实地调查技术。在他看来，中国边疆研究文献浩繁，"尤可注意者"是外国人对我国边区文化和民众的研究和记载，"其深刻处，有非吾国人士所能望其项背者"，应该分门别类认真整理。他建议可以根据地理区域、民族类别，参酌年代顺序、文字种类、著作性质、内容等进行整理。他认为新资料搜集主要依赖实地调查，故其"搜求新资料"后直接以括号"实地调查"表明二者基本同义。他主张拟定统一研究项目，"为统筹全局，可资比较计，在可能范围内，对于研究的主要方面或项目如有'指南'类之研究项目要览"。除了专门学识外，边疆研究者还要富有田野工作训练，"富于学识与机警"，"应对初民"须"临机应变，胆大而心细"，具有忍耐性和"同情心"。他指出，往昔研究者多犯"主观病"，认为初民行动文化多系野蛮可鄙而轻忽，导致隔阂与误解，或以高等民

①　柯象峰：《中国边疆研究计划与方法之商榷》，《边政公论》1941 年第 1 卷第 1 期。

族地位居高临下,所得调查易失真,惟有对人则胞与为怀,对事则设身处地,才能获得边民信任与友谊,获取真实资料。他指出,研究者还需具备明断与鉴别力,否则材料芜杂,易指鹿为马。边疆研究者还需有充分时间,一般"民族学研究应在拟定研究之社区作长期居住一二年以上参加共同生活学习语言,细心访问","如无充分时间,极难取得预期之效果"。研究经费也不可或缺,但边地汇兑不便,中途难以接济。经费除设备费及食宿费外应有充分之赏赐费及酬劳费,用于礼品赠送及翻译酬劳等。语言工具在边疆研究中"至为切要",如不明土语,则易误解与遗漏,故学者应多从事当地语言学习,或请翻译协助。当然学者如有一技之长,如医术、射击、音乐等,利于联络土人感情。

对于具体研究方法,柯象峰有七条建议:一是入手法:边疆研究对象主要是文化,文化包括物质部分、社会部分和精神部分,物质部分,可由"器物"入手,社会部分,可由"制度"入手,精神部分,可由"语言"入手。二是观察法:须"具备社会民族学之观点,及注意精确"。三是访问法:多以闲谈方式进行,"使人于不知不觉间,将真相述出"。四是系谱学方法:主要适用于研究社区血缘关系、亲属关系、家系、家庭及婚姻制度、男女地位、亲属称谓等。五是传记法:新近功能学派主张利用此法。六是记录法:搜集材料应予以记录,以日记或分题记录等形式"每日随时记下",亦可以绘图与摄影等补文字记录之不足。七是考证:对材料疑点或不准确处应予考证和纠正。

柯象峰对如何组织和协调边疆研究也有思考。他强调:"我国边疆之研究范畴,既如是之广,绝非一二专家或少数之士所能应付,亦非一二学术机关或大学所能担当,故如不能严密其组织,集中人才作分工之合作,颇难期望此庞大事业之克底于有成也。"面对那时学界边疆研究机构虽多但叠床架屋、人才分散、工作零落的状况,他建议组织全国性的边疆学会,"网络全国精英,和衷共济,协力进行",统筹兼顾相关研究工作:一是对相关研究工作进行分配和调整,二是聚集权威学者,参与"各方研究之指导与咨询",三是提供边疆研究资料之交换场所。他还建议："在全国性之学会统筹下,将全国边疆划分为若干区域,分由各大学或其他学术团体任研究之专责",比如川康区可以由四川大学和华西协合大学分任,云南区可有云南大学和西南联大负责,两广及海南,可由中山大学负责,西北和"将来之东北","各亦可加以分配",可综合地域、交通和高校及研究人员专长而定^①。

卫惠林也专门讲到边疆研究中的"组织与连系问题"。他认为中国边疆广袤,族群众多,"绝非一二学术机关,少数学者在短期内,所能作整个研究的。近来国内学术机关团体以至个人努力边疆研究者风起云涌,唯缺乏组织与连系","这种现象有急待调整改善的必要"。卫惠林提出要加强组织协调工作,一是要有一个工作指导中心,"现有指导学术文化的中央机关如中央研究院与教育部,对此项研究工作应予以提倡指导,并代谋工作上之便利,如各大学加设民族学、边疆语文学课程,或专设系组,资助边疆调查,研究机关或工作,决定研究计划大纲,划分研究区域等";二是可以依地区,或依民族,或依问题,分工合作,"至少在原则上分区研究为最适当的办法。同时相互间的互相连系亦可减少若干冤枉工作,所以直接的互相连系,互相通知,与间接的经过一个指导机关的总连系更属必要";三是要建立边疆研究工作站和资料中心,应在各边疆省区主要中心地区,"由研究指导机关筹设工作站与资料中心,使无论从哪一个机关团体前往该地从事研究者活的各种方便,藉得收事半功倍之效。此工作站应包含一个研究所,一个图书馆,一个博物馆,一个招待站"^②。

综合上述,华西边疆学者对边疆研究的学科化努力有以下几个特征:一是相对平实,大多没有刻意提出建设一个学科的名称,而多以

①　前三段均参见柯象峰:《中国边疆研究计划与方法之商榷》,《边政公论》1941 年第 1 卷第 1 期。

②　卫惠林:《中国边疆研究的几个问题》,《边疆研究通讯》1942 年第 1 卷第 1 期。

"边疆研究"论之。李安宅虽曾在其《边疆社会工作》一书中提及边疆社会学就是应用人类学，但其辞隐约在书中，未能一以贯之地明示。二是虽然大多未明确建设一个学科，但是对边疆研究的对象、理论和方法都有较为系统的思考，极大地推动了当时华西坝边疆研究的开展，同时也借助《边政公论》等学术刊物强化了华西坝学人与各地边疆学者的学术交往和思想交流。

三、余论：余音绕梁中的"华西学派"问题

华西坝教会五大学既然是抗战时期国家重心西迁所致高等教育地图变化的产物，自然也因抗战结束国家政治重心回迁东部而相继东返。昔日在华西坝云集的学人，也因此而四散。华西坝边疆研究经历了多年的繁盛后，开始走向萧索。以 1950 年以李安宅为首的华西大学边疆研究所同仁参加十八军进藏为标志，华西坝边疆研究近乎风流云散。抗战时期高校云集、华西坝学人汇聚的场面虽已不再，但当年众多学人孜孜于边疆民族问题研究的文字依然闪耀着思想的光辉。

笔者的研究定位，是在学术史和思想史之间的探索，着眼于政学之间的学术选择及其关怀。说到华西坝教会五大学的边疆研究，让人想起最近学界试图探索并解答的一个问题，就是中国的人类学是否存在一个学界已成定论的北派、南派之外的"华西学派"。这个问题来自十多年前李绍明先生的追问。李绍明在 2007 年发表论文提出，20 世纪 30—40 年代聚集在华西坝的人类学学者所做的以康藏研究为主的人类学研究，在广度与深度上均与当时的南北两派大体相当。所以，区别于既有的认识，人类学史上应当还存在一个尚未被广泛认知的新学派 —— "华西学派"①。

如今李先生已魂归故里，但追随的声音不绝如缕。陈波著有《李

---

① 李绍明：《略论中国人类学的华西学派》，《广西民族研究》2007 年第3 期。

安宅与华西学派人类学》(巴蜀书社 2010 年),明确使用了人类学的"华西学派"概念,不过其论述以李安宅的学术史为脉络和主要内容,认为华西学派后期的特征就体现在李安宅个人身上,似乎将华西学派人类学狭义化为"李安宅人类学"。最近李锦教授组织申报并获准 2017 年国家社科基金重大招标项目《20 世纪 20—40 年代人类学"华西学派"的学术体系研究》,笔者应邀参与其中,并承担子课题《人类学"华西学派"的形成与发展》。华西坝上的确存在一个人类学学者群体。自 1920 年代初华西大学设立博物馆和成立华西边疆研究学会并创办《华西边疆研究学会杂志》以来,人类学家就一直在华西坝活动,存续而未曾断裂,他们耕耘在边疆研究领域,尤其对中国西南边疆民族地区调查研究甚多,产出众多学术成果。稍作梳理,即不难发现,华西坝上学者们投入的人类学研究,涵盖了人类学学科的几大分支,形成了较为庞杂的体系。至于这个体系是否形成了学派,是否达到与学界熟知的中国人类学南北两派可以比肩的高度,则需要众多高明来考察。

"华西学派"是否成立,取决于华西坝上持续数十年存在的,孜孜不倦地耕耘在中国西部边疆这块土地上的这个边疆研究群体,所作出的众多研究成果及其对中国人类学本土化及边疆研究学科化建设的努力,在多大程度上代表了中国人类学的较高水准,又在多大程度上具备了学派的特色,在哪些维度上体现了与中国人类学所谓南北两派的异同。也就是说,华西坝学者群所作的人类学和边疆研究,在理论建设和实地研究等方面达到的学术高度和应用实践的深度,将决定其是否成功构建了一个"华西学派"。这也将是以李锦教授为首席专家的研究团队已经"大胆假设",但仍需"小心求证"的问题。

总之,华西坝教会五大学的边疆民族研究,是抗战时期方兴未艾的中国人类学与边疆研究的重要组成部分,体现了中国学者在应对国家民族构建和边疆开发建设中所作的学术努力,其间的政学关系和学术内部知识层面的派系紧张,尚值得我们继续深入发掘。

第三节　华西坝边疆学人的中华民族整体性探索

华西坝教会五大学众多边疆学者，到底如何表述边疆，如何建言边政？他们对中国边疆、边政的观察，是那时国人边疆观的重要组成部分。他们对中华民族整体性的探索，也是那时学人构建中华民族共同体学术努力的缩影。笔者拟对华西坝教会五大学相关学者关于边疆问题的若干论述略作梳理，具体分析他们对开发建设边疆及促进边疆民族社会文化建设的系列建议，借此可以体会时人对强化中华民族整体性构筑及增强抗战力量的关切。

一、华西坝教会五大学边疆学者对中国边疆政策的检讨

边政问题不仅是个现实问题，也是个历史问题。有效处理边政问题，维护边疆地区稳定，是历代中央经略边疆的重要任务。历代边疆政策的实施及其成效，历代边政机构的设置及其作用，值得为后人施行边政所借鉴。

华西坝教会五大学边疆学者对传统中国的边疆政策进行了考察，发现其无为和放任之本质特点。顾颉刚认为中国过去的边疆政策，无非就是放任、分化两种。其中放任又可分为三种类型：一是王道，努力"修德"而使边民"不造反"；二是"舍弃边疆"，"那里出了乱子就把那里放弃"；三是"自然的同化"，他认为国人有种不论血统而论文化的观念，这种精神促成了各族融合，汉族是许多血统的混合结果，中华民族的发扬光大也成于这种同化的力量，不过"这只是一种文化观念，并不能算做一种政策"。如果说顾颉刚对于所谓"放任"政策还有部分同情和支持的话，那么对于分化政策，顾颉刚则给予了严厉批评[①]。

---

① 顾颉刚：《中国边疆问题及其对策（上）》，《西北通讯》1947 年第 1 卷第 3 期。按：该文初为顾颉刚在抗战时期多地演讲之讲稿，后由李文实整理发表。

　　李安宅认为中国对待边疆的传统做法之要点,一是"歧视边民,成见太深,未将边民看作国民",二是"忽视边民生计,不论重威、重德,或德威并重、军政参用,以及利用羁縻、教导诸法,均未改善边民生计"。换言之,"过去边疆只有军事和外交的方式,即所谓政治,也限于管与教,而未顾及养与卫;更不用说,即管也未彻底,而教只在形式"①。

　　历代中央边疆政策基本上都是无为而治,近代中国依然如是,就是到了抗战前夕,国民政府的边政也难说是积极进取的。徐益棠注意到,国民党及其政府虽对边疆民族多次表示密切注意,却未规定具体的边疆政策设施纲领,以致关于边疆的行政机构常有"无所适从"之感②。这一观察在当时不乏知音③。边疆政策之有无尚且存疑,最能证明其边政成效甚微。国民党及政府在其施政纲领中虽有民族政策的明确表述,但对边疆问题却表述模糊。边疆政策的核心是民族问题,但二者不能等同。那时一直有学者呼吁政府确立边疆政策,或者"向政府要边疆政策"。这并非学者对政府政策吹毛求疵,熟视无睹。周昆田就承认,历届全国代表大会及中央全体会议对边疆问题虽均有涉及,但"有关此项文献,前后散列,易为一般人所忽视,或竟以为现在尚无一定之边疆政策"④。

二、华西坝边疆学人对边疆治理及开发的主张

　　抗战时期,国民政府把西部地区视作抗战建国大后方和民族复兴

---

　　①　李安宅:《边疆社会工作》,第 21—22 页。

　　②　徐益棠:《十年来中国边疆民族研究之回顾与前瞻》,《边政公论》1942年第 1 卷第 5—6 期。

　　③　如前文所述,思慕曾在 1937 年陈述了中国各个边区的严重边疆问题,试图回答"究竟中国政府对边疆是不是有政策,是甚么政策,政策的效果怎样"等问题。思慕:《中国边疆问题讲话》,第 3—4 页。

　　④　周昆田:《三民主义之边政建设》,《边政公论》1941 年第 1 卷第 1 期。

基地,把开发建设边疆作为抗战能够持续进行的重要基础。华西坝学人关注中国边疆大势,深知边疆多事,与列强环伺从中搅动有关,也认识到中国边政必须全面筹谋。卫惠林 1943 年指出,边疆建设已成为政府决策,特别是国民党五届八中全会以来,各种边疆政治、经济、文化措施均有实行,但边政成效并不彰显,"世界改造与国家建设的趋势愈紧迫,对边疆的期望愈深切"①。

蒋介石在抗战期间曾两度提出要完成国家建设就要推行"五大建设"。1938 年他提出了要搞心理建设、物质建设、社会建设、政治建设和武力建设,分别形成精神力量、物质力量、社会力量、政治力和武力等五大力量,五大力量的总和就是国力,其中以武力为基础,故五大建设应以武力建设为中心②。这番表态发表时,中日战争进入相持阶段,决胜因素当然主要取决于武力。1944 年中日战争已经形成了有利于中国的转向,蒋介石在《中国之命运》中所提到的"五大建设"变成了心理建设、伦理建设、社会建设、政治建设和经济建设,武力建设不在其中,可见时局变化之下国家建设的重心转移。边疆建设的"五大建设"当然指后者。在李安宅看来,五大建设可以归结为工具之学和人本之学:"经济建设即工具之学之实现,其它心理、伦理、社会、政治等建设,归根结底,若以工具之学与人本之学相提并论,均可归纳于上述社会建设之中。"③

为了便于讨论华西坝教会五大学关于边疆边政问题的认识,我们借用李安宅所言"工具之学"与"人本之学"来讨论这个问题。

作为"工具之学"的边疆经济建设是个系统工程,绝非单方面某项工作即可竣事,需要统筹规划,逐步落实。边疆开发,主要是在经济

---

① 卫惠林:《边疆文化建设区站制度》,《边政公论》1943 年第 2 卷第 1—2 期。

② 蒋中正:《五大建设》,《中央周刊》1938 年第 17 期。

③ 李安宅:《边疆社会建设》,《社会建设》1944 年第 1 卷第 1 期。

建设方面。徐益棠认为政府对边疆经济建设既须有"极大的努力",也要有"极久之耐心"。他强调开发边疆经济,"第一,当为国家着想,第二,当为边区人士着想":一是"不与边民争利","不能随意移垦民于牧场,造森林于耕地,即开发荒地荒山,亦必须判明其有无某民族或某部落之习惯的土地权;如政府必须收用此种荒地与荒山,亦必须觅一相当的土地以为交换,或仍袭用彼等遗传之租佃的习惯法"。二是"从最接近于边民之利益做起——科学方法与科学知识"。三是"诚意扶植良好的经济组织,努力铲除现代化之资本主义"。四是"尽量训练土人","不能专养成依赖中央或地方政府之扶助"。五是"机构有系统而直接赋税须合理而单一"①。

边疆地区地广人稀,除东北农业区外,人口密度极低。移民方略为当时不少学者所提及。任乃强认为边疆"亟待移民垦殖","所有一切边疆新事业,皆以垦场为出发点","以具有固定性之垦场为边疆社会工作基点","以垦场容纳自腹地移殖之边疆社会工作人员"②。郑象铣认为移民实边应首先解决移民生活问题,一是"移入人口须饬令携带家眷,以资永久";二是"移入居民须身壮力强,并为富有进取心之青年";三是"移入人口须自成村落,暂不与土著混居",以免过快被"同化";四是移民应分配较多土地以维持生计③。其中第一和第三点,皆为其他人较少提及者,颇有警示价值。

对于边地汉人在边疆建设中发挥的作用,陶云逵和李安宅提出了两种向度的思考。陶云逵认为边地汉人是边疆建设中"一把便利的钥

---

① 徐益棠:《边疆经济之相对的发展》,《边政公论》1944年第3卷第6期。

② 任乃强:《边疆垦殖与社会工作(上)》,《社会建设》1944年第1卷第1期。

③ 郑象铣:《西康高原区之农业与移殖》,《边政公论》1943年第2卷第11—12期。

匙"，可以作为"实际工作者与边胞间"的"枢纽人"[①]；但李安宅也提醒，有些边地汉人不仅不能开发边疆，反被边疆所开发，只会习得边民坏处并向边疆传播内地的劣点，即由于"最初接触的不幸"，而有所谓"两种文化的'限界群'，他们作了'前人撒土，后人迷眼'的先锋队，致使一切后来者均被视为一丘之貉，成为内地文化和边疆文化这两种文化的'限界群'"[②]。这两种向度的思考，只有辩证地统一起来看，才能比较客观地评估边地汉人在边疆建设中的作用。

顾颉刚认为边疆问题很大程度上是由交通不便而发生的，当时内地人要到西藏、新疆、蒙古往往借道于外国，"因为内地与边疆的交通如此困难，所以彼此就不甚往来，彼此的关系就渐渐疏远"，"其实只要交通方便，风俗习惯就自会转变融合"。他强调，"最重要的边疆问题只是一个交通问题！固然实业、教育等问题都很重要，但是交通问题没有得到一个相当的解决时，别的问题实在无从谈起"，"交通便利以后，工业、农业、商业都可以随着发展"。同时，他指出，要训练调查人才，"使他们具有调查的各种技能，而又有恒心，才能做成有系统而又极确切的著作，才可有利于我们的国家"[③]。

如第一章所述，徐益棠特别强调"边官"问题，认为政府要整顿边疆吏治，为边疆建设"训练官吏，保障官吏，鼓励官吏，使边疆处处事得其才，才尽其用"。但过去政府没有将边疆问题纳入国民教育，没有"以从事边疆事业为终身志职"来训练官吏，没有以良好的保障与待遇来鼓励边疆工作者，在经费、人事等方面没有形成促进有志青年的推

---

① 陶云逵：《论边地汉人及其与边疆建设之关系》，《边政公论》1943 年第 2 卷第 1—2 期。

② 李安宅：《论边疆社会工作所有之困难与吸力》，《康导月刊》1943 年第 5 卷第 9 期。

③ 顾颉刚：《中国边疆问题及其对策（下）》，《西北通讯》1947 年第 1 卷第 4 期。

动力量[1]。此外边疆工作者还需提高边地工作意识和能力。李安宅提出边疆工作人员需具备三个要素："第一要有适应于自然的体魄,第二要有适应于人群的态度,第三要有适应于工作本身的技能"。他认为："如欲建设边疆,必得深入边疆;若要深入边疆,必在物质生活先能迁就边疆,化于边疆。化于边疆,方能适应于边疆";在文化上,"适应于边民者更需要两点特别认识,第一即所谓部族问题,第二即所谓宗教问题"[2]。这也表明边疆工作者须先认识和适应边疆,方可胜任各种边疆工作。

三、华西坝边疆学人对边疆社会文化建设的主张

边疆建设之难,除了自然条件制约外,更多体现在族群认知和文化认同弥合问题上。李安宅提出,边疆建设主要就是社会建设,注重物质建设而忽视社会建设是"舍本求末"[3]。边疆工作应取得边民信任和理解,"必先有事于'社会工程',即社会工作","发展生产技术,培植或利用天然富源,下手功夫均不在专门知识的运用,而在怎样被人接受,怎样使人欢迎进步的表证……有了普遍的社会工作在边疆,才会创造出分工合作的沟通文化的基础,才会实现了生产建设与精神建设,而使一般法律一般政治树立得起来,推行得下去"。李安宅干脆下了一个更为斩钉截铁的结论:"边疆工作主要乃是社会工作","一切边疆工作,只要是建设性的,永久性的,均为社会建设的工作"[4]。显然,边疆工作主要是社会工作,源于边疆的社会文化属性。

在笔者看来,社会建设中尤其重要者,即在于文化之沟通,族群之凝聚。边疆文化建设与边疆社会建设相辅相成。凌纯声认为国人注

---

① 徐益棠:《边官边民与边政》,《边政公论》1948 年第 7 卷第 1 期。
② 李安宅:《边疆工作所需的条件》,《文化先锋》1944 年第 4 卷第 4 期。
③ 李安宅:《边疆社会建设》,《社会建设》1944 年第 1 卷第 1 期。
④ 李安宅:《边疆社会工作》,第 23—26 页。

意"民族"是在孙中山提出三民主义之后，边疆文化研究也"应运而发达"，"成就可述者"至少有两个，一是过去视为"无稽之谈"的"夷汉同源论"现今有了"科学的根据"；二是过去认为日渐衰老的"中华民族"，现今被乐观地认为因各族融合而造成"日在生长，历久而未曾衰老"①。"夷汉同源"论确有不少拥护者，就是国民政府也在极力倡导此种理论②。但也有相当多的不同看法，如顾颉刚就认为中华民族并非同源，而是在长期融合中汇流而成③。徐益棠认为"中国边区民族与汉族同为震旦语系，与汉族同为蒙古利亚种，从较宽泛之范围言，其语言体质已有相同之根基"，只是在物质文化上有些微差异，于整体而言无伤大雅。他提醒，以物质文化为标准进行民族分类是不科学的，因为文化性质易于传播，极不稳定，而且民族对文化复有独立创造之能力，人类心理及所创造之文化，大率类同。他注意到欧洲不少学者主张从体质上对一国民族进行划分，因划分过于严格，使得各民族不容易团结，认为日本利用汉、满不同名称，分化我国民族团结心理，故"最不赞成民族从体质方面去分，因为中华民族是一个民族"④。话至此，其意甚明。徐益棠对国族构建之国家需要显然有理解之同情，这一番表态，遥遥呼应了顾颉刚的"中华民族是一个"理论，显然是力挺中华民族整体性的论断⑤。

对边疆民族多元文化的准确认识是边疆工作的重要基础。吴文藻强调边疆开发的目标是要实现边疆的工业化和现代化，但须对边疆

---

① 凌纯声：《中国边疆文化（下）》，《边政公论》1942年第1卷第11—12期。

② 汪洪亮：《国族建构语境下国人对边疆地区多元文化及教育方略的认识——侧重20世纪30—40年代的西南地区》，《四川大学学报》2011年第4期。

③ 汪洪亮：《顾颉刚与民国时期的边政研究》，《齐鲁学刊》2013年第1期。

④ 徐益棠著、徐畅整理：《民族学大纲》，辽宁人民出版社2014年，第14页。

⑤ 汪洪亮、钟荣帆：《文化先行与边民为本：徐益棠边政思想述论》，《广西民族大学学报》2019年第4期。

文化因势利导，"使之与中原文化混合为一，完成一个中华民族文化，造成一个现代化的中华民族国家"①。在一篇专门论述边疆教育的文章中，吴文藻指出，"欲铲除各民族间互相猜忌的心理，而融洽其向来隔阂的感情，亟须在根本上，扶植边地人民。改善边民生活，启发边民智识，阐明'中华民国境内各民族一律平等'的要旨，晓示'中华民族完成一个民族国家'的真义。能如是，则思想可以统一，组织可以健全，畛域可以化除，团结可以实现，国力既充，边圉自固。惟欲团结各民族精神，使'多元文化'，冶于一炉，成为'政治一体'，当自沟通各民族文化始。而欲沟通各民族文化，必先发扬中国的民族文化及时代精神，造成一个中心势力；有了中心势力，就可消极的防止离心运动，积极的促成向心运动"②。后来费孝通所讲中华民族"多元一体"的核心要义，在吴文藻这篇文章里已经呼之欲出。

如前文所述，吴文藻强调中国边疆的地位和特殊性，是整个中华民族或一个中华民国地方与中央的关系"，中国边疆教育与奴化教育、殖民地教育区分开来，是"中国文化与土著文化双方并重同时并行的边地义务教育"。

边疆教育是近代新型民族国家建构过程中的重要一环。政府层面对边疆教育往往较为生硬地要求强化国族建设，淡化边疆民族文化，但其统筹资源的能力不足，故其用意虽好，成效难彰③。徐益棠提出边疆教育的原则应该是"以民族特性为背景"，"以民族一员为始点，以国家一员为终点"。他认为"边民教育最大之困难，亦为边民教育最应注意之点"就是民族隔阂成见，边疆教育者应努力设法消除成见，"而为大中华民族唯一单元之团结。此种团结，当从'公民'责任观念培

---

①　吴文藻：《边政学发凡》，《边政公论》1942年第1卷第5—6期。

②　本段参见吴文藻：《论边疆教育》，《益世周报》1939年第10期。

③　刘波儿：《构建国族国家：民国时期民族学家的边疆教育实践》，《元史及民族与边疆研究集刊》2015年第29辑。

植之，边民学校教师，当从各民族'小单元'观念渐渐求其扩大，从各个人在其'小单元'中的活动——忠实的服务精神，引诱其加入社会，为地方、为政府机关服务，如筑公路、看护病人、组织国民兵等。边疆教育最后之责任，为边民个人谋福利，为中华民国求团结"①。

四、结语

华西坝教会五大学的边疆研究，除了关注边疆建设和发展外，最为关注的就是中华民族整体性的建构问题。他们对中华民族整体性的认识及对中华民族共同体建构的思考，是民国时期中华民族思想链条上的重要环节，与 20 世纪 30—40 年代中国学界对此问题的思考同频共振。

尽管那时学界对中华民族是不是一个整体有着不同意见，但逐步有更多人倾向于认可其整体性。梁启超、孙中山等人虽然强调血缘、地域、语言等民族形成的客观因素的重要性，但都更看重民族意识这种主观因素在民族凝聚中的重要性。梁启超就认为民族成立之唯一要素，在民族意识之发现与确立②。孙中山指出："最文明高尚之民族主义范围，则以意志为归者也。"③ 他们的思想得到后来者更多的跟随。抗战时期，很少人强调民族血统因素，即使提及也是强化"同源"观点，希望各族树立中华民族意识。这种由强调血统的种族到呼唤民族精神文化的观念转变，在外患日亟的 1930 年代中国具有重要意义。齐思和就充分肯定那时很多人的思想由"狭隘的种族主义进到了民族主义"，目标由"种族之间的倾轧转到了全民族的奋斗"是一个"大进

---

① 徐益棠：《边疆教育的几个原则》，《学思》1942 年第 2 卷第 3 期。
② 梁启超：《中国历史上民族之研究》，《饮冰室合集·专集之四十二》，第 1 页。
③ 孙中山：《三民主义》，《孙中山全集》第 5 卷，中华书局 1985 年，第 186—187 页。

步,大觉悟"。他认为形成民族的最重要的力量是"命运共同体"一员的情绪①。1937 年初,顾颉刚发表《中华民族的团结》,认为"在中国的版图里只有一个中华民族。在这个民族里的种族,他们的利害荣辱是一致的,离之则兼伤,合之则并茂"②。顾颉刚认为,"建国的先决条件"是要"团结国内各种各族,使他们贯彻'中华民族是一个'的意识"③。他在回应费孝通的文中重申语言、文化和体质都不是构成民族的条件,构成民族的主要条件只是一个"团结的情绪"④。与顾颉刚强调中华民族内部殊途同归不同,张廷休较早主张同始而不同终的"同源"论。但他也赞成顾颉刚的"中华民族是一个",反对提倡"云南民族",认为这是对"民族"的滥用。在他看来,"中国没有少数民族问题",中国边疆地区"绝对没有什么民族问题,只有教育的问题"⑤。岑家梧认为,顾颉刚和张廷休的主张虽稍有不同,但都是同样地指出"中华民族的统一性"。这种民族统一性的努力实际上就是要建构中华民族这个国族⑥。那时学者不管是论述其久远的历史基因,还是讲述其现实基础,都是为了呼吁国内各族应该团结,证明中华民族具有整体性。

　　政学两界人士对中华民族整体性的强调,可以说是那时边疆民族研究的一个基本语境。对中华民族共同体构筑的学术努力,则在抗战时期已有较为充分的体现。华西坝教会五大学在相当丰富的边疆民

---

① 齐思和:《民族与种族》,《禹贡》1937 年第 7 卷第 1—3 期。

② 顾颉刚:《中华民族的团结》,《申报·星期论坛》1937 年 1 月 10 日。

③ 顾颉刚:《中华民族是一个》,《益世报》1939 年 2 月 13 日。

④ 参见顾颉刚:《续论中华民族是一个——答费孝通先生》,《益世报》1939 年 5 月 8、29 日。

⑤ 参见张廷休:《苗夷汉同源论》,《中央周刊》1939 年第 33 期;《再论夷汉同源》,《西南边疆》1939 年第 6 期;《边疆教育与民族问题》,《学生之友》1941 年第 2 卷第 1 期。在这些文章中,张廷休反复推广其同源论。也有人提倡汉藏同源论,见王光璧:《汉藏同源论》,《康导月刊》1940 年第 2 卷第 11 期。

⑥ 岑家梧:《论民族与宗族》,《边政公论》1944 年第 3 卷第 4 期。

族研究实践中，同样贯穿了他们对中华民族整体性的论证及共同体构建的苦心孤诣。他们之所以特别寄希望于做好边疆社会工作，搞好边疆教育和国民整体性塑造工作，就在于他们认识到，在抗战建国的时代主题下，唯有打破所谓种族、民族、部族等各类藩篱，将各个族群整合成一个具有"共同情绪"的团结的国族，才能将国民凝聚整合起来以实现整体性的组织方式，从而具备取得抗战胜利重建国家的必要条件。总之，华西坝教会五大学的边疆民族研究，是抗战时期方兴未艾的中国人类学与边疆研究的重要组成部分，体现了中国学者在应对国家民族构建和边疆开发建设中所作的学术努力[1]。

---

[1] 详情可参见汪洪亮《抗战建国与边疆学术：华西坝教会五大学的边疆研究》。

第三章　顾颉刚与民国时期的边疆学术

　　顾颉刚是民国时期边政学潮流中一位贯穿始终的中心人物。他与民国时期边疆学术界有着密切交往,是民国时期边疆研究的重要组织者,也是边疆社会实践活动的积极参与者。他本是个有着学问嗜好的古史研究者,倡导并参与边政研究,既有其学术旨趣转移和一直关注中华民族前途的内在原因,也有国家时局变迁及个人境遇改变的外在动因。他对边政研究的倡导及对边疆问题的研究,在当时学界有着较为广泛的影响。中华民族的统一性和整体性即使不是历史的事实,也必然是未来的目标,这是顾颉刚倡导和参与边政研究的主要动力。

第一节　顾颉刚与民国时期的边政研究

　　顾颉刚是民国边政研究的重要倡导者和参与者,曾组织边疆学术社团,编辑边疆刊物。学界所关注者多集中在他与禹贡学会①,但对其

_____

① 参见赵夏:《顾颉刚先生对边疆问题的实践和研究》,《北京社会科学》2002 年第 4 期;史念海:《顾颉刚先生与禹贡学会》,《中国历史地理论丛》1993 年第 3 期;孙喆、王江:《时代变局下知识分子对"致知"与"致用"的探索 ——从顾颉刚创办〈禹贡〉半月刊谈起》,《中国边疆史地研究》2009 年第 2 期;丁超:《燕大时期顾颉刚的学术事业与禹贡学会》,《齐鲁学刊》2010 年第 6 期。另有曲文雍《〈禹贡〉半月刊作者群的中华民族观》、尹燕《〈禹贡〉半月刊的学术世界》等硕士学位论文。

边疆观念转变过程及肇因,对其倡导边政研究及其边政主张,多有未予揭示之处。林超民以顾颉刚、吴文藻、方国瑜、江应樑等四人为线索,对民国边政学的形成和发展做了初步论述,认为顾颉刚关于边疆问题的调查与研究是"边政学的肇始",他提出的"中华民族是一个"在当时和今日都有重大意义,"中华民族的整体性是边疆学的核心课题。顾颉刚先生正是在这个关键问题上推动了中国边政学的建立与发展"①。此论甚有所见,但点到为止。本节拟就顾颉刚边政研究的思想与实践略作阐扬。

一、顾颉刚关注边疆研究的动因

顾颉刚在当时学人中被认为是最具有"为学术而学术"精神的,他是怎么走上了边疆研究的道路？是什么原因促使他从书斋里走出来,在广袤的边疆去追索中华民族团结以抗日自强的途径？笔者认

顾颉刚

① 林超民:《应对边疆危机的新学科——边政学的兴起与发展》,黄兴涛、夏明方主编:《清末民国社会调查与现代社会科学兴起》,福建教育出版社 2008年,第380—405页。

为,顾颉刚倡导并参与边政研究,既有其学术旨趣转移和一直关注中华民族前途的内在原因,也有国家时局变迁及个人境遇改变的外在动因,下文拟简要分析。

顾颉刚曾在日记中写道:"许多人都称我为纯粹学者,而不知我事业心之强烈更在求知欲之上。我一切所作所为,他人所毁所誉,必用事业心说明之,乃可以见其真相。"① 不过其"事业心",主要仍在学术文化方面而非政治。余英时认为其事业心有三层背景:一是作为五四新文化运动的过来人,仍有普及学术唤起民众的启蒙意识,认为"普及化的知识必须以最严肃的学术知识为其源头活水";二是民族危机的加剧为其结社办刊等文化事业提供了重要契机,其典型案例就是 1933 年成立通俗读物编刊社,1934 年创办《禹贡》半月刊;三是"他与傅斯年在学术上的分歧与争衡",堪为其重要的人生动力②。前两层在一定程度上,或可解释顾颉刚关注边疆研究的动机:希望凭借民众教育和学术普及,使民众形成中华民族一体性理念,迫于民族危机其学术旨趣转向"救亡图存"之学。早在 1926 年,他表白:"学问原是我的嗜好",他对民俗学的研究,包括对故事、神道、社会和歌谣的研究,都是作他的"历史的研究的辅助",用"民俗学的材料去印证古史"③,可见其钟情的学问又主要在史学上。他对学问并无贵贱之分,"高文典册与杂耍场的玩意尽可以作通同的研究"④。顾颉刚注重学术普及和民史发掘,与傅"旨在提高"意见相左。但二人仍相互钦佩并时有交流,顾颉刚后来关注边疆民族问题,也受到傅斯年启发,特别是在《中华民

---

① 《顾颉刚日记》,1942 年 5 月 31 日。

② 余英时:《未尽的才情——从日记看顾颉刚的内心世界》,《顾颉刚日记》,台北联经出版事业公司 2007 年,"序"。

③ 参见顾颉刚编著:《古史辨》第 1 册,朴社 1926 年,"自序"第 97 页。

④ 参见顾颉刚:《上海的小戏》,《晨报副刊》1926 年 2 月 24 日。

傅斯年

族是一个》中，开头所言"一个老朋友"，即为傅斯年①。

顾颉刚很早就关注中华民族是否衰老的问题，对于现实中国的走向颇为关注。1926年，顾颉刚在《古史辨·自序》中写道："这几年，社会上知道我有志研究历史的很多，对于这方面的期求也特别重，许多人属望我编成一部中国通史。我虽没有研究普通史的志愿，只因没有普通史，无论什么历史问题的研究，都不易得到一种凭借，为自己的研究的便利计，也愿意从我的手里整理出一个大概来。我的心中一向有一个历史问题，渴想借此得一解决，即把这个问题作为编纂通史的骨干。这个问题是：中国民族是否确为衰老，抑尚在少壮？"他很想研究"中国民族是否为衰老"这个历史问题供社会参考，以"尽我国民一份子的责任"。他说这番话时，"适在北方军事紧张之际，北京长日处于恐怖的空气之中"。那时的离乱是指南北战争（即北伐），顾颉刚所关注的"中华民族是否衰老"，当时"似乎早已经成为公认的事实"。他在回顾历史时提到，战国时期中国文化因为"许多民族的新结合而非常壮健"，但在汉以后因君主专制和儒教垄断而"死气沉沉"，后来又因"五胡、契丹、女真、蒙古的侵入，使得汉族人得到一点新血液"，如今受到列强压迫，"我们民族真是衰老已甚，灭亡之期迫

① 参见《顾颉刚日记》，1939年2月7日："作《中华民族是一个》。"同日备注云："昨得孟真来函，责备我在《益世报》办《边疆周刊》，登载文字多分析中华民族为若干民族，足以启分裂之祸，因写此文以告国人，此为久蓄我心之问题，故写起来并不难也。"

在目前,我们只有悲观,只有坐而待亡"。不过,顾颉刚换了一种"乐观的眼光",认为民族"原还有许多生路可寻"。他说:"现在国势如此贫弱,实在仅是病的状态而不是老的状态。只要教育家的手腕高超,正可利用了病的状态来唤起国民的健康的要求……只要各民族能够得到相当的教育,能够发生自觉的努力,中国的前途终究是有望的。这真是关系我们的生死存亡的一个最重大的历史问题。"①

《古史辨》封面

后来,他应商务印书馆之邀编辑《初中本国史教科书》,很想通过这本书来暗示中学生,使其"增进对于自己民族前途的自信力","如果中国真老大了,那么由衰病到死亡,为期已不远,我们只有坐以待毙而已,还存什么希望,还能鼓起什么工作的勇气"。因此,他想"暗示青年们,中国正在少壮",他从中国历史中看到了"因为各族的融合使中华民族永远在同化过程之中,也永远在扩大范围之中,也就永远在长生不老之中"②。可见其萦绕于心的中华民族前途问题,充满了不甘沉沦,从失望中看到希望的期待。

1931年春,他旅行河北、河南、陕西、山东等地,看到"国计民生的愁惨暗淡的实况":鸦片流行,梅毒蔓延,触目惊心,感到了亡国灭种的危机,因为"帝国主义的侵略已经成了国民的常识",亡国已为都市人

---

① 参见顾颉刚编著:《古史辨》第1册,"自序"第64—103页。

② 顾颉刚:《我为什么要写'中华民族是一个'》,《顾颉刚全集·宝树园文存》第4卷,第109—110页。

所感知,但其"灭种"的忧虑却被朋友认为"言之过重"。他由此立志学范仲淹"以天下为己任":"本来我的精神是集中在学问上的,从此以后,总觉在研究学问之外,应当做些救国救民的事"①。到了日军入侵,国家危如累卵之时,国人关注的重心大概已由中华民族是否衰老转移到中华民族能否复兴。衰老似已是既成事实,能否复兴才是国人期待。顾颉刚后来倡导边疆研究,即有着民族团结和复兴的期盼。

顾颉刚1928年3月20日在岭南大学学术研究会发表演讲,如是主张:"我们研究历史的人,受着时势的激荡,建立明白的意志:要打破以贵族为中心的历史,打破以圣贤文化为固定的生活方式的历史,而要揭发全民众的历史。"②顾颉刚有此开放的史学胸怀,或为其投入民俗学和边疆研究奠定了心理基础,使其与众多社会学、人类学学者交往或合作无碍。而这种"时势的激荡"也是其后来关注并投入边疆研究的重要因由。这种激荡的时势可以说是一直持续,先是军阀割据,南北对抗;而后日本侵华,国家罹难,可谓内忧外患,接踵而至。顾颉刚在此种激荡时势下,已无法在北平摆下一张平静的书桌。1937年前顾颉刚虽已介入边疆研究,但因在燕京大学工作,尚能读书治学,不暇常居边疆,虽有边疆游历,但其言论仍多本于文献,所论者多为史地。真正深入体验和研究边疆,恐怕还是"七七"事变之后。此前由于顾颉刚办理通俗读物宣传抗日,整理边疆历史揭露日本恶行,领衔发表时局宣言,遭致日本嫉恨。在获悉上了日本欲捕文化学者名单后,顾颉刚被迫离开北平,远走边疆,先是到西北,后是到西南。全面抗战时期,顾颉刚一直在西部地区,分别是西北一年,昆明一年,四川六年。1939年春,顾颉刚父亲去世,因顾及安全、路途遥远及工作忙碌等因,顾颉刚未克回苏州奔丧,而由妻子殷履安代行。1943年5月,殷履安

---

① 顾颉刚:《我怎样从事民众教育工作》,《顾颉刚自传》,北京大学出版社2012年,第69—81页。

② 参见《圣贤文化与民众文化》,《民俗周刊》1928年第5期。

也因多年病痛袭扰而告不治。顾颉刚因国难而漂泊,因漂泊而不能尽人子情分,在颠沛中接连丧父丧妻。我们在分析顾颉刚的边疆经历时不能忽视他的这一段伤心史。

另外,顾颉刚歆慕半个世纪之久的谭慕愚(字健常,常用名谭惕吾)对其投入边疆研究的激励也不能忽视。谭慕愚1930年进内政部工作,开始关注边疆问题,并亲往绥远等地调查。顾颉刚在日记中批露"廿二年秋间健常随黄绍竑到北平,旋赴绥远,商议内蒙自治问题。过平时,健常曾至燕京大学我家一宿。自绥远归,又至燕京大学讲演,予受感动,遂有研究边疆问题之志"①。顾颉刚曾代内政部长黄绍竑写作《内蒙巡视报告》,与谭慕愚合著《内蒙巡视记》,均由慕愚促成②。后来谭慕愚在顾颉刚发起的禹贡学会出版了《新疆之交通》一书。

顾颉刚在多篇文章中谈到其倡导边疆研究的心路历程,尤其是在回应费孝通的文章中讲得最为清楚:"我个人耕作的园地一向在高文典册之中,为什么这几年中要轶出原定的范围而注意到边疆问题,讨论这现实社会? 讨论这'民族'名词? 这不是我的贪多务得,冒失从事,也不是我的忽发奇想,见异思迁,而完全处于时代的压迫和环境的引导。"所谓时代的压迫,当然是指日益严峻的边疆危机和帝国主义对中国的环攻和分化;所谓环境的引导,则主要是指其几次边疆见闻和因国家局势变化而移居西北和西南而对边疆的切身观察。他归结了对边疆问题的五次"注意"。"第一次粗略的注意"是编辑《初中本国史教科书》,从中看到"中国正在少壮",而此前他认为中华民族既已衰老,又失去了自我修复能力,相当于正在慢性自杀,"九一八"事变恰好提供了使"中国起死回生"的希望。他转而强调"我们民族正将日

---

① 《与健常往来年月表》,《顾颉刚日记》,1943年6月30日。
② 《顾颉刚日记》1934年10月21日:"健常为黄绍竑作内蒙巡视记,虑时间不给,嘱予往助之,言之再三,不敢不应。且予正欲研究蒙事,借此机会亦可多得些材料也。"

新又新，而何有于衰老？"第二次是 1934 年"西藏班禅为受达赖的压迫，避居北京"，大批蒙古人前来朝拜，顾感到"这种宗教热情便是汉人所最缺乏的，应当吸收起来的"。于是写了一篇《我们应当欢迎蒙古人》，呼吁"赶紧集合一个汉蒙联欢会"，切实改善蒙汉关系。第三次则是伪满洲国在"民族自决"的口号下成立，顾颉刚"才觉得这'民族'二字不该随便使用，开始慎重起来"，经与师友交流，他认为："民族就是一个有团结情绪的最大的人民团体，只要能共享安乐同受患难的便是；文化、语言、体质方面倘能疛合无间固然很好，即使不能，亦无碍其为一个民族。"第四次是缘于 1934 年在百灵庙与假借"民族自决"宣言内蒙古"自治"的察哈尔德王及其部属"作了几天周旋"。本来熟谙汉语汉文，"国语"比南方人顾颉刚要流利得多的德王，惺惺作态说："兄弟是蒙古人，汉语说不好。"顾认为他们心中横梗着"民族"的成见，试图以语言来表达其"民族意识"，"在这种情形之下，我更觉得'民族'二字的用法实有亟行纠正的必要，否则各部分分崩离析起来，我们再说什么'中华民国'和'中华民族'"。第五次"也是印象最深切的一次"是在卢沟桥事变后，顾在西北游历中所见"回、汉、番"间的隔阂和不合作，往往是"民族"二字作祟，每逢争执或变动，只要提升到民族之争的高度，往往激发"民族主义"而致"私人的事就一转而成了团体的事"，使矛盾激化。顾颉刚认为帝国主义者造出这种"分化我们的荒谬理论"，我们的知识分子"又替他们散布这种荒谬的种子到各处去，若不急急创立一种理论把这谬说挡住，竟让它渐渐深入民间，那么我们的国土和人民便会随处携贰了，数千年来受了多少痛苦而抟合成功的民族便会随时毁灭了"。顾颉刚在这样的焦虑中"结构成一套理论"，这套理论就成为顾在《中国本部一名亟应废弃》和《中华民族是一个》等文中反复申述的内容①。

---

① 本段凡未标明出处者，均引自顾颉刚：《我为什么要写'中华民族是一个'》，《顾颉刚全集·宝树园文存》第 4 卷，第 109—116 页。

　　1950 年,顾颉刚在回顾从事边疆运动的经历时表示"出于意外",一半"由于研究古史",一半"缘于做了几次旅行"。顾在古史辨工作中,注意到中国古代地理沿革问题,后组织禹贡学会,创办《禹贡》半月刊。后来,边疆地理成为该学会关注的重点问题。两次边疆旅行,使顾颉刚对边疆民族问题感知更为深切。一是内蒙古百灵庙之行。顾颉刚痛感"边疆本无问题,问题之起都是帝国主义者制造出来的"。国民政府对内蒙古规约不力,允诺经费却言而无信,"边疆人和帝国主义的关系,本不十分密切,但政府定要逼他们倒过去,岂不是帮助了帝国主义的进攻。我看到这种情形,痛心极了,心想蒙古如此,他处不知,若干年后,不是把边疆送光了吗? 于是就在《禹贡》半月刊讨论起边疆问题来,也讨论起民族史和文化史来"。二是西北之行。"七七"事变后,管理中英庚款董事会派顾颉刚到西北考察教育。顾到了甘、青等地,目睹当地汉、回、蒙、藏相处情形,种族宗教间的隔阂甚深,深感国内民族畛域分明才使帝国主义者离间分化得逞,由此认识到边疆问题并不全是帝国主义侵略的问题,而且是中国自己内部的问题。顾颉刚注意到帝国主义传播和煽动"民族自决"在边疆地区的危害性:加剧了边地领袖和民众的离心倾向。他认为,"如果不把这种心理改变,边疆割据的局面是不会打破的,假借了'民族自决'的美名,延迟了边民走上现代文化的日期,岂不是反而成了民族罪人"。所以顾颉刚在云南《益世报》发表了《中华民族是一个》,主张中国没有许多民族,只有三种文化集团 —— 汉文化集团、回文化集团、藏文化集团,中国各民族经过数千年演进,早已没有纯粹血统的民族。他发表此文,"希望边民和内地人民各个民族放开心胸,相亲相爱,同为建立新中国而努力,扬弃这种抱残守缺的心理"[①]。这些提法都是在民族危难之际所发出,完全从学理上去追索,有不尽符合事实之处,但若设身处地考

---

　　① 顾颉刚:《我怎样从事边疆运动》,《顾颉刚自传》,北京大学出版社2012 年,第82—97 页。

察，却有其现实意义。而且类似提法，在当时屡见不鲜。

由上可见，顾颉刚倡导并参与边政研究，既有其学术旨趣转移和一直关注中华民族前途的内在原因，也有国家时局变迁及个人境遇改变的外在动因。不论那时的中华民族处境如何，但应对国难、拯救中华民族却是当时国人的普遍思虑和焦虑所在。欲达此效，必然要求中华民族的团结，维护中华民族的整体性。这是不少学者从事边政研究的初衷。

二、顾颉刚对边政研究的倡导

不少学者是在国府西迁和高校内迁的背景下来到西南、西北，自觉或顺势搞起了边疆研究的[①]。顾颉刚则在1920年代末即已倡导边政研究，并最先提出开展西南民族研究。后来被称许为民国边政学代表性人物的吴文藻、杨成志等，皆与顾颉刚在1930年前后已有学术往还。

1927年顾颉刚到中山大学担任历史系主任，代理语言历史学研究所主任。1928年初，他与何思敬、钟敬文等创办中山大学民俗学会，并开设民俗学传习班，容肇祖、余永梁、杨成志等为授课教师。同年，顾颉刚指出中山大学"对于西南诸省的民族研究实有不可辞的责任"，《语言历史学研究所周刊》出版"西南民族"专号和"广西瑶山调查"专号，使大众"知道天地间有所谓'西南民族'也者，知道在学问界中有所谓'西南民族研究'的一回事也者"[②]。1928年7月，他派史禄国、杨成志等前往云南调查少数民族，又派容肇祖到北路考察古物。杨成志经常写信向他汇报行程见闻。1928年8月22日，他已在云南调查，

---

① 参见汪洪亮：《20世纪三四十年代中国学术地图变化与边疆研究的复兴》，《四川师范大学学报》2015年第2期。

② 顾颉刚：《跋语》，《国立中山大学语言历史学研究所周刊》1928年第46—47期。

认为西南民俗调查,还是"有训练的中国人亲身干去,也许所得的结果比较实用些"。由于同行的史禄国先行离开,杨成志决计独自调查,表示"此回独自沿途旅行,成功与失败,实未可预料。成功可做学术上的贡献,失败由于我自愿牺牲"①。顾颉刚与吴文藻都是 1929 年开始在燕京大学工作。不过顾颉刚已是知名教授,而吴文藻则刚学成归国。他们对时局的态度基本一致。1931 年 4 月 3 日,顾与容庚、郑德坤、林悦明组成的燕京大学考古旅行团出发,洪业与吴文藻同行。6 月,顾与郑德坤、吴文藻合编《一九三一年考古旅行团照片目录》,并举办照片展览会。1931 年 10 月 12 日,容庚发起成立抗日十人团第一团成立会,顾颉刚、洪业、郭绍虞、吴文藻、吴世昌等参加。对国家民族走向的关注,促使他们最终都走上关注或投入边疆研究的道路,都响应了政府号召,并在相关政府机构任职。顾颉刚曾担任国民党中组部边疆语文编译委员会主任,吴文藻曾担任国防最高委员会参事并参与中国边政学会工作,杨成志曾担任广东省政府边政指导委员会研究主任。

诸人之中,顾颉刚无疑是边政研究较早的倡导者。他组织的禹贡学会和创办的《禹贡》半月刊是民国最早从事边疆研究的学会和刊物之一。他与冯家昇发起成立边疆问题研究会,组织边疆调查活动,进行边疆书籍的整理出版工作;又与戴季陶主持的新亚细亚学会进行了密切合作。顾颉刚在《禹贡》时期虽然注意到民族问题及历史地理研究的重要性,但那时他本人论著仍偏重古史,"对边疆史地的关心,也是提倡多于实践"②,多止于观察和建议。但在此后几年,顾颉刚在边疆研究方面身体力行。虽然由于其专业背景,他没有像民族学家那样深入边地进行民族学调查。但是他关注的却是更加根本性的问题:边疆政治问题、民族团结问题、国家统一问题。他所思虑的是更为痛切的

① 刘昭瑞编:《杨成志文集》,中山大学出版社 2004 年,第 217—226 页。
② 彭明辉:《历史地理学与现代中国史学》,台北东大图书股份有限公司1995 年。

时局。

顾颉刚对边政研究提出系统的设想，主要体现在《禹贡学会研究边疆学计划书》一文中。他声明："以我国今日所处地位之艰危，学术上实不容更有浪费，故定其价值高下必以需用与否作衡量之标准。"一个坚守学术本位的学者，提出学术价值要以实用为衡量标准，最可见时局对学术的影响。而禹贡学会旨趣变化同样可证此点，"最初但就学校课业扩大为专题之研究，且搜集民族史与疆域史之材料，分工合作，为他日系统著作之准备耳。而强邻肆虐，国亡无日，遂不期而同集于民族主义旗帜之下；又以敌人蚕食我土地，四境首当其冲，则又相率而趋于边疆史地之研究"①。

顾颉刚认为清代边疆学运动之起因"实由外患之压迫"，"彼时群谓足为中国之大患者，以壤地之毗连，必为俄国，而西北受害最先"，"是故当时学者之精神群集中于西北"。其时"异邦学者亦正竭其全力以作对我之研究"，我国边疆学运动"及俄患稍纾"而消沉，"外国学者正群起为更大之努力"，此后日俄对东北，俄国对蒙古、新疆，英国对新疆、西藏，法国对云南、贵州，"各就其势力范围争相开拓"，"文籍方面之材料不足，则努力于实地之考察。迄于今日，吾人苟欲认识自己之边疆问题，已不得不借材于外国"。外国学者对中国边疆研究固有求知和学术的意图，"然其别有作用者乃更多"，往往是为该国侵略服务。杨向奎指出："东邻日本由所谓满鲜又至满蒙，笔之所至，枪亦随之，由鲜而满而蒙将底于何处！今幸国之将士，杀敌守土，然我辈读书之犹不能于枪先到处而笔随之，殊可慨惜！"②

顾颉刚指出："民国以来，外人之侵略愈急，边藩之地，如东北、蒙古、新疆、青海、西藏等处，彼等均有详细之调查……吾国国人，对于边

---

① 本段及以下三段，凡未注明页码者，均引自顾颉刚：《禹贡学会研究边疆学之旨趣》，《顾颉刚全集·宝树园文存》第4卷，第215—224页。
② 杨向奎：《记察绥盟旗》，《禹贡》1937年第7卷第8—9期。

疆之情势,非特不知为详确之考查与研究,即欲有所知亦多借助于外人之著述,是犹家主对于自家之田园院舍瞢无所知,遇事必询之外人,如是而不至破家者盖亦鲜矣。本会同人感念国事日非,惧民族衰亡之无日,深知抱'为学问而学问'之态度实未可以应目前之急,亦非学人以学术救国所应出之一途,爰纠集同志从事于吾国地理之研究。"

顾颉刚强调,"我辈生于今日,受重重之束缚,欲求我之知彼固不容同于彼之知我,然而我之知我则必不可逊于彼之知我。何则? 主客易位则宰割由人;岂惟束手待毙,亦将无以得旁观者之同情"。他注意到,"边疆之重要,近年国内志士类多感到,团体之报告,个人之游记,杂志之论文,均不在少数",其中西北科学考察团,"为我国调查工作开一新纪元";但是从事边疆研究的团体或个人虽有不少,"惟以各自为政,缺乏整个计划,以致重复散漫,浪费时间及精力财力,是以效率不高,成绩浅薄"。他主张边疆研究"宜精密筹划,作全部的设计"。他还关注到大学生的研究潜力,认为大学生中有"不少优秀分子,彼此皆感触时势,期为国用,注意边疆已为共同意识,但使国家因势利导,且有设计与分配工作之机关,则以其基础之学识与使用工具之能力均远胜于道光间人,此第二回运动之收效必远胜于第一回可断言也"。顾颉刚拟订了学会研究边疆计划,有三个方面,一是搜集材料与提出问题,二是训练调查人才,三是奖励边疆研究。他格外关注史地研究,认为边疆种种"政治问题无不有其史地之背景存在;史地之背景明则政治问题无不得其解决之端矣",不过他也注意到实地调查之重要,且研究者须具备民族文化语言习俗及地质、生物等专业知识。

1938 年 10 月,顾颉刚到昆明,任云南大学文史教授,在《益世报》上辟办《边疆周刊》。他在《发刊词》中指出国人过去只顾经营东部,对西边视而不见,大战起来,方才相顾扼腕,知道西北和西南乃是中国复兴的根据地,然因向来没有准备,一时规划不出许多具体的方案,也召集不来许多实地工作的人员。其办刊目的是"要使一般人对于自己的边疆得到些认识,要使学者们刻刻不忘我们的民族史和疆域史,要使企业家肯向边疆的生产事业投资，要使有志的青年敢到边疆去作冒险的考察，要把边疆的情势尽量供献给政府而请政府确立边疆政策，更要促进边疆同胞和内地同胞的精诚合作的运动，并共同抵御野心国家的侵略，直到中华民国的全部笼罩在一个政权之下，边疆也成了中原而后歇手"①。其意甚明，"边疆"存在之日，边疆研究便无停歇之时，而研究之目的则在促进边疆经济发展与政治清明乃至"边疆也成了中原"，也即边疆失去了"边疆性"，如此则可实现国家真正统一和强盛。

1939 年秋，顾颉刚到成都，便被聘为齐鲁大学国学研究所主任，介入了中华基督教会全国总会边疆服务运动，担任边疆服务委员会研究调查设计委员，并于次年 6 月为其创作边疆服务团的团歌，强调："莫分中原与边疆，整个中华本一邦。施医为复健康，立学为造贤良，为民服务总该当。'天下一家，中国一人'，孔墨遗训非虚诞。千山不隔，万里一堂，团结起来强更强。"② 这可说是其国族关怀的夫子自道。1940 年 8 月，顾颉刚与韩儒林等筹备中国边疆学会，次年由齐鲁、华西、金陵、金陵女子 4 所大学共同发起成立，顾颉刚当选理事长。该会后因与重庆赵守钰等人所办学会同名，即与其他地方同名学会联合成立中国边疆学会总会，四川、陕西设立分会，顾颉刚任总会副理事长③。1941 年 2 月 27 日，顾颉刚在学会宣言中强调边疆学会同人对国家解决边疆问题负有责任：一是实现民族团结，"抗战目标在求复兴，欲求复兴必先求吾民族之整个团结，而团结之道则在打破内地与边疆之成

----

① 《发刊词》，《益世报·边疆周刊》1938 年第 1 期。参见顾颉刚：《顾颉刚全集·宝树园文存》第 4 卷，第 319—321 页。

② 《顾颉刚日记》，1940 年 6 月 24 日。

③ 赵守钰、黄奋生在重庆发起中国边疆学会，马鹤天在陕西榆林，顾颉刚在四川成都，都在 1941 年成立了同名学会，宗旨也一致，可谓"奇巧"。顾颉刚认为，"然而这是奇巧吗，乃是时代的需要如此，不容我们不如此；这需要太迫切了，它逼得我们非接受这任务而立刻发动不可"。顾颉刚：《中国边疆学会边疆丛书总序》，《顾颉刚全集·宝树园文存》第 4 卷，第 331—334 页。

见,群知在中华民国境界之内惟有一中华民族",二是建立国防力量,三是开发边疆富源,"凡此三者,求富强,求团结,无不在是,国人其念之哉"①。

1942年,顾颉刚在成都《党军日报》主办《边疆周刊》,希望"起来呼喊以激起全国同胞的注意。我们知道要紧紧守住这些地方的疆土和人民,只有一条路,那就是我们这班人肯挺身而起,尽量做边疆的工作,能调查的去调查,能服务的去服务,能宣传的去宣传,能开发的去开发;一方面要使内地同胞认识问题的严重,为了保卫国家不怕到边地去,一方面要使边地同胞认识自己地位的危险,一齐在一个政府之下团结起来,和内地人同心合作。我们要对外争取自由,必须先对内加强组织。到那时,我国的疆土是整个的,不再有'边疆'这个不祥的名词存在;我国的民族是整个的,不再有'边民'这个类乎孽子的名词存在。这才是我们理想的境界"。否则将遗祸子孙,"再演焦头烂额和家破人亡的惨剧"。他希望通过读者与作者的联合,达成"接引人们到边疆去的媒介",鼓动"大家来尽量发挥它的功能"②。

顾颉刚1942年10月提交国民参政会第三届第一次大会的提案,呼吁"加紧边疆学术考察工作俾建国任务早日完成",主张"敦聘各项专家,筹划充足经费,组织考察团体,作有计划与有系统之考察及独立自主之研究,限期进行,将探讨结果提供政府参考,俾建国工作早得完成,中华民族悉归团结"。其主要建议有:由政府设立规模较大的边疆研究机构,统筹边疆调查研究,聘历史、地理、地质、气象、生物、社会、语言、测绘等专家各一人,组织理事会主持工作;实行分区考察,以上述各项分组进行;各考察团设总务组和医药卫生组;考察结束后应迅

① 顾颉刚:《中国边疆学会宣言》,《顾颉刚全集·宝树园文存》第1卷,第49—51页。
② 顾颉刚:《成都边疆周刊发刊词》,《顾颉刚全集·宝树园文存》第4卷,第327—330页。

速整理报告，提交理事会，其有国防价值者，应随时报告中央，并严守秘密；考察团除学术考察外，亦从事当地民众感情联系及《抗建纲领》宣传①。

1943 年 4 月，顾颉刚为中国边疆学会边疆丛书做"总序"。他指出："这个时代是我们边疆学的启蒙时代，我们该捉住这全体国民的空前的觉悟机会而作大声的呼喊：唤起一班内地的同志不辞辛苦到边疆去，唤起一班边疆的同志不阻于生活习惯的差异而乐于到内地来，彼此精诚无间，打成一片，从觉悟上奠定了工作的根基，使得战事终止之后，从此没有边疆问题，肃清了从前不幸事件的祸根。"他呼吁同道，"我们决不愿使道咸间的先进专美于前，也必不肯让帝国主义的御用学者怀着恶意而在我们旁边越俎包办，我们要挺起脊梁，鼓起勇气，用了自己的一点一滴的血汗来尽瘁于这方面的工作，为后来人辟出一条大道"。他勉励大家："我们要尽力抓住了这时代的共同的蕲向而完成一个启蒙运动，不亏负这时代，把我们工作的成就贡献给国人，作他们认识边疆和建设边疆的必要的初步参考材料。"②

中国边疆学会曾办《中国边疆月刊》，后因抗战胜利临时停刊。1947 年 3 月复刊，顾颉刚在复刊词中表示："本会的同人是站在超然客观的学术立场上来研究边疆问题的，没有派别之分，没有地域之见，更没有任何政治背景。我们所拥护的是建设三民主义的新边疆，我们所自励的是爱真理，明是非，倡正义，顺边情，以这个基本态度，来研究解决边疆问题，来评论边政的得失。"复刊内容包括边疆问题的研讨、边疆学术性的研究、边政得失的批评、边疆同胞的意见、边地情况和资料、边疆学会的会务报道等。顾颉刚强调："我们的刊物决

---

① 顾颉刚：《请扩大并加紧边疆学术考察工作俾建国任务早日完成案》，《顾颉刚全集·宝树园文存》第 1 卷，第 53—54 页。

② 顾颉刚：《中国边疆学会边疆丛书总序》，《顾颉刚全集·宝树园文存》第 4 卷，第 331—334 页。

不偶像化,不愿像那一些刊物老是藉着几位教授作招牌,我们认为边疆的工作是大众的,同样边疆的研究亦要大众化,希望青年作家在这方面,多多与我们合作!"①

　　笔者近乎连篇累牍的摘录,意在表明顾颉刚自1930年代始即持续关注和倡导边疆研究,就是在抗战胜利后依然热情不减。顾颉刚倡导边政研究,既是出于对外人对中国边疆调查研究极为深入从而为帝国主义侵略提供便利的愤慨,也是出于对国人此前漠视边疆而后虽重视而不得其道的焦虑。顾颉刚与政界人士的接触与交往不可避免,对边疆学术当为现实所用有清醒认识,但他常强调学者的立场和学术的本位。他注意到边疆研究是个非常综合的领域,需要各种学科的参与,但他特别强调边疆史地研究在边政研究中的基础性地位,强烈地表明了其历史学家的身份认同。不过我们要承认,顾颉刚具有相当包容的胸怀,他与众多其他学科的学者过从甚密,且能合作愉快。顾颉刚在学术界的崇高地位和众多学人对于边疆问题的共同关注,使他更多扮演了边政研究倡导者和组织者的角色。

三、顾颉刚的边政研究及其边政主张

　　顾颉刚曾谦虚地说,"我并不是一个边疆问题专家",他对边疆研究算是"半路出家",完全是局势的导引,使其"渐渐放松古代史的工作,走向边疆问题上去",但因年已四十之外,虽有兴趣,已来不及学习边疆工作的学识和技术,但多年边疆游历和对边政研究的倡导,使顾颉刚在边疆学界声名远扬,常被邀请组织边疆团体和发行边疆书报。其实那时的边疆问题研究者,大多是半路出家,因为在边疆问题不太严峻的时候,许多学人埋头于自己学科领域,即使是研究边疆地区,也多从史地入手,对现实的边疆问题多无实地考察和对策研究。而当日

---

　　① 顾颉刚:《中国边疆复刊词》,《顾颉刚全集·宝树园文存》第4卷,第337—338页。

本侵略加剧，国人蜂拥而至边疆时，各科学者多关注边疆。如时人观察，在 20 世纪前 30 年相对冷寂的边疆研究成为"爱国救亡运动"的重要组成部分，呈现了"各科人士皆谈边疆"的热烈景象①。大概是因为当时贯注于边疆研究的学人多有社会学、人类学、民族学等学科背景，移居边疆无非是换了研究场地，而中国古史与边疆研究"学术距离"相对较远，顾颉刚多年投入边疆研究，连通古今，或许更为引人瞩目。对边疆社会的民俗文化和社会结构等研究不多，这或许是他与那些民族学家的重要区别。但或也因为此，他看到的边疆问题往往更为宏阔，或者更为根本。

顾颉刚的边政研究，包括边疆历史地理和民族问题研究，也包括边疆实地考察。前者自不必言，学界讨论甚多。顾颉刚重要的边疆调查有如下几次：1934 年夏，绥远考察；1936 年 7 月，组织禹贡学会河套水利调查；1937 年 9 月，西北教育考察等。顾颉刚涉及边疆问题的论著甚多。在史地研究方面，首推《中国疆域沿革史》，与史念海合著，1938 年出版，"研究中国疆域的变迁与盈亏，是想引起人们的警戒"，"先民扩土之不易，虽一寸山河，亦不当轻付诸敌人"，论述了历代民族及其活动区域沿革与变迁相关地方制度、行政区划、人口迁徙等问题。顾颉刚还在《禹贡》和其他刊物发表了不少论述中国疆域或西部民族史的各类论文，如《古史中地域的扩张》《从古籍中探索我国的西部民族——羌族》《撒拉回》《甘肃密宗四大喇嘛传》《佛教之下西北》等。在边疆调研方面，最有代表性的当属其《西北考察日记》，记录了西北教育考察见闻与思考，草拟了《补助西北教育设计报告书》，对西北各省教育现状及改良措施提出了翔实的规划②。基于上述对边疆史地文

① 马长寿：《十年来边疆研究的回顾与展望》，《边疆通讯》1947 年第 4 卷第 4 期。
② 赵夏：《顾颉刚先生对边疆问题的实践和研究》，《北京社会科学》2002 年第 4 期。

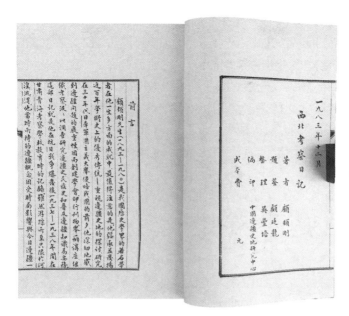

顾颉刚《西北考察日记》

献调研和边疆实地考察,顾颉刚对中国边疆问题有了更深刻的认识,由此也多次发表演讲或文章,对中国边政如何补苴改良提出了不少真知灼见。

顾颉刚对中国边政的认识有个渐进的过程。在 1930 年代,他主要关注西北地区,尤其是蒙、回民族问题,对整个中国边疆的建设可能尚无系统思考。他尤其关注的是民族团结问题。1937 年初,他发表《中华民族的团结》,认为"在中国的版图里只有一个中华民族。在这个民族里的种族,他们的利害荣辱是一致的,离之则兼伤,合之则并茂。我们要使中国成为一个独立自由的国家,非先从团结国内各种族入手不可"。他所强调的"团结",是"不要仅在名义上团结,更不可在私利及压力下强迫团结,而要在同情和合作中作真诚的团结;我们要生活在相互的和平之中,以求共同的存在,同样在天地间取得独立自由的地位"。他认为要有三方面的初步工作，才能促进团结。一是在物质方面，即经济建设，谋求生产合作，开发边疆富源；二是在精神方面，即文化建设，因各族文化特殊，须求彼此了解，故首应注意语言文字的介绍工作，还要发展各族文学艺术，充实其智慧遗产，"方可使国内各种不同文化的分子互相了解别的文化集团里的各种文化"；三是在行政方面，要选擢边地人才和扫除旧有汉人腐败势力①。

在伊斯兰学会的讲演中，顾颉刚强调，要使中华民族团结起来，应该注重文化统一，不过他声明并非是用汉人文化来统一其他各族文化，"这是削足适履的笨事"。他指出，中国文化本是各族文化融合的结果，并非一成不变，"只有随时随地舍短取长，才可使文化程度日益提高，个人能力亦日益发展"。他批评那种全盘西化或恢复中国本位文化的主张"全是多事"，适合中国需要的文化都可以采取，适合今日社会的固有文化该加保存。他认为各族之不易团结，只是因为大家心中横梗着民族认同的成见，其实经过几千年混合同化，早没有纯粹的种族和文化，汉族是亚洲东部各族逐渐融化的结果，"等到将来融化工作完成时，我们国内就只有一个中华民族，而无所谓汉族等等勉强分别的族名了"，所以他认为关键是要做好这种"融化工作"：第一"应使各族的文化可以交流"；第二"为要激发各族的同情心，使得民族情绪永远保持，我们就必须创作一部新式的中国通史"；第三"应在边地造成有力的舆论"②。

类似观念后来在《中华民族是一个》中再次集中强化。顾颉刚论证中华民族不组织在血统上，也不建立在同文化上，盛行的"中国本部""五大民族"等名词，都应废弃。他干脆郑重宣称：中国没有五大

---

① 顾颉刚：《中华民族的团结》，《顾颉刚全集·宝树园文存》第4卷，第49—52页。

② 顾颉刚：《如何可使中华民族团结起来——在伊斯兰学会的讲演词》，《顾颉刚全集·宝树园文存》第4卷，第59—64页。

民族和许多小民族,中国人也没有分为若干种族的必要,如果用文化的方式分,可说国内有汉文化集团、藏文化集团和回文化集团,而且这三个集团也没有清楚界限而是互相牵连的。顾颉刚对知识青年寄予厚望,认为他们是"推动时代齿轮的人","欲报国而无所适从",顾颉刚呼吁他们:"我们所以要抗战为的是要建国,而团结国内各种各族,使他们贯彻'中华民族是一个'的意识,实为建国的先决条件"。他鼓励他们学习边地语言和生活方式,到边地服务,"务使一方面杜绝帝国主义者的阴谋,把野心家及其流毒一概肃清出去;一方面可以提高边地同胞的知识,发展他们的交通,改进他们的生产,传达内地的消息,搜集了他们的历史材料而放到全国公有的历史书里去,使得中原和边疆可以融为一体,使得将来的边疆只是一条国土的界线而不再是一片广大的土地"①。

　　此文的发表,在当时引起了热烈的讨论,和者甚众,但也有反对者,如费孝通②。不过其争论焦点并非中华民族是否应该团结,而是在"民族"等名词的意义及功用上。杨成志在评论此事时,认为二人关于民族问题的讨论"似乎充满关于名词之讨论,颇足以代表我国学术界对'民族'名词见解之纷殊。费与顾两先生均是作者朋友,因立场不同,见解自异,无足怪也"。他认为,"费先生所言之'民族',似近乎Ethnic,即多偏于客观之民族志范围;顾先生所言之民族接近 Nation,即倾向于主观民族论主张,两者虽各有所偏,要之均可称为有心学术或国家之作"③。其实,我国多民族的存在是个客观事实,无须讳疾忌

----

① 　顾颉刚:《中华民族是一个》,《顾颉刚全集·宝树园文存》第 4 卷,第94—106 页。

② 　周文玖、张锦鹏:《关于"中华民族是一个"学术论辩的考察》,《民族研究》2007 年第 3 期。

③ 　杨成志:《西南边疆文化建设之三个建议》,《青年中国季刊》1939 年第 1 卷第 1 期。

医和否定掩饰；但是学人大多对中华民族的整体性和各族团结的必要性也是非常强调的。在面对边疆问题和国家利益时，尽管学界人士有着一些不同的见解，但对其国族关怀和时局需要多少都有点心领神会。这或许可以解释当时费孝通看了顾颉刚的答辩文章后放弃再申辩的原因。

或许是因 1940 年代顾颉刚主要活动在西南，与政界人士接触较为频繁，如戴季陶、朱家骅等政府要人是他在中山大学工作时的老上级。顾颉刚曾到重庆任职，多次代写边政文章，他对边疆问题有了较为宏阔的对策性的认识，不再局限于对民族团结的鼓吹。他于 1942 年 9 月在重庆中央大学、国民党中央组织部及中央边疆学校等处的演讲，最为系统的体现了顾颉刚的边政方略。

顾颉刚在演讲中总结了中国过去的边疆政策，认为清廷的分化政策影响各族团结；陈述了近代以来列强对我国边疆的"环攻"及边疆官吏与商人的"自杀政策"，认为列强挑拨离间，"使边民对祖国的印象大多不好"，后者则是"为虎作伥"，"不讲道德，没有人格"，"强邻环攻于外，边民离心于内，这真是边疆的莫大危机"。痛心疾首之后，顾颉刚追问："今后我们政府的边疆政策应当如何？我们人民的边疆工作又应当如何？这都是大问题。"他觉得以下几事尤其迫切。一是训练调查人才，"要训练有志青年，使他们具有调查的各种技能，而又有恒心，才能做成有系统而又极确切的著作，才可有利于我们的国家"。二是发展交通。在他看来，边疆问题很大程度是由交通不便而发生的。当时内地人要到西藏、新疆、蒙古往往要借道于外国，交通困难就会导致交往疏远。如果交通便利，交往增多，风俗习惯自会"转变融合"。顾颉刚强调，"最重要的边疆问题只是一个交通问题！固然实业、教育等问题都很重要，但是交通问题没有得到一个相当的解决时，别的问题实在无从谈起"。三是振兴实业，"交通便利以后，工业、农业、商业都可以随着发展"。四是清除疾病，"边民多疾病，而他们没有医药，不懂卫生，因之受疾病之苦最大"。五是普及教育，这是"建设边疆的基本工作"。顾颉刚特别强调社会教育,"应该审时度势,从适应环境中达到改变环境的任务,而不必用划一的制度去取得形式上的成就。如果学校教育暂时办不通,可先办社会教育,我相信,播音、电影、戏剧等,没有一个地方的人是不欢迎的"。六是要公平交易,这是改变边民对内地人印象的重要途径,"不仅可以发财,而且可以救国"。七是清除外国传教士,顾颉刚认为边疆传教士大多是特务人员,抗战胜利后清除,收回传教权,取消依托宗教作护符的政治性机构,可由中国籍基督徒传教。八是加强内地与边疆的文化交流,这是建立互信扫除隔阂的有效方法,出于经费考虑,可以经商旅行兼顾。顾颉刚个人则想做两件事,一是编中国通史,不以汉人为本位,而以中华民族全体的活动为中心,二是把各教的教义编成读本,以求互相了解,"从历史上我们知道中华民族是不可分离的;从文化上证明我们中华民族是一个倾注融化的大集团。文化与历史永远打成一片,即是我们民族屹峙天地间的一个保障"。九是通婚,顾颉刚对此十分看重,认为这是"两方融合到极度的表现。我们要使现代文化在边地生根,要使中华民国真实得到统一,没有一点隔阂,通婚是最切实的下手办法"。归根到底,还是要"青年们到边疆去":"到边疆工作,是时代的使命。我们这一代人,只能提倡提倡,真正的工作靠青年去做了!我很希望青年们能够到边疆去,立志在边疆做出一番事业","总之,我们要全中国真正团结一致,来抵御外侮,复兴国家必须解决边疆问题,必须有志青年们实际到边疆工作,青年们,到边疆去吧!到边疆去可以用自己的力量创造一个新天地"①。

顾颉刚的上述主张,大致可以归为政治、经济、文化教育等诸多方面,分别的主张在其他相关论著中也屡有论列。其中有关边疆教育问题,顾颉刚就有《边疆教育问题》《边疆教育和边疆文化》《补助西北

---

① 顾颉刚:《中国边疆问题及其对策》,《顾颉刚全集·宝树园文存》第4卷,第171—192页。

教育设计报告书》等近 10 篇，其中蕴藏有丰富的边疆工作理念，值得进一步的爬梳。

四、结语

顾颉刚是个有着学问嗜好的古史研究者，倡导并参与边政研究，有其学术观念及国族情怀的内在理路，也有国家时局变迁及个人境域改变的外在动因。他介入边政研究较早，持续关注的时间也较长。由于顾颉刚的学术影响和社会声望，他对边政研究的倡导及对边疆问题的研究，在当时学界有着较为广泛的影响，他或代官方立言，或以学人身份发言，导使国人认识到边疆问题的严重性和国族团结的重要性。他发表的《中华民族是一个》在学界引起的论争，使中华民族整体性理论得到了更广泛传播，对于凝聚国人共识，一致抗日有着积极的意义。尽管从学理上考虑，有其功利之处，但顾颉刚也并非无视国内各族差异，只是淡化其政治分野而突出其文化差异，而这种文化差异是可以通过融合的途径来解决的。这一看法无疑有着相当的合理性。费孝通晚年重提他与顾颉刚间的争论，也肯定了顾颉刚这一提法的现实意义和学术上合理的一面①。

这一方面体现了学人在国家和学术事务中的两难，也体现了特定时局下学术研究与政治需要的合流。民国朝野大致分享着共同的观念，那就是要建设一个民族国家，要促成民族团结和国家统一，尽管其具体的主张及论证有着很大差异甚至相反。中华民族的统一性和整体性即使不是历史的事实，也必然是未来的目标，在那时可以说是共识。

----

① 费孝通：《顾颉刚先生百年祭》，中国社会科学院历史研究所、中山大学历史系合编：《顾颉刚先生诞辰 110 周年论文集》，中华书局 2004 年，第 299—301 页。

第二节　顾颉刚与中华基督教会边疆服务运动

边疆服务运动是在国民政府支持下,中华基督教会全国总会以教会立场在川康边地从事边疆建设和服务的社会活动,在实地服务与边疆研究方面都有显著成绩[①]。中华基督教会全国总会边疆服务部(下简称"边疆服务部")是主持边疆服务的专门机构。首任负责人是张伯怀,初为齐鲁大学文学院院长。顾颉刚是民国时期边疆研究最为重要的倡导者和组织者,还是边疆社会事务的热心参与者。笔者以《顾颉刚日记》为基本史料连缀成文,为顾颉刚关注边疆事务提供一个例证。

一、顾颉刚与边疆服务部相关人员的交往

顾颉刚与边疆服务部相关人员的交往,始于他应聘齐鲁大学。"七七"事变后,顾颉刚获悉因宣传抗日被列入日军将欲逮捕学者名单,被迫离开北平,到甘肃、青海考察边疆教育,后任教于云南大学。1939 年 5 月受齐鲁大学校长刘世传邀请,顾颉刚担任该校国学研究所主任,并于当年 9 月到任。在齐鲁大学期间,他创办《齐鲁学报》《国学季刊》及《责善》半月刊,创立中国边疆学会。1941 年 6 月后,他应朱家骅之邀到重庆编《文史杂志》,次年 4 月辞去齐鲁大学职务,1944年 11 月至次年 1 月,应齐鲁大学新校长汤吉禾之邀再任国学研究所主任。

齐鲁大学是教会大学,文学院院长张伯怀是中华基督教会全国总会青年执委,先后主持该会"基督教负伤将士服务协会"和边疆服务运动,前者"曾救了不少的负伤将士,对抗战贡献实大",后者"在川西之理番及西康之西昌各地,设立服务区,从事医药、教育、布道及其他服务工作。这是教会在抗战时期中最有创造性、最有建设性的一种新

---

① 参见杨天宏:《救赎与自救:中华基督教会边疆服务研究》,生活·读书·新知三联书店 2010 年。

工作,对教会对国家都有莫大的贡献"①。1939年夏,中华基督教会全国总会总干事诚静怡由贵阳辗转入川,目睹沿途教育、医疗及民众生活都十分落后,遂与时在重庆的张伯怀商议掀起一场以"边疆服务"为宗旨的运动。诚静怡与副总干事崔宪详在拜会时任国民政府行政院副院长的孔祥熙时,表达了教会在抗战后方为民众服务的愿望,得到孔祥熙的支持。随后总会计划聘请在"后方有力领袖"若干人组成边疆服务委员会,由张伯怀为义务筹备主任②。11月5日,诚静怡突然逝世,"边疆服务"成了"未出世的孤儿"。崔宪详请张伯怀为总会驻华西全权代表,负责完成原定计划。如说诚静怡为边疆服务运动勾勒了理想的远景,张伯怀则为运动描绘了现实的蓝图。

在齐鲁大学,张伯怀和顾颉刚都是校长器重之人,二人在诸种重要场合均同校长出席(详后文)。顾颉刚与张伯怀不仅是同事,过从甚密,而且都关注边疆问题并亟思改进之道。这为顾颉刚对边疆服务运动的介入提供了条件。

据边疆服务部最后一任主任崔德润记载:

> 本部于一九三九年十二月正式成立……十二月在重庆成立边疆服务委员会,并推定齐鲁大学文学院长张伯怀为筹备主任,负责领导推动工作。时张先生乃任齐鲁大学文学院长,边疆服务部主任,系义务职,至一九四一年秋,因为边疆服务部的工作日趋繁重,不能兼顾,辞了齐鲁大学文学院长职,专任边疆服务部工作,总办事处最初附设在齐鲁大学内,后迁至四圣祠北街二十二号……一九三九年冬即开始川西服务区,以齐鲁大学文学院副教授崔德润为主任,起初半年也是义务职,到一九四〇年秋才辞了齐鲁大学教职,全部时间担任川西服务区主任……一九四〇年五

---

① 余牧人:《抗战八年来的中国教会》,《基督教丛刊》1945年第9期。

② 刘龄九:《本部成立简史》,《中华基督教会全国总会第五届总议会议录》,上海市档案馆藏,编号:U102—0—16,第156页。

月开始西康服务区工作,以西昌为中心,以于道荣医生为主任。一九四三年又开始云南服务区工作,以滇北之寻甸为中心,张宗南主任……总部主任张伯怀于一九四八年辞职,由秘书刘龄九代理,一九四九年春本部川西服务区主任崔德润由美国返国继任部主任,以至如今。

此段记载对边疆服务过程及其中人事变化均有交代。边疆服务部及边疆服务委员会虽然都是在 1939 年 12 月成立,但从《顾颉刚日记》来看,此时边疆服务部虽尚在筹备中,但其名称及办公场所均已确定。顾颉刚在 11 月 1 日的日记中已明确提到"边疆服务部"。边疆服务委员会以孔祥熙为名誉主任,由金陵女子大学校长吴贻芳为主任,齐鲁大学校长刘世传、华西大学校长张凌高、金陵大学校长陈裕光等均为委员。委员会下设服务事工委员会,分卫生事工、社会事工、宗教事工、教育事工、研究调查等 5 个设计委员会。杭立武、顾颉刚、杨道之、刘世传、张肖梅等同为研究调查设计委员会成员。崔德润提到的上述人员及边疆服务委员,堪为边疆服务事业的"开路先锋",此时都已在成都集结待发,大多与顾颉刚有往来。

顾颉刚与张伯怀首次会面应该是在 1939 年 9 月 23 日,顾颉刚到成都翌日即步行至华西大学,"晤刘校长、傅矩生、张伯怀、西山(即张维华,乃其燕大学生)等"。24 日,赴刘世传校长宴,同座有侯宝璋。侯宝璋为齐鲁大学病理系教授,是边疆服务医药卫生工作的重要推动者之一。顾颉刚与张伯怀最初晤面似不多,11 月始接触渐繁。有日记为证:11 月 1 日,"七时,赴月会,听张伯怀谈导师制";同日下午,"到边疆服务部访张伯怀"。3 日,"写张伯怀信。预备功课,到张凌高家赴宴"。6 日,"与宝璋同到校,参加纪念周,演说边疆问题半小时,到伯怀、矩生处"。8 日,"到边疆服务部。张宗南来谈调查事项"。当晚张伯怀宴客,同席有张宗南、萧兴汉、张品三等。11 日,赴侯宝璋宴会。16 日,听姜蕴刚演说边疆问题,晚赴边疆服务部宴会,张宗南、张品三、萧兴汉、孙仲瑜主持宴席。这段时间顾颉刚频繁会见张伯怀等人,显然与洽谈边疆服务事宜有关,他也应是此间接受列名研究调查设计委员会成员。此后顾颉刚与张伯怀等人过从甚密,因为张伯怀兼文学院院长,二人聚首部分事务应属校务,但不排除商议边疆服务相关事宜,尤其是边疆调查研究方面的工作。我们不妨从《顾颉刚日记》中掇拾相关记载,或可见其与边疆服务部同人交往之大略。

1939 年 12 月 18 日,顾颉刚"到研究所,李金声、刘龄九来"[①]。1940年 1 月 8 日,"张君劢来,邀至华西大学会议室谈话。张伯怀同座"。10 日午,顾颉刚与张君劢、张伯怀、张西山、育伊等同席;12 日晚,顾颉刚与刘世传宴请张伯怀、张君劢等人。2 月 1 日晚与侯宝璋、张伯怀等同席;8 日,"崔德润、李树秀、张心田、赵化程来"。3 月 7 日上午,顾"参加文学院院务会议",张伯怀、崔德润等出席。5 月 17 日,"在研究所,与张伯怀谈",此后连日有同刘龄九的往来记录。6 月 1 日,与张、崔等谈话。中午张凌高、刘世传宴客,顾颉刚与张伯怀、闻宥(字在宥)、罗忠恕等同席;5 日,"伯怀来";6 日,"刘龄九来"。9 月 5 日、8日,皆遇崔德润。10 月 1 日,"崔德润亦来。同到泰华寺看屋。还,参观本所。罗希成来,又参观。希成出,予与德润散步至陈家碾。归。留德润饭。七时半,开会欢迎德润,谈理番茂县情形,九时三刻散"。2日,"与崔德润作长谈,讨论边疆工作事。张伯怀亦来谈"。5 日,"与伯怀等同行"。13 日下午,"心田、伯怀、雪岩来"。后"到泰华寺,邀冰洋等来,宴客。张伯怀来,予加斥责,又致失眠,服药"。此时边疆服务

川西区工作已初步站稳脚跟,川西区部主任崔德润时与成都有关人士
接触,汇报边区服务情形,顾颉刚乐观其成。至于顾颉刚为何"斥责"
张伯怀,日记未载,其因不明,但也表明二人关系密切,无须太过客气。
这个月20日至30日,顾颉刚大概住在边疆服务部,几乎每日都在部
内早餐。据其日记,20日,"五时许到四圣祠边疆服务部,留宿,由林
冠一招待吃饭。与林冠一、熊自明、张雪岩、刘龄九等谈。今晚同席有
刘龄九、张雪岩、徐伦初、熊自明、边疆服务部及《田家》半月刊同人、
林冠一"。22日,"与伯怀谈",晚上刘世传宴请钱穆及张伯怀、顾颉刚
二人。24日,"与伯怀、雪岩同步归"。当晚张伯怀宴请顾颉刚与罗忠
恕、钱穆、张雪岩、刘世传等。27日,"伯怀、雪岩邀至广东食品公司吃
点","与伯怀乘车至农业改进所,在赵所长家吃饭"。后回边疆服务部
开会,请庄学本、周志拯、谭健常演说边疆状况,在边疆服务部晚餐。
28日,在边疆服务部出席纪念周,与张伯怀到谭健常处。29日,到庄
学本处看照片,与"伯怀长谈"。30日,到刘龄九、张雪岩处谈。本段
近乎繁琐的铺陈,足以证明顾颉刚与张伯怀、崔德润、刘龄九等边疆服
务部核心人员过往甚密,并就边疆工作开展多次晤谈。

　　顾颉刚与边疆服务委员会主任吴贻芳及担任委员的华西坝教会
大学校长们常有晤面,与各界地方人士偶有过从。如1940年1月9
日,中午同席有陈裕光、吴贻芳、刘世传、张凌高、张伯怀等。5月19日
下午"到教育院,参加边疆服务部会,见贺秘书长及胡、郭二厅长,看松
潘电影"。23日午,刘世传宴客,顾颉刚与陈裕光、罗志希、吴贻芳、方
叔轩、张伯怀、侯宝璋等同席。31日中午张凌高宴客,顾颉刚与罗忠
恕、刘世传、张伯怀、方叔轩等同席。顾颉刚还与不少边疆问题学者时
有过从,这些学者大多参与了边疆服务部组织的边疆调查研究工作。
如1939年12月2日,顾颉刚即与姜蕴刚、柯象峰、徐益棠等会面,三
人及稍后来到华西的李安宅,分别是华西大学和金陵大学社会学教
授,均为当时国内知名的民族学家和边疆学者,且后来均担任了边疆
服务部组织的大学生暑期边疆服务团训练导师。1940年6月6日中

午，顾颉刚与张伯怀宴请李安宅、傅述尧等。7 日，顾颉刚到罗忠恕家访李安宅，当晚罗忠恕宴请顾颉刚与李安宅、蒙思明、闻宥、张伯怀等人。8 日，宴请戴乐仁、李安宅、徐雍顺、张伯怀。22 日，到闻宥处，晤徐益棠等。1941 年 2 月 11 日，"文藻、伯怀"来；12 日晚刘世传和张伯怀宴请吴文藻、吴贻芳、赵望云、张凌高、陈裕光、钱穆、张雪岩、张维华等人。

值得注意的是，顾颉刚在成都牵头成立中国边疆学会，张伯怀也是成员并当选理事。据《顾颉刚日记》，1940 年 11 月 23 日，中国边疆学会第一次筹备委员会即在边疆服务部举行，张伯怀、林冠一、张品三等边疆服务部人员参加会议。1941 年 2 月，顾颉刚多次到边疆服务部与张伯怀、林冠一等晤谈。中国边疆学会宣言也是在边疆服务部印刷的，顾颉刚 3 月 1 日"到服务部取宣言印本，与伯怀谈"。同日在华西大礼堂召开了中国边疆学会成立大会，同会者有黎光明、王树民、蒙思明、傅宝琛、罗忠恕、张伯怀、韩儒林、张维华、郭有守、蒋翼振、侯宝璋、冯汉骥等 85 人。会上选举顾颉刚、张伯怀、柯象峰、张云波、李鸿音、陈碧笙、艾沙、姜蕴刚、任映苍等为理事。3 日，学会召开理事会，分别由张伯怀和顾颉刚担任会议主席。10 日，顾颉刚与张伯怀、柯象峰、李鸿音、蒋翼振等十余人开边疆学会第一次理事监事联席会议。14 日中午张伯怀宴请顾颉刚、刘世传、崔宪详、陈家芷、陈文仙等人。1942 年 2 月 2 日下午开中国边疆学会理监事会，同会者有柯象峰、李安宅、张伯怀、姜蕴刚、冯汉骥、任映苍等。看得出来，顾颉刚介入了边疆服务运动，张伯怀也积极支持中国边疆学会。

据《顾颉刚日记》，1941 年 6 月 12 日，他在重庆参加教育部边疆教育委员会，并主持关于"各种边疆学术机关之设置"的分组议案，参加改组会议者有杭立武、张伯怀、吴文藻、黄文弼、李永新等人。此后顾颉刚较多时间在重庆工作，与张伯怀等人联系较少，但偶有与张伯怀等书信往还或面议诸事。如 1942 年 8 月 22 日，仍有给张伯怀写信的记载。9 月 11 日，顾颉刚先后到中英庚款会访胡颂平，到商务印书馆访王云五等,又访张伯怀,但未见(张伯怀常出差重庆,故与顾颉刚仍有见面机会)。1944 年顾颉刚再次应聘齐鲁大学,11 月 15 日到成都,与侯宝璋、姜蕴刚、郭有守、李安宅、蒋旨昂、张凌高、罗忠恕、陈寅恪等均有应酬。11 月 24 日,到边疆服务部"晤伯怀"。29 日,"刘龄九来"。12 月 31 日,到边疆服务部"与伯怀长谈"。值得注意的是,张伯怀 1941 年主要精力在边疆服务工作上,已逐步淡出齐鲁大学文学院院长角色,其本人研究多在神学,对古史涉猎不多;而顾颉刚虽曾在教会大学工作较长时间,但非基督教徒,与教会人士亦无太多交往。故张伯怀与顾颉刚的频繁往来,应与边疆服务有着直接关联。同时需要说明的是,顾颉刚虽担任边疆服务委员会研究调查设计委员,但因在成都停留时间不长,且其自身定位主要还是史家,故在具体参与边地社会服务方面投入不多,对边疆服务活动介入并不太深,也未曾深入川康边地进行调研。这点他与当年的燕京大学同事、长居华西的人类学家李安宅有着较大的区别。

二、顾颉刚应邀作边疆服务团团歌

从目前史料来看,顾颉刚与边疆服务部人员来往较为密切,作为著名边疆问题学者和边疆服务委员会研究调查设计委员,对边疆服务部工作必然有许多建设性建议,当毋庸置疑。边疆服务团是边疆服务部在教育部及四川省政府支持下,联络当时在蓉教会大学,组织在校学生和教员组成的团体,利用暑期休假赴川西区和西康区开展服务工作。服务团始于 1940 年,其意在"引起各界注意边疆工作,促进青年服务之兴趣",通过在边区服务,"藉以改进边胞生活,增进边地文化"[①]。顾颉刚在民国时期虽然大部分时间是在教会大学任职,但他并

---

① 《总部三十一年度大事记》,《边疆服务》1943 年第 1 期;四川省民政厅档案:《中华基督教会边疆服务部人员名册、工作计划、川西区工作报告、暑期服务团筹备经过》,四川省档案馆藏,编号:民 54—1—2。

非教徒，与教会人士的交往也主要限于学术和行政层面。顾颉刚是个注重学术研究但也关注社会现实的人，对学术的普及也有浓厚的兴趣，其治学态度和志趣，与教会大学期望用西方模式来规范学术的要求也有着分歧。他在齐鲁大学与张伯怀等人的投合，很大程度上因为他们对边疆问题的共同关注。边疆服务的主持者和参与者都是中国人，这为他们合作无碍提供了可能。顾颉刚还应邀为边疆服务部做边疆服务团团歌，且对此歌所表达的思想内涵颇为看重，却少为人知。

据《顾颉刚日记》，1940 年 6 月 24 日，他"作边疆服务团团歌"，"今日为华西、金陵、金女大及齐鲁四校联合毕业典礼，到者千余人，甚盛大"。同日午，顾颉刚与张伯怀、崔德润等同席，共十桌。6 月 25 日，顾"修改服务团歌"，"为边疆服务团作团歌：天何苍苍，野何茫茫，宇宙宽大容徜徉。以幕为屋，以酪为浆，到处都好作家乡。莫分中原与边疆，整个中华本一邦。施医为复健康，立学为造贤良，为民服务总该当。'天下一家，中国一人'，孔墨遗训非虚诳。千山不隔，万里一堂，团结起来强更强"。

目前虽无其他材料证明团歌确为顾颉刚所作，但此系其日记所载，全文当时即已收录。顾颉刚一生作序题词无数，又长期关注边疆，撰写团歌对其而言，无论是从文字表达还是内容展示，都可谓轻车熟路。《顾颉刚日记》大多是系日记事，三言两语，从无赘言，涉及其著述也是相当坦诚，凡有他人代作初稿或纲要而由其修改或补充而完成者，皆在日记中有交代，他也为部分政要代拟过一些文稿，亦载于日记。故该团歌应为顾颉刚亲手创制，应无疑义。1943 年郑逢源创办史学书局，邀顾颉刚编文集，次年顾颉刚将关于边疆的文字辑为两册，第一册收入 29 篇。第二册是其《西北考察日记》和《补助西北教育设计报告书》。郑逢源 1945 年病逝，书局停业，顾颉刚文集当时未出版。该文集第一册的压轴之作，即是该团歌。在该书《序录》中，顾颉刚说明："成都中华基督教会办有边疆服务部，在茂县、西昌等处办有医院及学校，每逢暑假即举办旅行团，就华西坝五大学学生中召集。二十九年六月将出发时,主任张伯怀君嘱为作团歌一首,备朝夕歌唱,由李抱忱君制谱。听其歌声,颇为雄壮,他们到边地后常唱此歌,边民听得多了,也和起来了。今取作本册的结尾,就用来标明本册的中心思想”①。该歌可概括其边疆文集的中心思想,可见顾颉刚本人对此团歌内涵之看重。

作曲人李抱忱(1907—1979),1930 年燕京大学毕业,抗战中任重庆国立音乐学院教授兼教务主任、重庆五大学访蓉合唱团团长兼指挥等职。从《顾颉刚日记》可见,1940 年 6 月,他多次与李抱忱会面,如18 日先后到闻宥处、到张伯怀处,中午与李抱忱同赴郑成坤、郑德坤宴。19 日,郑成坤、李抱忱来。中午与张维华宴请郑成坤、李抱忱、罗忠恕、杜丛林。或可推测,二人均大致在 6 月受托于张伯怀,为边疆服务团作词谱曲。

团歌前两句描绘了边疆民族地区的自然环境和生活方式:边疆辽阔,生活粗放,饮食居住均与内地大异,第三句表达中华一邦,“天下一家”,到处都是我们的家乡,希望边疆服务部工作人员能够尊重边民文化及生活方式,以团结互助的心态帮助边疆建设发展,共同实现抗战建国和民族复兴。第四句介绍了边疆服务的主要内容,即医疗卫生和文化教育。最后两句则立足于传统文化和当前实际,呼吁大家团结起来。整体而言,表明了顾颉刚的国族关怀,也就是希望全国各族人民能团结一心,共同构筑中华民族命运共同体。

顾颉刚在五四时期因对旧古史系统的大胆质疑为学界侧目,其后在古史考辨和古书整理领域卓有建树。1934 年顾颉刚曾会见内蒙古“自治运动”主要推动者德王,开始关注边疆与中央关系及与帝国主义关系,但此时关注点多在边疆史地研究。全面抗战爆发,因战争的残酷,顾颉刚无法安顿宁静的书桌,辗转中国西北与西南,又接连遭受丧

---

① 《顾颉刚文集》第 1 册“序录”,《顾颉刚全集·宝树园文存》第 4 卷,第 19 页。

父丧妻之苦痛。他也不再是单纯的专家学者，参与了大量的社会活动，其中不少都与边疆事务有关。他对边疆问题的关注和成就，既有纯学术的边疆考释，也有对边疆的实地考察，如其所言，"苟欲洞悉边情，一赖实地调查，一在考究典籍"[①]，缺一不可。

顾颉刚对边疆研究是有统筹规划的。他不仅自己撰著边疆问题评论文章，而且为禹贡学会、中国边疆学会拟写边疆研究计划，在有关报纸创办边疆专刊并写发刊词，其间皆表述其对边疆研究的长远计划。如禹贡学会研究边疆之计划有三项：第一，搜集边疆学材料与提出问题；第二，训练边疆调查人才；第三，奖励边疆研究[⑥]。

1939 年 6 月 30 日，顾颉刚在日记中写道："近日在床无事，或中夜梦醒，每思年已如许，苟学不确立，便将终身无成矣。"对其"述作之事"做了一个预计，包括撰著古史论文、古史材料、中国通史、国民读本、中国边疆问题、杂著和自传等 7 种，及编辑各类专书 7 种，"此十四种书如均能完成，则我易箦时当含笑而逝矣，否则死了口眼也不闭的"。顾颉刚计划撰著《中国边疆问题》，"主旨为团结国内各部族，计分四编：一、边疆地理与现状；二、边疆各族历史；三、帝国主义国家之侵略我边疆略史；四、当前边疆应有之工作"。顾颉刚在中国边疆学会成立宣言中曾指明其工作有 5 项：一是促进民族的团结，二是考察边疆的情形，三是研究建设的方案，四是编纂边疆丛书，五是发行边疆期刊[②]。

顾颉刚那时强调要慎重使用"民族"，认为"凡是中国人都是中华民族——在中华民族之内我们绝不再析出什么民族——从今以后大家应当留神使用这'民族'二字"。他接连在《益世报》发表《"中国本部"一名亟应废弃》和《中华民族是一个》等文，认为"中国本部"这个

---

① 《发刊词》，《禹贡》1934 年第 1 卷 1 期。

② 顾颉刚：《中国边疆学会边疆丛书总序》，《顾颉刚全集·宝树园文存》第 4 卷，第 331—334 页。

名词是敌人用来分化我们的。而"五大民族"这个名词,其危险性同"中国本部"一样,"是中国人自己作茧自缚"。顾颉刚认为,中华民族不组织在血统上,也不建立在同文化上,"我们被称为汉人的,血统既非同源,文化也不是一元,我们只是在一个政府之下共同生活的人,我们决不该在中华民族之外再有别的称谓"①。这些文字在当时引起了强烈反响,也引起学界对此观点的论争②。如果不从当时国内时局和国族建构的整体语境来检讨这次论争,很难体会那时学界中人对此问题的复杂心态。

这里顺便提及的是,顾颉刚创作的边疆服务团团歌,既是受命于张伯怀所作,自应与边疆服务的精神相契合,同时符合个人的边疆民族理念。

边疆服务部的工作计划大纲和工作规程显示,其宗旨是:"以基督服务精神,本中央抚圉边之德意,对边疆民众从事各种服务,藉以启发边民知识,救济边民疾苦,改善边民生活,促进边民团结,充实国家能力。"其服务信条是:"三民主义为立国行政之根本大道;四海兄弟为民族团结之理想目标;边疆服务为国家民族之迫切需要;立己立人为服务运动之哲学基础;吃苦耐劳为服务精神之自然表现;实事求是为服务人员之正当作风。"③ 其服务原则有:1.为纯粹宗教团体,"绝无政治及党派关系";2.以服务为唯一目的,以基督之爱,行爱人之道;3.主张万民平等,对于边民团体概不存种族、文化及宗教的自大心理;4.对于任何边民固有文化,均抱欣赏学习之态度;5.服务人员以国文、国语为主要工具,但须尽力学习边民方言与文字,借以明了并赏识

---

① 顾颉刚:《中华民族是一个》,《益世报》1939 年 2 月 13 日。

② 周文玖、张锦鹏:《关于"中华民族是一个"学术论辩的考察》,《民族研究》2007 年第 3 期。

③ 《中华基督教会全国总会边疆服务部工作计划大纲》,四川省档案馆藏,编号:建川 50—436。

其文化与生活；6. 服务人员须学习注音字母，以便将本无文字之边民言语记录，并以之传授边民，教育边民；7. 不限地域籍贯，在全国各地广为征求基本干部；8. 中级干部尽量由接近边民之各省延揽；9. 为造就地方领袖，对于下级干部优先在边民中设法训练。

就边疆服务部自身表述来看，其根本目标在于促进边民团结，充实国家能力，其指导思想是"三民主义"和"四海兄弟"，与当时国家政治需要是吻合的，与顾颉刚的团歌中心也是一致的。边疆服务部的服务原则与其服务宗旨，本身就有难以合辙之处。边疆服务实际上担负着双重使命：既要传播基督的"神恩"，又要宣扬中央的"德意"。边疆服务以医疗卫生、文化教育、生计改良为主，"社会福音"即蕴涵在具体的各项服务工作中。在实施过程中，边疆服务与政治结伴相随，不仅为传教服务，也为政治服务。所以，服务并非其唯一目的，边疆服务部也并非毫无政治关系①。就时局需要和政府要求来看，"整个中华本一邦"恰是当时亟需宣扬和巩固的重要观念。边疆服务部在川康民族地区开展的各类社会服务，都有"化导边民"的初衷在内。特别是在教育工作中，强调要灌输边民"国家意识""公民意识"和"汉夷一家"的思想；还提倡"根据边地实际选用教学内容，诸如培养爱国主义、集体主义，养成清洁、劳动习惯"②。很显然，这与顾颉刚的边疆工作理念是一致的。边疆服务的传教效果如何，顾颉刚应该不太关心。他所关注者，无非也是边疆服务在国族构建中的努力及成效。

三、结语

顾颉刚对边疆问题的关注是其作为知识分子的人文精神和社会关怀的重要体现。他长期秉承为学术而学术的理念，沉浸于中国古史

---

① 汪洪亮：《变动时局中的中国基督教会——基于中华基督教会边疆服务运动的历史考察》，《历史教学》2009 年第 11 期。

② 吉第依和：《边民教育的几个主要问题》，《边疆服务》1947 年第 18 期。

的研究中;但在国势局促时又能走出高文典册,以所学求所用,为抗战建国和民族复兴作出最大的学术努力。其边疆研究的作为并不局限于西北之行,到了西南以后的顾颉刚依然寄予边疆问题以极大关注,无论是组织边疆学会还是参与边疆服务,都是其践行"中华民族是一个"理念的举动。

顾颉刚在成都期间与边疆服务运动相关各界人士的密集接触,是其学术交游和社会往还的重要组成部分,也是其参与边疆社会实践的重要例证。由于顾颉刚的书生本色及其在成都时日不长的客观原因,他对边疆服务运动的介入并不算深,故对边疆服务的影响主要是通过与张伯怀和崔德润的交流来实现的。若论直接影响,可能不如亲往边疆服务区域调研和担任边疆服务"最高顾问"的李安宅。但是顾颉刚为边疆服务而创作的团歌,却充分展示了边疆服务的重要意义,其核心思想也是顾颉刚国族关怀的夫子自道,是顾颉刚的边疆思想链条的一个重要环节,值得研究者重视。

第三节　顾颉刚与李安宅的人生交集与思想异同

学界对顾颉刚的人生与学术研究较多,对其与同时代人的关系也多关注鲁迅、胡适与傅斯年等人;对李安宅的研究可谓草莱初辟,或因二人所在学科有别,学界尚无对二人进行综合研究者[①]。民国时期的顾颉刚与李安宅,虽然从事的专业研究方向有别,但都是在政学两界具

---

　　① 　关于顾颉刚,比较重要的研究著作有王学典、孙延杰:《顾颉刚和他的弟子们》,中华书局2000年;刘俐娜:《顾颉刚学术思想评传》,北京图书馆出版社1999年;[美]施耐德著、梅寅生译:《顾颉刚与中国新史学:民族主义与取代中国传统方案的探索》,台北华世出版社1984年等。关于李安宅,除了部分评述其论著的作品外,还有陈波的《李安宅与华西学派人类学》,汪洪亮发表在《民族学刊》的系列论文对其人生与学术进行了初步的探讨。

有重要影响的边疆问题学者①。他们在工作和学术方面有着诸多人生交集，在思想和学术观念上也有诸多契合与相异之处。笔者拟根据《顾颉刚日记》等相关史料，对此问题进行初步的探讨。

一、顾颉刚与李安宅的人生交集

顾颉刚与李安宅虽然专业不一，但相识甚早，相处较洽。二人的人生交集贯穿 20 世纪三四十年代，主要是在北平和西南两地。

（一）北平期间

1926 年是顾颉刚学术生涯极其重要的一年。在担任北大研究所国学门助教多年的顾颉刚，这年上半年出版了《吴歌甲集》和《古史辨》第 1 册，受到各界瞩目；尤其是后者，使其成为史学界的核心人物，年纪轻轻即获得大名。同年秋，顾颉刚到厦门大学担任国学院研究教授，次年 4 月到广州中山大学担任历史系主任、教授，并代理语言历史研究所主任。1926 年夏，李安宅从燕京大学"社会服务研究班"毕业，留校担任助教，同时继续在社会学系就读。就学术生涯而言，李安宅此时才初窥门径。

1929 年二人开始成为同事。是年 5 月，顾颉刚应聘燕京大学，9 月任国学研究所导师、研究员及学术会议委员（与容庚、黄子通、许地山、郭绍虞、张星烺等同职，陈垣为所长和学术会议主席），兼历史系教授，也在北大兼课。李安宅是年极为艰难。他在 1926 年就加入了中共，但国共关系破裂后，"一面继续读书，一面从事地下工作"，1929 暑假前与党组织"关系完全断绝，以后未主动找党，把自己埋在书堆里，

---

① 参见赵夏：《顾颉刚先生对边疆问题的实践和研究》，《北京社会科学》2002 年第 4 期；陈波：《"坝上"的人类学：李安宅的区域与边疆文化思想》，《西南民族大学学报》2008 年第 2 期；汪洪亮：《学随世变：李安宅的学术人生》，人民出版社，待出。

再未恢复党籍"①。因结发妻子张瑞芝这年春病逝,他无法照顾幼女李培廉,只好将女儿先送到协和医院服务部,后送好友于道泉做义女,而于道泉将其在日本留学的妹妹于式玉介绍给李安宅相识并订婚②。李安宅在燕京大学社会学系毕业,取得理学学士及相当于硕士的社会服务职业证书,任燕京大学国学研究所编译员。

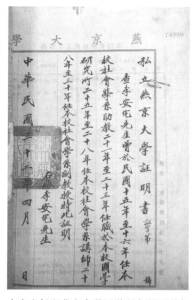

李安宅任职燕京大学国学研究所证明书

　　顾颉刚在燕京大学如鱼得水,事业发展顺利,与吴文藻、郭绍虞等众多学者来往甚密。不过在其1929年日记中,未见与李安宅来往的记载,但同为国学所同事,虽无私交,应已认识。顾颉刚宾客盈门,鸿儒云集,那时二人社交层面的交流不多,也可能李安宅四处奔波,无暇请益。经于道泉介绍,李安宅在1929年暑期与其妹于式玉相识并订婚,次年4月登报宣布结婚,未举行仪式。两人婚后在海淀安家,由于二人老家多人投奔,经济压力较大,此后两年,李安宅多处兼职,任北京平民大学社会科学教授,后兼通州潞河中学社会学科教员,又担任北京农学院社会学讲师。于式玉回国后先在燕京图书馆担任日文部主任,同时兼北平国立女子文理学院讲师,教授日文与日本史。天道酬勤,多处兼职,勤于著述,亦为二人学术事业打下了基础。

　　① 参见1963年李安宅在四川师范学院任副教务长、外语系主任时所填的一份《干部履历表》和写于1968年10月31日的《李安宅交代问题》。
　　②《李安宅自传》,1951年7月11日,未刊稿。

1930 年《顾颉刚日记》中始有与李安宅往来的记录，如 10 月 4 日、12 月 15 日，均记"李安宅来"；次年 6 月 26 日，"与子通到海淀看房屋，由李安宅君为导"。这两年李安宅埋头著译，其译著《交感巫术的心理学》、专著《〈仪礼〉与〈礼记〉之社会学的研究》于 1931 年在商务印书馆出版，此后顾颉刚与李安宅夫妇交往渐密，应与后者发奋学问，初露锋芒有关。1932 年二人来往从单向度的"李安宅来"，转变为"互访"，如 9 月 4 日，"李安宅夫妇来"。9 月 6 日，"与履安、自珍步至李安宅家"。10 月 13 日，"王泊生夫妇介李安宅夫妇见访，略谈剧事"。在其送《古史辨》第 3 册的名单中，也有李安宅。1933 年 1 月 1 日，"李安宅夫妇来贺年"。1 月 27 日，"与履安到郭廷佐处、田洪都处、李安宅处"。2 月 23 日，"与绍虞同到李安宅家。到绍虞处，晤振铎及安宅夫妇"。这是《顾颉刚日记》中首次将李安宅姓氏省去，直呼其名，更显亲切。当晚在洪业家吃饭，李安宅夫妇、郭绍虞等同席。3 月 2 日，顾颉刚到校上课，"安宅来"。3 日，"写德坤、安宅信"。4 月 14 日，"李安宅来"。6 月 9 日，与郑侃燮"饭后同到安宅处，晤其夫人及其父芗圃先生"。7 月 1 日，"李安宅夫妇来"。9 月 16 日、10 月 7 日、10 月 11 日均有与李安宅夫妇同席吃饭的记载。11 月 20 日、12 月 4 日，均记"安宅来"。1934 年 5 月 3 日，"安宅来。为安宅写修中诚信"①。5 日，游览龙骨山，贺昌群、侯仁之、顾廷龙、李安宅等近 20 人同游。

顾颉刚乐于组织学术社团和编辑学术刊物。李安宅夫妇也参与了其中一些活动。1933 年 9 月，顾颉刚与洪业、容庚、马鉴、田洪都、聂崇岐、韩叔信、李书春、李安宅、于式玉、蔡一谔、容媛、张克刚等出资同办燕京大学引得校印所。10 月，顾颉刚将三户书社改名通俗读物编刊

---

① 修中诚，英国汉学家，曾在福建传教 18 年，1929—1932 年在上海中华基督教青年会全国协会任职，1933 年返回英国担任牛津大学的中国哲学教师，曾翻译《大学》《中庸》等中国典籍。参见刘超：《修中诚：嵌入中国学术史的"异乡人"》，《同舟共进》2020 年第 8 期。

社。12月10日,顾颉刚组织开会讨论技术观摩社及引得校印所事,上述人员与会,"仁斋、式玉"也在其中。(按:仁斋即李安宅)会后,顾颉刚"留仁斋夫妇饭。"于式玉是该所干将之一,她编著的《日本期刊三十八种中东方学论文篇目引得》一书同年由哈佛燕京学社出版。此书系其在燕京大学图书馆工作之余翻阅日本学术期刊,收集日本人研究东方学的论文而成 ①。12月22日,顾颉刚"改安宅所作两文(通俗读物)",24日"安宅夫妇来"。可见在其通俗读物工作中,李安宅同样是参与者。30日,顾颉刚与胡适等人聚会,郭绍虞、容庚、马鉴、于式玉等做东。1934年1月8日,"安宅来"。1月11日,"《技术观摩社征求社员启》,安宅草好已一月,予竟未能改作。今日以八爱将于陆君夫妇同赴京,强迫重作,对客挥毫,居然写成"。12日,顾颉刚即作《上中央党部及内政部书》(请求将通俗读物编刊社、技术观摩社立案)。24、25日,容庚和马鉴分别做东,同席皆为顾颉刚、洪业、田洪都、李安宅夫妇等。据《顾颉刚日记》,技术观摩社1月在北京成立,参加者张铨、李安宅、容庚、马鉴、洪业、于式玉、聂崇岐。2月,派容庚到南京成立分会。3月11日,技术观摩社在顾颉刚家开会,容庚、张荫麟、容媛、于式玉、李安宅、田洪都、张铨、聂崇岐、李书春、马鉴等与会讨论设立分社事。4月29日晚与洪业、李安宅夫妇等人开会,估计也与技术观摩社有关。6月9日、7月24日,技术观摩社成员分别到容庚、马鉴家中开会,参会人员基本同上,李安宅夫妇皆在其中。可见在技术观摩社成立过程中,李安宅与容庚、马鉴一样,都是重要参与者。

此后《顾颉刚日记》中有较长时间没有与李安宅来往的记录,这正是李安宅赴美留学的时段,即1934年暑期到1936年暑期 ②。不过在此期间顾颉刚与于式玉等人时有来往。如1935年1月19日,顾颉刚

---

① 《于式玉自传》,1967年2月20日,未刊稿。
② 李安宅的海外留学情况,参见陈波:《一九三五年的李安宅》,《读书》2022年第11期。

到校印所，到吴文藻处，与之"同到李安宅夫人处"。1月25日，顾颉刚与洪思齐、于式玉、洪业等同席吃饭。6月21日，顾颉刚与顾廷龙"同访李安宅太太，不遇"。9月7日，容庚请客，同席有洪业、于式玉、张克刚、郭绍虞等人。10月27日，与顾廷龙夫妇到"李安宅夫人处"，并同游大钟寺，"四时，回至李宅，稍息归"。1936年3月6日，晚到田洪都处开引得校印所董事会，同席有蔡一谔、洪业、容庚、容媛、于式玉、聂崇岐、李书春、郭绍虞、田洪都夫妇。

1936年9月18日，顾颉刚等人在燕京大学举行边疆研究会筹备委员会，又开引得校印所年会，在田洪都家吃饭，容庚、张克刚、洪业、于式玉、郭绍虞等同席。10月2日晚，哈佛燕京社代表博晨光、容庚宴客，钱穆、陈垣、郭绍虞、李安宅、张荫麟、陆志韦、洪业等同席。此时李安宅已留美学成归来。此后二人来往较前更加频繁。3日中午，史地周刊社聚会，洪业、李安宅夫妇、容庚、张荫麟等人同席。11月5日，顾颉刚与洪业、徐淑希、李安宅、陈其田等同席。10日晚，与段绳武、梅贻宝、梁士纯、萧汉三、黎琴南、王日蔚、吴世昌、连日升、李安宅等同席。30日，顾颉刚参加教职员会议，到李安宅家吃饭，豁哀忒夫妇、侯仁之等同席。12月5日晚，顾颉刚与徐炳昶宴请王日蔚、黎琴南、赵伯康、李安宅等及通俗读物社职员8人。22日，"安宅来"。27日，"与安宅及履安同到中南海公园游览，送安宅到光陆"。

1937年上半年，二人交往最为集中而密切。1937年1月申报《星期论坛》发刊启事云："本报兹自今年一月十日起每星期日特请顾颉刚、徐炳昶、冯友兰、陶希圣、叶公超、白寿彝、吴其玉、张荫麟、连士升、吴世昌、吴俊升、李安宅诸先生轮流担任撰述《星期论坛》，在时评地位刊载"。顾颉刚1月10日撰文《中华民族的团结》；李安宅曾在该报发表《民族创作性的培育》一文。2月22日正月十二，顾颉刚到燕京大学，即"写贻宝、安宅信，写圣陶信"。梅贻宝和李安宅并列，而叶圣陶单列。或致梅贻宝和李安宅之信，主题有相关性。24日下午，顾颉刚与李安宅一同进城，到福生食堂吃饭，讨论西北移垦事，段绳武、徐炳昶等同席。3 月 12 日,顾颉刚与梅贻宝夫妇,李安宅夫妇,侯仁之、蒙思明等共 90 人同游明陵。14 日中午,许毅宴客,顾颉刚与李安宅夫妇、容庚、梁士纯等同席。

1937 年 4 月,应绥远当局邀请,顾颉刚在燕京大学组织绥远蒙旗考察团,由历史、社会、新闻三个系学生参加,李安宅带队,清华亦有多人加入。4 日启程,16 日返校。18 日,李安宅夫妇与雷洁琼在承华园宴客,顾颉刚、黄云伯、陆志韦、陈其田、赵承信等同席。19 日,顾颉刚到校,"安宅来"。25 日下午,顾颉刚出席西北移垦促进会成立会,李安宅、刘治洲、李锡九、郑大章、段绳武、张亮尘、张维华、韩儒林等三十余人与会,选举顾颉刚等 9 人为理事。5 月 3 日,顾颉刚到校,遇段绳武、米迪刚及李安宅。20 日,到校印所,"安宅来",晚同席有朱蕴山、陈伯达、李锡九、李安宅 ① 等。6 月 14 日,顾颉刚与叶公超等到赵叔雍家吃饭,叶公超、张荫麟、容庚、李安宅、陶希圣等同席,"与安宅、其玉、希白同返燕京"。16 日,顾颉刚与叶公超在成府寓中宴客,冯友兰、张荫麟、容庚、李安宅、连士升等同席。6 月 22 日,顾颉刚、梅贻宝在新陆春宴客,并唱大鼓,同席有韩儒林、段绳武、吴其玉、李安宅、陶希圣、徐诵明等。6 月,西北移垦促进会、河北移民协会和燕京大学联合组织暑期西北考察团,顾颉刚与段绳武分任正副团长,28 日召开分组会议,全团 107 人,分成 5 组,7 月 1 日出发。但顾颉刚 6 月 30 日因病发烧卧床,未得同行。

顾颉刚有时与李安宅夫妇一起会见外国学者。如 1937 年 4 月 20 日,顾颉刚在成府寓所宴客,同席有于式玉、陶希圣、田洪都、洪业、

---

① 按:《顾颉刚日记》中此处原为"李安之",应为李安宅。日记仅 1936—1937 年中出现"李安之"。这段时间恰是二人相处最多的时间,所记有关"安之"交往情况,全与李安宅相合。在其日记中有关中华基督教会边疆服务部的不少人名也出现同样的问题。参见汪洪亮:《顾颉刚与中华基督教会在西南边疆的社会服务运动——以顾颉刚日记为中心的考察》,《西南民族大学学报》2013 年第 11 期。

顾廷龙及多位日本学者：桥川时雄、本多龙成、小竹武夫、平冈武夫。这几位日本学者均研究中国学术与传统文化，而于式玉曾在日本留学，或早有认识或担任翻译。5月26日，"西山来，与之同到大阮府胡同，迎拉丁摩到成府，吃饭"。同席有乐育才（拉丁摩之笔名）、吴其玉、梅贻宝、雷洁琼、陈其田、顾廷龙、李安宅、侯仁之、张西山。拉丁摩即拉铁摩尔，也是顾颉刚等人主持的中国边疆问题研究会的贵客。

面对"九一八"事变和华北事变后日趋严重的国内局势，顾颉刚等大批著名教授十分关注，而且集体向国民党和国民政府隔空喊话。1936年10月，北京多所大学的学者发起《北平文化界对时局宣言》，由张荫麟起草，对时局提出8项要求，经顾颉刚、钱穆等修改后，于12日送往《大公报》，13日刊载后，在社会各界引起强烈反响。国民政府因畏忌其后之背景与组织，两次给蒋梦麟电报，恐引学潮，要求切实制止，因此有签名者恐惧而欲退出。20日，燕京大学教员签名宣言者开会，顾颉刚、梅贻宝、陈其田、雷洁琼、顾廷龙、郭绍虞、李安宅夫妇、耿家昇等近30人参加。27日下午同茶点，顾颉刚与李安宅、洪业、雷洁琼等为主，宋哲元、邓哲熙、刘治洲为客。宋哲元时任冀察政务委员会委员长，此番与学者见面，应是听取教授们的意见。顾颉刚等被南京方面以为左倾，应是解释立场。

"七七"事变后，北平局势更加紧张。7月14日，顾颉刚到研究院，参加徐炳昶召集的时事商谈会，同拟致中央电稿，徐炳昶、叶公超、吴文藻、李安宅、王日蔚等同会。18日，顾颉刚得知"日人开欲捕者之名单，颉刚列首数名，似有不能不走之势"。21日，顾颉刚拟离开北平，到张家口，次日至绥远，到省政府拜见傅作义主席，归途遇于式玉。23日，与王日蔚、赵振铎到省政府访王淡久，到教育厅访阎致远厅长，到蒙古自治指导长官公署访石华严参赞及曾依、于式玉。25日中午，顾颉刚在古丰轩宴客，同席有于式玉、洪范驰、段绳武、赵振铎等。27日，顾颉刚准备南下，于式玉与段绳武夫妇等人送行。李安宅在"七七"事变前，到山东济宁参加华北五大学举行的乡建活动，后因"韩复榘下令禁训练民兵,不得不放弃工作回燕京大学"①。于式玉参加了西北考察团,到归绥后,因绥远省蒙旗长官指导公署邀请筹备蒙古族妇女教育计划,遂留下,"七七"事变后,"一个人在兵荒马乱的情况中,由山西河南绕道到山东",找到李安宅,返回北平②。

（二）西南期间

顾颉刚和李安宅都在西北待过一段时间。但顾颉刚1937年9月到兰州,次年9月即已离开。1938年9月底,李安宅夫妇才抵达甘肃,故二人在西北并无交集。不过李安宅到西北,却由顾颉刚等人促成。

"七七"事变前,顾颉刚已有西行的计划,乃管理中英庚款委员会邀其考察西北教育,而段绳武为促进西北移垦推顾颉刚为理事召集考察。但其踏上行程,却因"卢沟桥战事突起,敌人以通俗读物之素憾,欲置予以死地,遂别老父孱妻而长行","初意作短期游历耳",未想达一年之久③。1938年7月24日决定应聘云南大学。9月9日离开兰州,10日从西安飞抵成都,9月24日到重庆,先后到中英庚款董事会和教育部复命后,于10月22日飞抵昆明,云南大学校长熊庆来亲自接应。

1937年暑期结束后,李安宅夫妇返回燕京大学。日本在北平负责文化侵略工作的人要求于式玉接办女子文理学院,燕京大学校务长司徒雷登多次请李安宅出任法学院院长,均被二人婉拒。北平不宜久居,两人准备离开。李安宅拟辞职去甘肃,燕京大学校方接受了陶孟和与顾颉刚的建议,派李安宅去西北,"领旧燕京大学薪津到兰州与甘肃科学教育馆合作,负责社会科学组"④。当地离藏区（拉卜楞）近,正

---

① 李安宅:《李安宅交代问题》,1968年10月31日。
② 于式玉:《报告》,1955年2月10日。该报告写于呼和浩特,是提交给中共西藏工作委员会（简称:西藏工委）的审查材料。
③ 顾颉刚著,达浚、张科点校:《西北考察日记》,甘肃人民出版社2002年,第168页。
④ 参见李安宅:《与国民党三青团反动派的历史关系》,1957年8月30日。

是李安宅所主张的"应用人类学"的乐土。但同去的于式玉只算请假不带工资。

多年后，顾颉刚与李安宅在成都重逢时，都已不在燕京大学工作。顾颉刚1939年秋到了齐鲁大学，此后几年间有段时间在重庆担任中央大学教授或主办《文史杂志》。而李安宅1941年到华西大学担任社会学系主任和华西边疆研究所负责人。这份工作一直持续到1950年参军入藏，其间又曾到美、英讲学或研究。

顾颉刚、李安宅都与中华基督教会全国总会边疆服务运动有着密切关联。边疆服务部首任主任为张伯怀，系齐鲁大学文学院院长。顾颉刚到成都翌日，即1939年9月23日，便与张伯怀相识。自11月1日起，《顾颉刚日记》中已频繁出现"边疆服务部"一词，而边疆服务部及边疆服务委员会成立乃12月，顾颉刚是边疆服务委员会下属的研究调查设计委员会委员，可见其参与了边疆服务筹备工作。此后他与张伯怀及边疆服务部相关人员往还甚密，与华西坝几所教会大学校长常有晤面，与各界人士及不少边疆学者偶有过从。这些学者大多参与了边疆服务部组织的边疆调查研究工作，如1939年12月2日，顾颉刚与姜蕴刚、柯象峰、徐益棠等会面，三人及稍后来到华西的李安宅，均为当时著名民族学家和边疆学者，后来均担任了边疆服务部组织的大学生暑期边疆服务团训练导师。1940年6月，顾颉刚撰写了边疆服务团团歌，由李抱忱作曲，在川康边区广泛传唱[①]。不过，顾颉刚在成都停留时间不长，对边疆服务介入并不太深。

李安宅与张伯怀认识，系经由顾颉刚牵线。1940年3月，孔祥熙以燕京大学董事长名义在重庆召开校友会，欢迎校务长司徒雷登。李安宅应邀参加，此间与重庆政学两界人士均有交往。5月23日，李安宅以边教视察员名义，获得教育部蒙藏教育司资助路费1500元，经川

---

① 汪洪亮：《顾颉刚与中华基督教会在西南边疆的社会服务运动——以顾颉刚日记为中心的考察》，《西南民族大学学报》2013年第11期。

西北草地回拉卜楞。6 月 6 日中午,时在成都,李安宅受到顾颉刚、张伯怀宴请,傅述尧、张煦、张维华等同席。7 日中午,顾颉刚"到忠恕家访安宅,谈一小时许",晚到罗忠恕家赴宴,李安宅、蒙思明、杜丛林、闻宥、张伯怀等人同席。罗、李为燕京大学同学,1934 年曾有到华西大学工作之约,但因李安宅将赴美留学而未成。此时或再提前议。6 月 8 日,"安宅来,与同到枕江楼吃饭",戴乐仁、徐雍舜、张伯怀等同席。或在此时,李安宅与边疆服务部的合作已开始。7 月 24 日,李安宅应罗忠恕之约到成都商议边疆研究所之事,并答应担任华西大学社会学系主任兼边疆研究所主任。

　　李安宅受邀列名边疆服务部辅导委员会和董事会委员,被聘为边疆服务部各种训练团主要导师,多次为边疆服务部工作人员宣讲边疆的理论和实际问题,还为边疆服务部撰写了多篇研究文章,发表在边疆服务部主办的《边疆服务》杂志上①。抗战时期华西坝教会五大学与中华基督教会边疆服务运动具有密切人事关联,不少教授在边疆服务运动兴起及发展过程中充当了发起人、领导者和参与者的角色,积极参与边疆服务部的实地服务和调查研究。随着抗战结束后华西坝教会五大学的衰歇,边疆服务运动亦逐步停滞。华西坝教会五大学与边疆服务部都为民国时期的边疆研究及边政改良作出了贡献,体现了那时学人和教会团体的学术自觉与社会担当②。成都各大学研究边疆问题之学者,咸以边疆服务部工作区为理想的边疆问题研究场所。华西坝教会五大学社会学系,先后与边疆服务部商定合作计划,对边疆问题作系统的调查与研究,其中与李安宅主持的华西大学边疆研究所合作研究范围最为广泛。

―――――――――

①　参见汪洪亮:《应用人类学视野中的民国边疆服务运动——以李安宅的相关论述为中心》,《思想战线》2010 年第 5 期。

②　参见汪洪亮:《抗战时期华西坝教会五大学与中华基督教会边疆服务运动》,《中国边疆史地研究》2019 年第 2 期。

顾颉刚向来注意扶掖新人，其创办《禹贡》半月刊即有该目的。1940 年 9 月 15 日，顾颉刚"为李安宅《拉卜楞寺概况》作一小引"。9 月 24 日，"写安宅信"，应是请已返回西北的李安宅复阅。12 月 31 日，顾颉刚在日记中罗列"边疆工作可用人才"，其中有李安宅夫妇。1941 年 3 月 31 日，顾颉刚在日记中罗列中国通史所需各类专门人才，断代史及专史皆有专人，其中西北史：慕少堂、王树民、孙嫒贞、史念海、李安宅。西南史有夏光南、方国瑜、方树梅、闻宥、江应樑、方师铎、吴玉年。这个名单中有不少是年轻人，可见顾颉刚对其时中国学术地图的熟稔以及对青年学人的扶掖。

顾颉刚 1941 年下半年主要是在重庆工作，除担任国民党中央党部所办文史杂志社副社长外，还参加教育部边疆教育委员会、史地教育委员会，参与中国边疆学会合并，策划编译馆国学要籍丛刊，并在中央大学兼课。而李安宅履新华西大学后，为谋华西边疆研究所发展，屡到重庆奔走。10 月 28 日，李安宅应吴文藻约到重庆会见罗氏基金代表巴弗尔（Baifour）。11 月 8 日、10 日，李安宅因华西边疆研究所立案事在重庆见陈立夫、吴俊升及郭莲峰。据《顾颉刚日记》，11 月 6、7、8、11、12、13 日，皆有与李安宅等人同席吃饭，或一同拜访友人的记录，其中 11 日安排尤为紧凑，一同拜访教育部朱家骅部长、《益世报》杨慕时社长、东北救济会于野声等人。

1942 年 1 月 23 日，顾颉刚由重庆飞成都，处理齐鲁大学国学研究所事务，与李安宅过从极密。24 日，"李安宅来"。26 日，到庄学本、杜丛林、李安宅等处。28 日晚，到杜丛林家赴宴，罗忠恕、金毓黻、蒙文通、李安宅、姜蕴刚、蒙思明、何文俊等同席。2 月 2 日下午，顾颉刚组织召开中国边疆学会理监事会，柯象峰、李安宅、张伯怀、陈文仙、王树民、姜蕴刚、洪谨载、冯汉骥、任映苍等同会。3 日，"安宅偕王拱璧来"。5 日，顾颉刚陪马普慈、丁正熙等人到华西坝参观；中午与马富春、任映苍、林名均、郑德坤、李安宅等在"老北风"吃饭，"饭后与安宅、德坤谈至三时"。8 日晚，洪谨载请客，同席有郑德坤夫妇、李安宅、张克刚、李延青、金素兰及顾颉刚全家。12 日,"安宅来"。15 日,"看于式玉文两篇,加修改"。17 日,"到安宅处"。显然应是返回了于式玉文修改稿。19 日,"到安宅处访袁翰青"。3 月 1 日下午,顾颉刚、李安宅、张维华、郑德坤等二十余人出席燕京大学校友会。1942 年 3 月 5 日,顾颉刚为《边疆周刊》写发刊词,又写李安宅、朱家骅等信。10 日,"安宅来"。3 月 11 日到重庆,12 日"写李安宅信"。顾颉刚继续担任文史杂志社副社长,并从 3 月起在中央大学作专任教授、出版部主任,《文史哲季刊》主编;4 月辞去齐鲁大学国学研究所主任职务,由钱穆接任。4 月 11 日、5 月 4 日、6 月 25 日、7 月 13 日,均有写李安宅信之记录。惜其书信集中未收致李安宅信,笔者也未搜集到李安宅书信,无从得知其详情,但从语境来看,应系商谈中国边疆学会及通俗读物等事。10 月,因陶孟和建议李安宅加入中央研究院,并主办设在兰州的分支机构,李安宅到重庆商谈,后因故未成;此间顾颉刚或因参加国民参政会及边疆工作研讨会等,仅在 26 日与李安宅见面。

1943 年,顾、李二人分别在重庆和成都工作,少有联系。李安宅是年 12 月被边疆教育委员会聘为委员,或为顾颉刚所引介。11 日,顾颉刚"写安宅信",或为此事。1944 年 1 月 10 日,李安宅参加国民党边疆教育委员会会议,为期一月。14 日,顾颉刚与吴文藻、马鹤天、凌纯声、张伯怀、李安宅、于式玉、吴泽霖等近 30 人参加边疆教育会议,并同赴陈立夫宴。16 日,顾颉刚与李安宅夫妇、徐文珊父子、任乃强等"到冠生园吃点",与于式玉、任乃强同观民众教育馆所办之边疆文物展览,又同到陶园访许公武。17 日,顾颉刚在青年路同庆楼宴客,任乃强、徐文珊、李安宅夫妇、马鹤天、黄仲良同席;当晚也与李安宅夫妇同席。18 日,顾颉刚在陶园参加中国边疆学会理事会,马鹤天、李安宅、张伯怀、于式玉、黄次书、黄奋生等同会,后"与安宅夫妇到组织部访朱先生(即朱家骅)",并晤陈绍贤、朱汉澹、田儒林。19 日,到李安宅处,遇徐文珊,与于式玉同出访杨开道。21 日,与李安宅夫妇同访林鹏侠,未遇。23 日、24 日,两访李安宅夫妇,皆不遇。27 日,"到泊生夫人处,晤李安宅夫妇及蒋旨昂、窦季良"。29 日,与李安宅同访陶希圣,未遇。2 月 5 日,遇李安宅夫妇。《顾颉刚日记》中密集出现二人同会同席之记载,可见二人交往密切,还能见证顾颉刚仍在发挥着学界老辈扶掖青年的热诚。

1944 年秋,顾颉刚再度受聘齐鲁大学,续任国学研究所所长。11 月 16 日,顾颉刚抵达成都,17 日即访胡厚宣、陈寅恪,后到华西坝后坝 101 号东西文化学社开会。19 日,遇蒋旨昂、于式玉、梅贻宝夫人,同到李安宅家,看其新生女。20 日中午在罗忠恕家吃饭,归后"安宅夫人来"。21 日,于式玉宴客,顾颉刚夫妇、李方桂夫妇、包灵敦、蒋旨昂等同席。12 月 20 日,顾颉刚夫妇到于式玉处,并晤李安宅之妹。26 日,顾颉刚参加东方学术研究会筹备会,刘明扬、李景禧、于式玉、陈恭禄等出席。28 日,"安宅夫人来,与静秋同到安宅夫人处"。30 日开中国边疆学会理事会,柯象峰、徐益棠、于式玉、洪谨载、刘龄九(代张伯怀)、冯汉骥等出席。这段时间李安宅在西康考察。于式玉良好的学术素养和语言能力及其在目录学、边疆研究的成就,是其可以与李安宅比肩并辔出现在学界,与顾颉刚等学界大佬共同出现在很多学术场合的主要原因[①]。

1945 年 1 月 11 日,李安宅从西康回到成都。据《顾颉刚日记》,12 日,"安宅自西康归,来谈"。21 日,"与静秋同到安宅处",后到牛市口、沙河堡见张静秋亲戚,"与静秋归寓,又同到安宅家吃饭。谈至九时许归。今晚同席:徐雍舜、魏永清、洪谨载、蒋旨昂夫人,予夫妇"。24 日,"安宅夫妇来"。因齐鲁大学校内"起风潮",顾颉刚畏陷漩涡,25 日离开成都,仍主编《文史杂志》,担任中国出版公司总编辑。8 月 8 日、19 日,顾颉刚写李安宅信,或是介绍其在重庆的境况。李安宅当年 3 月因社会部开会到过重庆,又曾住国民党中央党部拜会陶孟和。

---

① 汪洪亮:《藏学界的"天涯同命鸟"——于式玉与李安宅的人生与学术》,《民族学刊》2011 年第 3 期。

但在《顾颉刚日记》中没有李安宅的来访记录。

　　1946 年 3 月,李安宅谢绝边疆教育司凌纯声司长安排的边疆文化馆馆长的职务,此前还谢绝教育部朱家骅部长任其为中央边疆学校校长的雅意。7 月,于式玉赴美工作,李安宅送至重庆。此时顾颉刚已在上海工作,担任复旦大学教授。11 月,顾颉刚被选为国民大会社会贤达代表,12 月 13—25 日出席大会,26—27 日出席边疆教育委员会,李安宅也应邀赴边教会。据《顾颉刚日记》,24 日,"访马鹤天、李安宅,与同出,到凤香吃点",与李安宅同到国防部,"访泉澄、汝揖"。26 日,听朱家骅、凌纯声作报告,"予亦作短讲",在部午餐,白云梯、李安宅、马鹤天、卫慧林、韩儒林、徐益棠、巴文俊、孔庆宗、朱家骅、凌纯声等同会同席。28 日,访徐中舒,同到快活林早餐,遇马鹤天、李安宅,同食。同日,又见李安宅,同访凌纯声,见卫惠林,访沙学俊、贺昌群;邓文仪和卿汝揖宴客,喜饶嘉措、荣祥、马鹤天、许公武、凌纯声、卫慧林、柯象峰、徐益棠、李安宅、韩儒林、丁实存、黄奋生、马长寿、张公量、赵泉澄、陈懋恒、杨先凯等同席。

　　1947 年,顾颉刚辞去复旦大学教职,担任大中国图书局总经理、文通书局编辑所所长、中国边疆学会理事长。6 月 30 日,中国边政学会第一次会员大会在南京召开,顾颉刚、李安宅等 9 人被选为监事。7 月 10 日,顾颉刚出席教育部的联合国教科文组织远东区文教会议预备会,下午即与李安宅吃饭。14 日,参加教育问题座谈会,下午分组会议,与李安宅等同会。17 日,中国边政学会举行第一次常务理事会,欢送柯象峰、李安宅出国,吴忠信致辞,"略谓柯、李二氏在抗战期中对于西南康藏社会文化之研究,颇多贡献,此次出国考察,希广为宣介,以增进英美友邦人士对我边疆之认识"[1]。同日《顾颉刚日记》记,"到安宅处"。18 日晚赴吴礼卿(吴忠信)宴,柯象峰、李安宅、徐益棠、黄奋

---

　　[1]　参见《中国边政学会开会员大会》,《边政公论》1947 年第 6 卷第 3 期。

生、周昆田、马长寿、凌纯声、韩儒林、卫慧林、张承炽等同席。19 日，到附小见李安宅及崔光电 ①、段克兴。此后李安宅到美国耶鲁大学人类学研究院任客座教授一年，后又到英国讲学，成都解放前夕返回华西，后又参军入藏。此后天南地北，二人再无来往。

二、顾颉刚与李安宅的思想学术异同

从顾颉刚与李安宅的人生交集可以看出，二人同一年在燕京大学工作，都在国学研究所；只是身份有别：顾颉刚担任研究员，李安宅则为编译员。尽管地位悬殊，也是同事关系。顾颉刚研究史学与经学，是典型的国学；李安宅在燕京大学毕业论文是以社会学观点看《仪礼》与《礼记》，也可归入国学研究范畴。就学问路数而言，李安宅越来越关注国外人类学理论的翻译与引介，而顾颉刚仍是沉浸于中国古史的重建。但在 1930 年代中后期以后，二人又都在边疆问题上有了更多的共同话语。由此，顾颉刚和李安宅的交谊可谓因国学结缘，由边疆研究而深化。

顾颉刚在 1942 年 2 月 7 日的日记中有一反省："日来屡与树民谈，彼谓予能爱人而不能用人，凡不熟习者觉其为好人，愈熟习则愈发现其劣点，漫以疏远。予自思，盖入予门甚易，而为予任事綦难，以愈接近之人责以成功亦愈迫切，世上有志者不多，故动多拂逆也。如谭其骧、张维华、杨向奎、王树民、杨中一皆是。尚有潘家洵、吴世昌、李

---

① 按：疑为岭光电。"岭"的繁体字手写体与"崔"较为相似。岭光电（1913—1989），四川凉山甘洛人，是民国时期彝族杰出人物。在南京中央军校读书期间，加入了军统组织。1936 年军校毕业后，被任命为民国政府官员，恢复了土司职务，先后担任西康省政府中校参议、西康省宁属屯垦委员会边民训练所教育长、西康省彝族文化促进会理事长、西康省政府边务专员，1947 年被选为南京国民政府立法委员，1950 年凉山解放前夕，被委以二十七军副军长之职。新中国成立后担任过四川省政协委员。岭光电一生写了大量关于彝族的论著，经其子尔布什哈与中山大学历史系温春来教授共同搜集、整理，出版了《岭光电文集》。

一非等皆起初极密切而后来疏远，此虽不尽为予之过，而予之不能用人亦可见。树民谓予信任人便放任，不信任便干涉，甚中予病。予不思做事，故以前可以不管这一套。现在则势必做事，且一天天和社会关系密切，予实不能不讲用人之道。"

顾颉刚与鲁迅、傅斯年及钱穆等人都有各类矛盾，但顾颉刚与李安宅却一直保持较为和谐的状态。顾颉刚所学，为史学，经学及国学，李安宅有其个性，治学范围也差异较大。即使都谈边疆，二人的主体观点也没有正面冲突，且各自的具体关注点有所差异。在工作生活中，李安宅与燕京大学若即若离，且为年轻人，未在顾颉刚手下直接做事，而顾颉刚堪为老辈。在成都期间，二人又不在同一个学校，而且顾颉刚有一段时间在重庆。无论在学术还是在工作中，两人都保持了适当的距离，恰与顾颉刚所言的人际障碍"完美规避"。

顾颉刚和李安宅就思想和学术旨趣而言，至少有四个相似之处。谨述如下：

一是钟情学术，但关注现实。顾颉刚多次公开表述，其志向唯在学术，痴迷于高文典册，不愿意在人事纷扰中耽误做学问的时间。即使是在抗战时期颠沛各地，社会事务繁忙过程中，他还经常期待能够把自己关在研究室中。李安宅在 1930 年代初，初尝学术甜头，专意埋头著译，很想在学界打出一片天地，即其所谓"建设科学的野心"。不过，二人身逢乱世，面对社会动荡，无法不闻窗外事。顾颉刚在研读中国历史的过程中提出了中国民族是否走向衰老的疑问。在河南、河北等地乡村的游历中，他感受了亡国灭种的危机。他不愿意承认中华民族的衰，而愿意承认"病"，期待在内忧外患的艰难形势中能够恢复活力。他在自传中陈述了为什么搞民众教育，为什么从事边疆工作，都表达了自己在读书之余对现实的关注[①]。而李安宅也曾表达那时"社

---

① 参见汪洪亮：《顾颉刚与民国时期的边政研究》，《齐鲁学刊》2013 年第 1 期。

会系统"的动荡,希望自己在这个时代中或"从事文艺",或能"从事武备",有所作为,但作为知识分子又感到无力。这种复杂心态体现在著述中,就是面对"活的人生",试图从所学知识中"找出理论的指导线索"①。这可以视作其夫子自道及其人生注脚,因为这几乎可以解释他在变革时代中的人生与学术的全部面相②。

二是注重精研高深学问,但重视社科普及。顾颉刚一向注意二者并举,与傅斯年专意提高明显不同,也成为二人在中大不太和谐的原因之一。对此,顾颉刚晚年写道:"傅在欧久,甚欲步法国汉学之后尘,且与之角胜,故其旨在提高。我意不同,以为欲与人争胜,非一二人独特之钻研所可为功,必先培育一批班子,积迭无数数据而加以整理,然后此一二人者方有所凭借,以一日抵十日之用,故首须注意普及。普及者,非将学术浅化也,乃以作提高之基础也。此意本极显明,而孟真乃以家长作风凌我,复疑我欲培养一班青年以夺其所长之权。予性本倔强,不能受其压服,于是遂与彼破口,十五年之交谊臻于破灭。"③顾颉刚所做学术普及工作,包括搜集民谣民风,创办通俗读物。李安宅精研人类学,但翻译与引介不少国外学者的研究作品,也算是西学东介的"社科普及"工作;又因其关注"活的人生",写了不少普及性的关于人生、婚姻与社会之类的小文章,还与顾颉刚等一道为一些报纸撰写时评,均可视为"普及读物"。可见二人之学术旨趣,实有异曲同工之处。

三是学有专攻但兴趣广泛,拥有多种"学家"身份。顾颉刚专业在史学,尤其是在古史考辨方面;但因从地理沿革看中国边疆问题,创

---

① 李安宅:《社会学论集》,"自序"第1页。

② 参见汪洪亮:《建设科学理论与寻求"活的人生"——李安宅的人生轨迹与学术历程》,《民族学刊》2010年第1期。

③ 顾颉刚1973年7月补记于1928年4月日记中,见顾潮编著:《顾颉刚年谱》(增订本),中华书局2011年,第171页。

办禹贡学会及《禹贡》半月刊,成为历史地理学的开创者。他同时还有民俗学奠基者的称号。中国现代民俗学兴起于1923年北京大学开展的征集歌谣活动,其标志是歌谣研究会的成立和《歌谣周刊》的创刊,随后民俗学学科在中山大学继续发展,其标志是民俗学会的成立和《民俗周刊》的创刊,顾颉刚在中国民俗学早期发展的这两个关键时期,都是领军人物①。李安宅的学术专长,据其后半生的自我表述,则为人类学或民族学,但学界给予的称号,还有社会学家、藏学家、民俗学家的说法。民国时期,特别是1940年代,李安宅常被称作"边疆学者""边疆问题专家"。可见二人都是民国学术史上典型的多学科实践者。

四是治学重视文献,也注重实地研究。顾颉刚学术转向及其对民族国家前途的忧虑,都源于实地考察;而后游走在西北和西南,其见闻也促进了他对中国边疆和民族问题的思考。而人类学研究的主要方法就是实地调查。李安宅最重要的人类学成果,一是祖尼人调查,二是藏区宗教研究,都是实地研究的产物。他眼中的"学问之道,在有直接经验","参考旁人的传闻,不过是直接经验的预备,或者有了直接经验以后拿来作一种比较,一番印证,所以直接经验是目的,间接传闻是手段"。"因袭的学风,既然病在不切实际,所以我们非提倡实地研究不可"②。1949年后,二人都在新体制下反思过去的学术得失,都在恶补马列主义,对自己早年学术观点多有修正。这也算是个共同点。

当然由于成长经历及社会认识的不同,二人在思想和学术方面有着不少差异。我们主要对比两点。

一是政治倾向方面。顾颉刚早年埋头史籍,提出古史辨后,又到厦门大学和中山大学任教,与作为中山大学负责人的戴季陶、朱家骅

① 廖尚可:《顾颉刚早期民俗学理论与实践研究》,河南大学2011年硕士学位论文。
② 李安宅:《实地研究与边疆》,《边疆通讯》1942年第1卷第1期。

等国民党人开始有同事关系，此后戴季陶和朱家骅在国民党内地位均极显著，顾颉刚与朱家骅来往甚密，不管朱家骅是在国民党中组部、教育部还是在中央研究院，顾颉刚都从朱家骅那里获得不少经费支持；也常应召到朱家骅麾下工作，如为其主编《文史杂志》，代理中组部边疆语文编译委员会副主任，担任边疆教育委员会委员，为朱家骅代作多篇讲话或文稿。关于此点，笔者拟另文讨论。顾颉刚早年对中共并无热情，1927 年 2 月 2 日致信胡适"以不作政治活动为宜。如果要作，最好加入国民党"。同年 6 月 18 日，听厦大学生讲鲁迅在《民国日报》言顾颉刚"反对国民党"，认为"此真奇谈"。相对来说，李安宅早年政治热情较高，且向往中共。在国共关系如胶似漆的大革命时期，李安宅还是个大学生，即已加入共产党，并按照组织要求，加入了国民党。1927 年国共两党关系破裂，共产党的活动进入地下状态。李安宅在学术上渐入佳境，但革命激情依旧，曾有参加抗日义勇军的想法和到山东组织民兵的行动，但都未成。他在西北重新加入了国民党，在成都工作时加入了三青团，不过据其解释，都是为了工作方便和争取边疆研究所的经费。在成都解放前从英国赶回中国，随即又参军入藏，为和平解放西藏贡献了学术智慧；而直到晚年都在为重新加入共产党而努力，但终未遂愿①。

二是在学问方面。顾颉刚为史学家，李安宅为民族学家。但顾颉刚也关注民族问题，李安宅对中国古史也有研究。在边疆研究方面，顾颉刚重点关注边疆史地和民族融合问题，而李安宅侧重民族文化、边疆社会发展问题。顾颉刚强调中华民族殊途同归，早已融为一体，虽仍然存在三个文化集团（汉、藏、回），但都是中华民族内部的差异。顾颉刚 1939 年提出的"中华民族是一个"的理论，引起广大附议的同

① 参见汪洪亮：《建设科学理论与寻求"活的人生"——李安宅的人生轨迹与学术历程》，《民族学刊》2010 年第 1 期。

时,也有人类学学者提出质疑①。李安宅与顾颉刚相处甚密,未曾质疑,但也未曾公开附议。对于民族问题,李安宅与其他人类学家、边疆学者用词略有不同。他在行文中很少用"民族",多以"部族"称之;很少用"少数民族"或"边疆民族",而是用"边民""边胞"。在对中国边政或民族政治的系列表述中,他似乎更喜欢从边疆角度切入,也就是区域主义的思路而非族际主义的思路。他认为,如要根据实际,加以解释,"所谓边疆,只是文化上的边疆而已"。他论证,"我国正统文化,是建筑在农耕基础上,而边疆也者,乃在农耕阶段以下,即其文化,乃是建筑在畜牧基础上的。以农耕文化为中心区,在其边缘上的畜牧文化区,便成为边疆了"。既如此,如何建设边疆文化? 他提出两个原则,物质上,要区域分工;精神上,要公民原则。"所谓区域分工即因地制宜",边疆的优势在畜牧,就应因势利导,和内地分工合作,"两得其便"。但不管是农耕还是畜牧文化都要吸收西方工业化的优秀成果,"以同等工业文化的水准,而互换其不同的产品,才是真正的互惠"。"所谓公民原则即因人制宜。人在国家以内,最极致的立场乃是公民的立场",故公民原则的分工合作有别于家族主义、部落主义、教派主义的分工合作。国家应以"因地制宜的区域分工,以从事物质建设,与乎因人制宜的公民原则,以从事精神文明建设,然精神建设尤重于物质建设";不过,两者应双管齐下②。

尽管顾颉刚和李安宅都深深地介入了当时中国的政治和社会生活,但他们本质上依旧是读书人。顾颉刚曾经表述自己也有事业心,甚至在求知欲之上,又曾自嘲"看我浅者谓我书呆,看我深者谓我政客"(大意),尽管被不少人批为学阀,但仍自勉成为学术重镇。李安

---

① 参见马戎:《如何认识"民族"和"中华民族"——回顾 1939 年关于"中华民族是一个"的讨论》,《中南民族大学学报》2012 年第 5 期。

② 李安宅:《如何建设边疆文化》,《新西康月刊》1941 年第 1 卷第 1—4 期。

宅虽有建设科学的野心，但因关注"活的人生"甚多而使其学术多是开局而未拓展，如《美学》《意义学》等，都是开拓性的著作，但旋即又另起炉灶。他虽然政治热情较高，但对政治生活也不得要领。二人都与不少政要周旋，但多是为筹措经费维持其所创办的研究机构或刊物的运行。关于顾颉刚与李安宅的思想与学术，如果深入讨论，足够写成专书。限于篇幅，点到为止。重温他们的政学实践，可知"毕竟是书生"。

第四章　李安宅与于式玉的边疆研究

　　在中国近代边疆学术史上,李安宅(1900.3.31—1985.3.4)和于式玉(1904.10.27—1969.8.6)是一对重要的学术伉俪,尤以藏学名世,堪称藏学界的"天涯同命鸟"[①]。对于二人藏学研究成果的整理,中国藏学出版社可谓居功至伟,1989年9月出版李安宅的著作《藏族宗教史之实地研究》,1990年12月出版《于式玉藏区考察文集》,1992年6月出版《李安宅藏学文论选》,2002年12月出版《李安宅、于式玉藏学文论选》(实为二人此前分别出版的藏学论文集之合集),又于2018年12月出版了王川的《〈李安宅自传〉的整理与研究》。

　　李安宅、于式玉的学术著述及学术精神,是今日边疆研究与民族学的宝贵财富。他们对中国边疆问题的深刻见解及对中华民族整体性的科学论断,在学界产生了广泛影响。四川师范大学是他们工作的最后一站,已成为他们的人生与学术研究的重要阵地。为了纪念于式玉诞辰115周年及其去世50周年,传承和弘扬李安宅、于式玉的边疆学术传统和爱国情怀,经笔者倡议,由四川师范大学历史文化与旅游学院主办,四川省社会科学重点研究基地中国近现代西南区域政治与社会研究中心牵头承办的"于式玉与民国学术"工作坊2019年8月6

---

　　① 汪洪亮:《藏学界的"天涯同命鸟"——于式玉与李安宅的人生与学术》,《民族学刊》2011年第3期。

日在成都举行，与会学者提交的十余篇论文从不同角度对于式玉的人生与学术作了研讨①。2020年适逢李安宅诞辰120周年。本拟3月举行的纪念李安宅诞辰120周年学术研讨会，因受疫情影响，延至10月24日方才召开。研讨会由四川师范大学历史文化与旅游学院主办，四川省社会科学重点研究基地中国近现代西南区域政治与社会研究中心、成都市社会科学重点研究基地成都历史与成都文献研究中心和四川师范大学华西边疆研究所联合承办。来自国内外二十多所高校和科研机构的五十余位专家学者参加了本次研讨会②。与会者围绕李安宅、于式玉的人生与学术、以及民族国家认同及边疆治理等问题进行了深入探讨③。

相对而言，李安宅研究近年来取得了较大进展，其人生与学术思想逐步受到较多关注；但于式玉研究基本上还从属于李安宅研究，尚未取得其独立地位④。这种研究取向固然可以强化二人的学术关联性，但也容易忽视于式玉作为学者的学术独立性。于式玉的学术轨迹既受李安宅影响，也有其自身的理路。二人藏学研究关注点及研究视角与方法也各有特点。我们只有在分与合之间，在相通与相异之间来审

---

① 张露、赵徐州、曾江：《"于式玉与民国学术"工作坊在四川师范大学成功举办》，中国社会科学网：http://www.cssn.cn/zx/bwyc/201908/t201908114955206.shtml，2019年8月11日。

② 朱晓舟、周雨、赵徐州、曾江：《纪念李安宅诞辰120周年学术研讨会在成都召开》，中国社会科学网：http://www.cssn.cn/shx/shx_tpxw/202011/t20201103_5210953.shtml，2020年11月3日。

③ 参见汪洪亮：《知人论学：纪念李安宅诞辰120周年学术研讨会述评》，《青海民族大学学报》2021年第3期。

④ 仅以中国知网为例，以"李安宅"为篇名搜索文章，1980年代仅3篇，1990年代仅2篇，2001—2009年仅7篇。此后李安宅研究成果激增，2010年至今达43篇，其中2015年即有18篇；以"于式玉"为篇名搜索文章，仅得11篇，其中7篇题目均含"李安宅"。

视二人的人生与学术,方可有近真的认识。

第一节　藏学界的"天涯同命鸟"

李安宅在近代学术史上有着重要地位,是开中国现代藏学先河的前辈学者,也是近代中国边疆研究在学科建构上最有成绩的学者之一。以李安宅为核心的华西坝人类学家,是被誉为"人类学的中国时代"的标志性学者群体之一①。这个学者群具有与既往人类学界所指称的"南派""北派"明显差异的学术个性特征,被李绍明称为中国人类学的"华西学派",而陈波也以《李安宅与华西学派人类学》为书名,阐释这一命题②。2017年李锦以中国人类学"华西学派"的学术体系为题申报国家社科基金重大招标项目获准,其旨趣即在学科史上坐实这个学派的存在,并探讨其学术体系与话语体系。无论"华西学派"的提法是否成立,但李安宅作为华西坝人类学家的核心人物,已为学界所公认。

伴随李安宅度过幸福而又艰辛时日的于式玉,在民国时期也是有一定影响力的藏学专家。她的大哥于道泉是藏学界之泰斗人物、语言学家,而其妹妹于若木是中共领导人陈云的夫人。于式玉 1929 年的暑期因大哥于道泉的介绍而与李安宅相识,此后与李安宅生死相依,与时沉浮。于式玉以大量精力应对生活和辅助丈夫,她具有良好的学术根基,极富语言天赋,擅长文献目录,又肯实地调研,为其藏学研究奠定了坚实基础,也为李安宅藏区实地研究提供了重要支持。于式玉在协助李安宅从事拉卜楞寺调查的同时,自己也做了不少藏族教育和

① 参见汪洪亮:《抗战建国与边疆学术:华西坝教会五大学的边疆研究》。

② 参见李绍明:《略论中国人类学的华西学派》,《广西民族研究》2007年第 3 期;陈波:《李安宅与华西学派人类学》。

李安宅民国时期出版的部分著译作品

实地研究工作,发表若干论文和游记①。他们比肩并辔地行走在广袤的边疆原野,堪称藏学界的"天涯同命鸟"。

一、建设科学理论和寻求"活的人生"

李安宅的人生,经历了晚清、民国和中华人民共和国三个时期。李安宅出生的那一年,义和团运动在北方中国如火如荼。自那以后,民主革命高潮迭起,学术思潮变化多端。李安宅身处其中,其人生与学术恰是那一时期中国学术与政治关系的缩影。李安宅并不像胡适、顾颉刚等前辈那样年少成名。李安宅17岁才读中学,在20岁之前,基本上未曾走出他出生的那个小山村。李安宅的教育生涯,从1921年开始转向。这一年,中共成立,李安宅中学毕业。他开始走出那个小山村,经由个人的努力及各种机缘造化,成为学界名流。李安宅的前半生充满了奋斗和希望。他早期专注于理论的探讨,致力于科学的建设,而后则着眼于中国边疆地区尤其是藏族地区的实地研究,对中国边疆建设及边政改良多有论述,以其理论知识服务于"活的人生"②。

1949年后,李安宅基本没干成什么学问。在新中国成立后的头30年,李安宅从事的民族学、人类学、社会学等学科受学科调整,他参军入藏的短暂几年里过得虽然艰苦但是还算舒心,其满腹才学也能为国所用。此后他更多是陷入繁重的英语教学中,还得写思想汇报。在这种日复一日的规定动作中,他的学术成就被悄然遗忘,他也主动贬低过去的研究。1970年代末,民国时期盛极一时的社会学、民族学、人类学才逐渐重建。但这时李安宅已经年近八旬,耳塞目迷,体弱力衰,又因身处西蜀,膝下无人修习,其学术及思想也就隐而不彰了。历史

---

① 汪洪亮:《藏学界的"天涯同命鸟"——于式玉与李安宅的人生与学术》,《民族学刊》2011年第3期。

② 汪洪亮:《建设科学理论与寻求"活的人生"》,《民族学刊》2010年第1期。

的阴差阳错，造就不同的人生。经历 30 年的沉寂，中国民族学界在
1980 年代开始恢复元气。李安宅在民族学界也有机会重新发声。但
此时老迈且近乎失明的他，尽管担任了中国社会学研究会顾问、中国
民族学会顾问、中国民俗学研究会顾问等，但在学术表达和发表方面，
已近乎"失语"。

李安宅一生学术兼涉多种学科和领域，其学术路数、学术趣味在
不同时期又有着不同的侧重，其学术转型与其所处时代的变化有着密
切联系。探究其学术转型及其后的时代动因，对于我们求索他所处时
期学术与政治的关系，有着直接的借鉴意义。

为了分析方便，我们不妨将李安宅的主要论著列表如下：

序号	论著名称	责任	出版社及出版时间
1	《〈仪礼〉与〈礼记〉之社会学的研究》	著	商务印书馆 1931 年
2	《交感巫术的心理学》	译著	商务印书馆 1931 年
3	《美学》	编著	世界书局 1934 年
4	《意义学》	编著	商务印书馆 1934 年
5	《巫术与语言》	编译	商务印书馆 1936 年
6	《巫术、科学、宗教与神话》	译著	商务印书馆 1936 年
7	《两性社会学》	译著	商务印书馆 1937 年
8	《社会学论集》	著	燕京大学出版部 1938 年
9	《边疆社会工作》	著	中华书局 1944 年
10	《知识社会学》	译著	中华书局 1944 年
11	《藏族宗教史之实地研究》	著	中国藏学出版社 1989 年
尚有其他大量文章涉及藏族宗教和边疆民族各类问题，多发表在 1940 年代			

单从以上论著来看，李安宅的学术转型轨迹已依稀可见。李安宅
的学术，很少是那种书斋型学者所作的面壁之学，而是面向波澜壮阔
的时代洪流，与社会变迁和思想学术变动有着直接关联。笔者认为，
其学术转型大致可以归纳为四个方面：从其关注时代来看，是由古及
今；从其学术视野来看，是自西徂东；从其研究区域来看，是从北到南；
从其学术旨趣来看，是由虚入实。本文所谓其学术转型主要是指民国

时期。下面先就此四个方面略作分析。

一是由古及今。

李安宅从小读的是四书五经,接受的是儒学教育。虽然新文化运动席卷全国,但在李安宅所生活的小山村,其影响则近乎了无痕迹。中共成立的那一年,李安宅已经 21 岁,才中学毕业,追随其三叔来到天津,在一所基督教青年会夜校学习英语,由此认识了美国传教士侯感恩(R. M. Hogan)。这时李安宅开始接触到西学,同时也开始了以西学体察传统和现实中国。1923 年,经侯感恩引荐,他加入了济南长老会,并由侯感恩介绍到济南青年会夜校教英文,在齐鲁大学选修社会学、社会心理学和比较宗教学等课程,他一生的学术领域自此已基本确定为社会学。

1926—1929 年,李安宅在燕京大学担任助教,兼攻社会服务职业证书暨理学士学位。相对于那时一些少年得志的学者,李安宅算是晚成。他发表著作时,已是 30 岁;而胡适、吴文藻等人同龄时,或是名满天下,或在本学科领域内成为领军人物。李安宅最早的著作,是一本社会学专著,系根据其学士论文修订而成的《〈仪礼〉和〈礼记〉之社会学的研究》。虽然其理论工具是作为西学组成部分的社会学理论,但其考察对象却是中国的古代经典。他在"绪言"中交代,"本文下手的方法,完全是客观地将《仪礼》和《礼记》这两部书用社会学的眼光来检讨一下,看看有多少社会学的成分。换句话说,就是将这两部书看成已有的社会产物,分析它所用以影响其他的社会现象(人的行动)者,是哪几个方面"。他主张:"我们生在现代,绝对不该用现代的眼光,以为古人在古时所说的没有道理,因为当时的用处与社会价值,并没有什么不好,竟或是很好。"[①] 也就是说应该对古时之制度与文物,抱有理解之同情。

这本书为李安宅赢得了社会学家的名号,尽管该书其实有着文本

---

① 李安宅:《〈仪礼〉与〈礼记〉之社会学的研究》,上海人民出版社 2005 年,第 1、8 页。

《〈仪礼〉与〈礼记〉之社会学的研究》绪言

比较研究的色彩,与此后他一贯主张的实地研究尚有距离。不过此书出版以后,他不再有专门研究中国古代文化典籍的论著了。此后一段时间,他的主要精力似乎花费在翻译和引进相关西学,同时也在关注着变动社会中的国势与民情(如其出版的《社会学论集》即是其关注社会的文章结集)。李安宅的传统文化素养很深,在其以后的各类论著中,大多有从历史角度入手的习惯。他在《美学》《意义学》中,虽然以西学入题,但其联系的实际全在中国的传统文化和现实社会。尽管他在有关论著中仍常征引古代典籍中的言论和案例(即如其代表作《边疆社会工作》中,仍常追溯历代边政历史以得史鉴,以此展开今日之当如何作为），但其关注的学问，大多已属于"当下"了。

二是自西徂东。

1934年，李安宅受到罗氏基金资助，赴美国加利福尼亚大学伯克莱学院人类学系学习，师从美国历史学派创始人博厄斯的两位大弟子克娄伯和罗维。1935年6月，他到新墨西哥州的一个名叫祖尼的印第安人部落进行人类学调查，后写成《印第安人祖尼的母系制度》。这是为李安宅带来人类学家声誉的一个重要作品。他对美洲印第安祖尼人的研究至今仍被当作重要实例，说明美国白人人类学家对印第安文化认识的偏差[①]，被认为是"以一个中国人的观点对祖尼文化提出了完全不同的指发"[②]。1936年，他去耶鲁大学做研究工作，师从人类学家兼语言学家萨丕尔。1936年末，他自美返国，继续在燕京大学执教，先后在社会学系及研究院任讲师、副教授，研究院导师。

李安宅虽然学习了很多西方的东西，但并非食洋不化，而是致力于这些学科的中国化。这主要体现他在1930年代的学术努力。他在以教育部视导员身份去甘肃考察前，一直在从事西方人类学知识的学习、译介和编著。他所编著或翻译的《美学》《意义学》《巫术科学宗教与神话》《两性社会学》《巫术与语言》等，也是他积极接受并扬弃西方学术思想的结果。吕嘉慈（现多译作"瑞恰慈"）在《意义学》的"弁言"中指出，西方的逻辑或思想的理论许多都是来自西洋的文法或字眼的理论，而且西洋的科学许多又是来自西洋的逻辑。中国人将来对于西洋思想其他方面的进展，不管采取或利用到什么程度，与中国思想进展交相结合，或成为中国思想的一部，西洋科学都为中国所必需。他还认为，科学是一种思想的途径，而非"什么把戏"，能将事物与

---

① ［美］R.M·基辛著、甘华鸣等译：《文化·社会·个人》，辽宁人民出版社1988年，第603—604页。

② ［美］R.M·基辛著、张恭启等译：《当代文化人类学》，台北巨流图书有限公司1980年，第743—744页。

讨论事物所用的工具即字眼加以思考，所以中国人需要科学[1]。

李安宅译著甚多，但这些作品都出版于1938年以前。此后他的学术重心放在研究中国的社会，特别是中国的边疆社会，基本未再从事西方理论的翻译和译介工作，也几乎未再有研究国外民族文化的著作。他以自己的学术实践，印证了那一时代中国学者对人类学中国化的努力。

三是从北到南。

1938年和1941年是李安宅学术生涯中具有转折意义的两个时间节点。李安宅从国外回来后，先是在北京，后于1938年到了西北，又在1941年到了西南，整体呈现了南下的趋势，而且自其南下后便少有北上，包括1949年后。这里面既有时代政治的影响，也与李安宅个人的志趣有关。1938年算是李安宅从事中国边疆研究的开始，此前出版的若干论著，多为人类学、社会学理论的著译，基本与中国边疆研究无涉。此后的论著却再也没有离开过边疆这个主题。在其再度出国前，他的研究足迹几乎未再离开边疆地区。而他也成为那时负有盛名的边疆问题专家，成为各种边疆学术社团的主要成员和边疆刊物的特约作者。

由于日本势力在华北的渗透，时常发表抗日言论的李安宅要么软化立场，要么避开日军刀锋；于式玉也被要求担任北京女子文理学院的院长。该学院已受日军控制，拒绝即意味着危险；上任无异汉奸。在顾颉刚和陶孟和的建议和推荐下，李安宅偕妻于1938年暑期离开北平，辗转到达甘肃。他在梅贻宝主持的兰州科学教育馆任教育科学组组长，深入甘南藏区，对藏传佛教格鲁派（黄教）六大寺院之一的拉卜楞寺，作了长达三年之久的实地考察[2]，创下了中国人类学家在一地

---

①　徐葆耕：《瑞恰慈：科学与诗》，清华大学出版社2003年，第69—71页。

②　张庆有：《记中国藏学先辈——李安宅于式玉教授在拉卜楞的岁月》，《西藏研究》1989年第1期。

进行调查时间最长的纪录①。其间，他们学习藏语文，兴办藏民小学。基于这次历时三年的实地调查，他在美国、英国任教和从事研究工作期间，用英文写成《藏族宗教史之实地研究》，其目的是"借以抵制外国的造谣"②。后经王辅仁整理，该书中文本由中国藏学出版社 1989 年出版。由于拉卜楞寺在安多藏区黄教寺庙中，有一定的代表性，因此这本调查报告，对研究藏传佛教，有着重要的价值③。

　　李绍明指出，李安宅"不能算是完全的功能学派。他的路数比较宽阔，不像林耀华先生或者是费（孝通）先生那样，就是完全用功能学派的理念来做学问"。这一转变就是在拉卜楞寺调研过程中完成的，"他的思路是一种兼收并蓄的理念，很多可用的他都用到这个里面来"。以其代表作《藏族宗教史之实地研究》为例，如从功能学派的观点来看，只需研究当今现存的情况即可，但李安宅先写藏族宗教的发展史，再写宗教各个派系的发展史，"这样做已经有很多（美国）历史文化学派的东西在了"，"因为他在美国念书的时候，也不只是功能学派影响他。所以不能因为他是吴先生的学生就把李先生完全作为功能学派，（这）是不太恰当的"④。李绍明此言甚有所见。李安宅的学术路数之宽阔，实源于他的学术视野和学术胸怀，他不受门第之限，亦不受学科之限，善于从多种学科、向各种学术流派和学术领域吸取学术滋养。这也表明了多学科的交互性和各种知识的相通性，在那时已经被学人所提倡和实践。

　　李安宅夫妇在藏区的实地研究，记录了他们眼中的藏族社会。汤

---

　　①　王建民：《中国民族学史》上卷，第 225 页。

　　②　李安宅：《藏族宗教史之实地研究》，"出版前言"。

　　③　参见李绍明：《评李安宅遗著〈藏族宗教史之实地研究〉》，《中国藏学》1990 年第 1 期。

　　④　李绍明口述、伍婷婷记录：《变革社会中的人生与学术》，世界图书出版公司 2009 年，第 61—63 页。

芸认为，李安宅夫妇有个立场是共同的，即坚持"文化相对论"，通过对藏族宗教、文化与人民等的分析与描述，体现了他们对异文化的尊重与理解。他们对藏族寺院、宗教、习俗、藏民性格以及藏族一夫多妻现象的描述，都是结合藏族文化发生与生存的自然、政治、经济以及历史状态来分析，而非武断视为野蛮人行为；而且对他者（藏族）的观察与理解，与对自我（内地）不断反观与反思并行：一方面，对藏族文化与宗教进行解释与翻译，帮助内地人认识与理解藏族文化，消除偏见；另一方面，通过对藏族与内地的对比，以藏族人民的美好品德来批评内地的一些不良社会现象，以藏族教育机制来批评内地教育之弊端，对藏族寄予厚望[1]。当时有些学者，对少数民族社会文化及民俗信仰等状况描述之后，往往视其原始落后，多有讥评之语；所提改良方案，多以"同化"为佳策，单方面以内地为圭臬来"改造"民族地区。两相比较，李安宅夫妇的圆融宽厚的学术品格和平等客观的学术立场，更为值得佩服。

1934 年，罗忠恕开始主持华西协合大学文学院工作。1937 年，罗忠恕到英国考察研究欧洲各国大学教育。1940 年，罗忠恕回国。"时因抗战关系，华北、华东基督教大学，如金陵大学、金陵女子文理学院、齐鲁大学、燕京大学相继移来本校暂住，各校文学院均较健全。罗院长返国伊始，当即与张校长商定，必需锐意充实文学院，延聘国内著名学者，担任各系教授，并改组学系等事。""社会系成立之初，即聘请李安宅、冯汉骥、蒋旨昂、梁仲华诸先生来校与旧有教授姜蕴刚等，构成中国当时一极健强之社会学系"，"华西边疆研究所，成立于一九四二年，由李安宅先生主持，一九四四年秋，曾组织考察团赴西康南北路考察，作有报告书"[2]。

———————

① 汤芸：《评〈李安宅、于式玉藏学文论选〉》，王铭铭主编：《中国人类学评论》第 3 辑，世界图书出版公司 2007 年，第 209—212 页。

② 郭荣良：《华西协合大学文学院概况》，《华西协合大学校刊》1949 年文学院特刊。

李安宅在 1934 年初接华西聘书和 1941 年应聘华西大学,应都是由罗忠恕接洽。在拉卜楞时,罗忠恕请他为华西大学如何加强少数民族研究工作做规划,并希冀他来执行。李安宅 1941 年到成都,被任为华西大学社会学系主任。他的"老东家"燕京大学在成都复校,校长梅贻宝约他协助办理社会学系。李安宅身兼华西大学和燕京大学两校的社会学教授(燕京大学后由林耀华接长社会学系),筹建并主持华西边疆研究所,自此与西南边疆地区结下了不解之缘,成为抗战时期最负盛名的边疆研究学者之一。据校刊报道,"华西边疆研究所之成立,系因本校地近边陲,又有边疆学会与博物馆,对于边疆文物之研究与庋藏,远在二十年前即已开始,故为赓续担负此历史地理双重使命,且为配合抗建需要"①。边疆研究所是学校直辖的科研机构,由校长张凌高兼所长,李安宅为副所长,实际主持工作。"社会学系为提高区域研究水准,七年来与华西边疆研究所密切合作……所系之间,对于训练人才,及实地服务之指导,皆有深远配合。"②系所均由李安宅主持,故系所之间的教学科研力量能够有效整合在一起,承担更多研究工作。

李安宅在华西大学工作期间,广泛参与社会事务,将研究和实践有机结合起来,撰写了不少论著,对中国边疆政策及当时边政改良提出了不少真知灼见,撰写了不少有关康藏社会、宗教及文化等情况的论著,就如何加强和改进边疆文化、经济及社会工作写了不少篇幅短小、言近旨远的论文。后来他将这些文章整合成《边疆社会工作》一书,由中华书局 1944 年出版。除了在华西大学的教学和研究外,他还参与了多种社会活动,如为中国基督教会全国总会边疆服务部做

---

① 《华西边疆研究所简讯》,《华西协合大学校刊》1944 年复刊第 1 卷第 6 期。

② 郭荣良:《华西协合大学文学院概况》,《华西协合大学校刊》1949 年文学院特刊。

"最高顾问"，指导员工业务培训、率学者前往康藏地区调查①。他还曾担任教育部视导员，专程到川、甘、康、青等省考察边疆教育及边区政令推行情况②；曾为四川省三青团作边疆问题讲座等。在其带动和组织下，华西大学社会学系及边疆研究所的众多学者，如冯汉骥、蒋旨昂、任乃强、谢国安、刘立千、于式玉、玉文华等，都投入了对康藏地区的实地田野考察，推动了西南人类学研究③。1949年后，李安宅先是参军进藏，然后转业回到内地，先后在西南民族学院和四川师范学院任教（现分别为西南民族大学和四川师范大学），把自己的余生也留在了西南。

四是由虚入实。

任何学科都有理论性和应用性之分。人类学更是如此，早在现代意义的人类学学科体系形成过程中，出于殖民统治和处理殖民者与土著之间矛盾的需要，人类学的应用实践已有相当的发展。如英国人类学家布朗所言，"许久以来，人类学即呼号应用此种科学于实际殖民地治理之需要。关于英国，人类学之实际应用已采用有相当步骤，政府对各殖民地皆派有人类学专家佐理殖民地行政，并训练殖民地服务人员"④。人类学进入中国，即与中国现实社会需要结合在一起。留学生在国外学习时也较为注意现实问题研究，回国后也致力于学科理论在中国社会生活中的应用，比如研究中国社区、普及民族知识、开展全国风俗调查、兴起边政及边疆文化研究等。在抗战时期的边疆民族地区

---

① 汪洪亮：《应用人类学视野中的民国边疆服务运动——以李安宅的相关论述为中心》，《思想战线》2010年第5期。

② 胡鸿保：《中国人类学史》，第107页。

③ 李绍明：《略论中国人类学的华西学派》，《广西民族研究》2007年第3期。

④ ［英］拉德克利夫·布朗著、李有义节译：《人类学研究现状》，《社会学界》1936年第9期。

（尤其是西南边疆），中国人类学研究范围大为拓展。

李安宅的学术，前期重心在"科学理论"，尤其是在国外人类学著作的译介上着力甚多，成果丰富。就是到了拉卜楞寺做调查研究，其侧重点仍在建立其"学术成就"。到了华西大学后，李安宅所从事的边疆调查，偏重实用的层面，其撰写的相关论著，多有为边疆建设和边政改良"支招"的成分。我们可从《边疆社会工作》一书"自序"中窥其心曲。他说，早在拉卜楞藏民区时，"看见许多事业需要作，许多问题需要研究，许多人事需要调整，便感觉到一种'边疆工作手册'是需要编写的"，后来到华西大学，"希望扩大边疆工作的宣传，以便多有同志

《边疆社会工作》自序

从事这种工作，更觉得非写这样一本手册不可。而且这种需要，已非个人的感觉，而变成少数同工的一致要求了"①。也就是说，这本书写出来，是"同志"从事工作的需要。

1949 年是李安宅学术转型的一个急剧转折。此前，他能从容的选择自己的人生道路和学术园地，尽管事非尽如人愿，常有颠沛流离，但终能读书治学，而且因应时代需求，学术领域虽有转移，但大体不离人类学社会学范畴。此后，他没再从事其熟悉的学科领域，而是从事不甚熟悉的行当，靡费了其宝贵的学术时光。

1950 年 12 月，应贺龙之邀，李安宅夫妇随军进藏，参加了第二野战军第十八军政策研究室的组建②，实际上担任了藏学顾问和负责文教工作。他同研究室人员一道，对西藏的政治、经济、宗教、文化、风俗人情、历史沿革等做了详细研究，并对进军西藏提出了不少建议，拟订了《关于西藏问题的基本政策》二十多条。这是党中央和西南局确定《进军西藏十大政策》的重要依据，对以后和平谈判、签订"十七条协议"有重要参考价值③。在进藏途中，他们筹办了昌都乃至西藏第一所现代意义上的学校——昌都小学④。此后，他们还筹办了拉萨小学。在藏期间，他历任昌都解放委员会文化组组长、拉萨解放军藏文藏语训练班教育长等职。

自入藏起，李安宅多次要求组织考察他的历史。在"三反"时期，他正式声明与国民党与三青团脱离关系。1954 年他参加了中共西藏

---

① 李安宅：《边疆社会工作》，"自序"第 1 页。

② 关于这方面的情况，参见刘冠群：《贺龙与几位藏学专家》，《民族团结》1997 年第 1 期；《〈康藏情况报告〉与几位藏学专家》，《文史杂志》1997 年第 5 期。

③ 参见王先梅：《两位知名学者——老骥伏枥，献身雪域高原》，1999 年11 月 16 日。该文后以《五十书行出边关，何惧征鞍路三千——忆李安宅、于式玉教授》为题发表在《中国藏学》2001 年第 4 期，略有删节。

④ 参见卢颖：《百年大计教育为本——记昌都教育 50 年》，《中国西藏》2000 年第 5 期。

工作委员会干部赴内蒙古参观团,1955 年参加了国际劳动节天安门观礼活动。后接到通知,暂不回藏,往重庆西藏工委办事处听候消息。1956 年春,他受命参加四川省政协,后调西南民族学院,次年又到中共四川省委高干自修班学哲学。此时他开始搜集他的所有译著及各阶段经历的证明人名单,准备带回拉萨接受审查。再后他被借调到中国科学院民族研究所,参加藏族简史的编撰工作,并将可在北京找到的证明人名单交中央民委代为调查。在西南民院时,他又重新整理资料,编号后交予西南民院党委请予审查。他多次要求审查他的历史,孜孜不倦地希望回到党组织中去,但其夙愿未能实现。

1949 年前,李安宅虽曾热心革命,参加过共产党和国民党及三青团,但参加党团活动并不多,主要从事的还是学术工作。1949 年后,他学术上已是如日中天,在藏区解放过程中也居功甚伟,所凭借的仍是其藏学素养,但此时他已基本告别学术,只是做一些资料整理的工作,当一名默默无闻的英语教师;而当这些学科恢复重建时,在这些学科创立发展过程中有着重要贡献的他,却已是风烛残年。

通观李安宅的学术人生,其在 1930 年代自述的“建设科学的野心”和寻求“活的人生”的愿望可以说是纵贯其中。这样的人生状态,有着时代的规约,也有其自身的设计。

这种时代的规约,体现在政治上,实际上就是如何处理学术与政治的关系。作为学者的李安宅,有着积极入世的人间情怀,对于国家命运与社会状况极其关注,在其早年出版的《社会学论集》中清晰可见。他甚至希望自己是“文士”或“武人”,能够更加直接有效地参与。他与国共两党及基督教团体、藏传佛教寺院都有着的瓜葛,也似乎表明他从没固守于书斋。他自陈:“为了所谓业务、学术,把革命的政治推给天才的政治家,就这样把自己一再推进反动政治的泥淖”,“与反动党团的关系,加上长期在教会大学读书、教书,并两度出国与美英帝国主义的所谓学术联系,是构成个人在解放前文化买办身份,所以空洞的爱国愿望,反而为文化买办思想内容的精神实质作了自我欺骗的

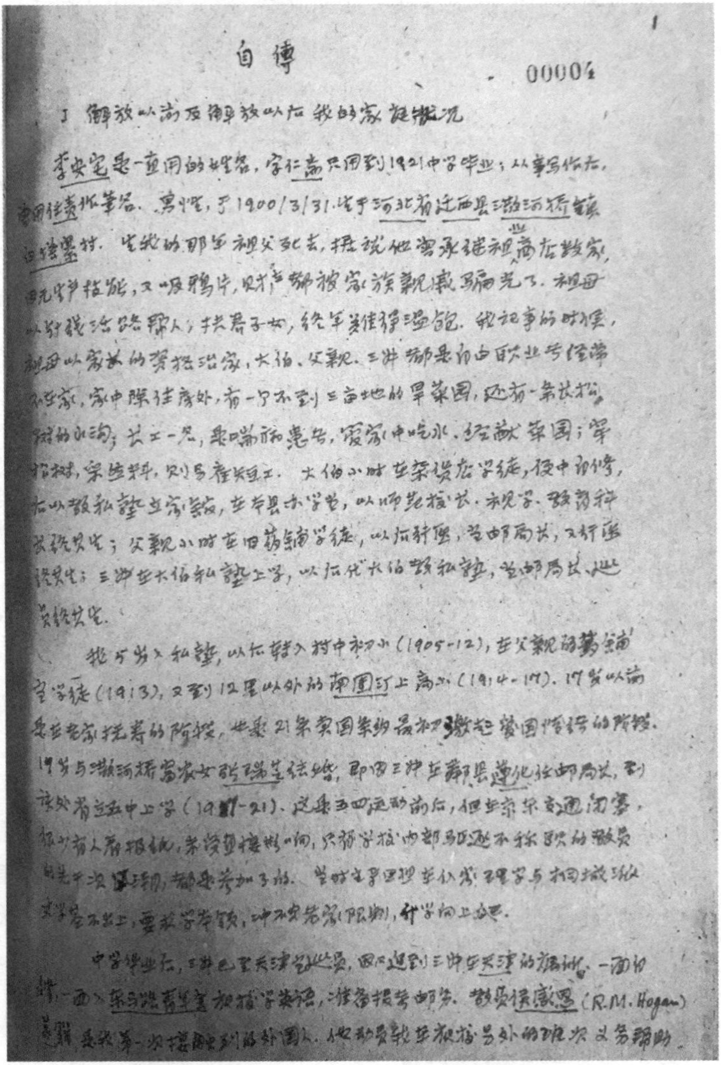

《李安宅自传》，1961 年 5 月，未刊稿

掩护，是我久久认识不到自我改造的严重任务"①。

经历了 1949 年的政权更迭，如何面对政治上对立的两个政权并做出相应的政治表态，最为进退维谷。如何为自己的今昔作为作出一个合理的评估？过去的历史已无法改变，觉今是而昨非，要紧跟新时代步伐。这大概就是他晚年不断向党组织交代和申诉他与"反动党团关系"细节，辩护和否定早年论著意义的原因。

这种时代的规约，当然有着学术的内在理路。任何学科都有理论和应用之别，任何外来社会科学也都有个中国化的问题，也就是这个学科的问题意识从哪里来，研究成果为谁服务的问题。人类学与社会学自进入中国以来，就有着很强的为中国现实社会服务的立场②。尤其是在抗战时期的边疆民族地区，这些学科更有了广阔的用武之地。李安宅的学术人生，其实在很大程度上也是那一时代众多学人的共相，并非其特有。如果没有抗战，他可能不会到甘肃，也可能不会到四川，这样就可能与藏学，与西南边疆研究没有学术关联。如果没有边疆这块"应用人类学的乐园"，众多学者不会如此集中到西部地区，中国的人类学史必然会呈现另一种面貌。

李安宅本来可能有别样的一种学术人生：如果不在 1938 年离开北平，其夫人于式玉不拒绝日本人的女子文理学院院长的任命，他们可能成了汉奸；如果不是他执意要在边疆工作，拒绝接受国民政府教育部的边疆学校或边疆文化教育馆的任命，他可能会"进步"成为国民政府的要人；如果不是赶在成都解放前自美英赶回，他们可能会成为旅美华人学者，而不会有参军入藏的经历。而这一切的"如果"都没有出现，很大程度上取决于李安宅自己对人生的设计。由于他的爱国心，他不可能视国家贫弱而无动于衷，做一个置之度外、不问世事的学者；由于他的"学问需要实地研究"的治学理念，他扎根到了边疆就

① 《李安宅自传》，1961 年 5 月 15 日，未刊稿。
② 胡鸿保：《中国人类学史》，第 103—104 页。

舍不得再离开。不过，所有人生的设计，其实都逃不开时代的规约。正如水，装在什么容器里，确定了它以什么样的姿势存在。

二、才情未尽与蜡炬成灰

于式玉，山东临淄人，曾留学日本，先后在燕京大学、华西大学任教。1950年，参加中国人民解放军，先后担任十八军研究室研究员、昌都解放委员会委员、西藏军区干部学校教务主任。1956年9月，调到西南民族学院工作，曾担任藏文专修科副主任、语文系副主任、成都市政协常委等职。1963年3月，调到四川师范学院外语系工作。于式玉在"文革"中受到迫害，身心受到摧残，于1969年8月6日不幸病逝，终年65岁。于式玉具有良好的学术根基，幼时在家中私塾接受旧学熏陶，后在新学堂中读书，又两度到日本留学，熟悉日本历史文化，可谓旧学新知、中西学术，均有涉猎。她极富语言天赋，擅长文献目录，又肯实地调研，本可以做出更大的学术实绩，无奈其以大量精力应对生活、辅助丈夫，可谓蜡炬成灰，局限了其学术天赋的发挥[①]。

于式玉是李安宅的第二任夫人，是李安宅事业的坚定支持者。从1930年结婚到1969年去世，风雨相随，至死不渝。李安宅富有革命激情和学术志向，但对生活疏于计划，无聚财之术，不着意柴米油盐。如果不是于式玉的牺牲和奉献，李安宅恐亦无法全力投入到学术研究和社会工作当中。于式玉本来在日本毕业后有很好的就业和深造的机会，但为了李安宅，她放弃了。她本来可以做自己感兴趣的研究，但她把大量精力用在应付生活艰难和辅助丈夫上。她留过洋，兼具旧学新知，算是新时代的知识女性，但她又乐意相夫教子，做个贤妻良母。

---

① 于式玉曾在1958年春和1967年2月20日写就两份自传。1967年本与1958年本相较，增加了1958年到1967年的内容。但总体来讲，1958年本更为详细，有70页，约5万字；而1967年本则仅有10页，约7000字。本文所涉及材料未标注出处者，皆来自这两份自传。

如前所述,于式玉嫁给李安宅,于道泉是介绍人。于式玉和李安宅首次见面是在 1929 年暑假。那时于道泉已在中央研究院及北京图书馆工作,受父亲嘱托,写信叫于式玉去北京,要给她介绍对象。这个对象就是李安宅。于道泉对李安宅的评语是"有革命干劲,艰苦朴素,而又好学"。于式玉应约去了。

这次见面将于式玉的人生与学术和李安宅缠绕在了一起。1930 年 3 月毕业,学校要保送于式玉去东京帝国大学深造两年;其英文教员也写信到哥伦比亚大学师范学院,请求补助于式玉去做研究生。于式玉写信告诉安宅,却没有得到李安宅的支持。英文教员又写信推荐她到上海女青年会工作,并介绍她入了圣公会。"李安宅又来信说,青年会不能解决中国问题。这样机关最好不去。又作罢。"就这样,毕业后,于式玉直接回了北京。4 月 17 日,他们在报上登载了消息宣布结婚,未举行任何仪式。李家认为留洋的女学生做媳妇使不得。于式玉就做了一身乡村妇女衣服,暑假同李安宅回老家,到厨房烧火做饭,鸡鸣即起为老太太倒尿盆。这样赢得了李家的信任与喜爱。

于式玉几乎担负了所有的家务,毫无怨言地照顾一大家人的生活。家中人口非常多,包括李安宅前妻遗女培廉、堂弟李安宇、堂妹李宁,于式玉的弟弟于道源和三个妹妹都先后来到家中。"不久我哥哥同嫂子常因管教孩子发生纠纷,于是把孩子送到我们家,由我们替他们教管,所以家中还是十分热闹的。"1932 年于式玉生了一对双胞胎男孩,李安宅工作不固定,生活紧迫,"骑着车子跑到四十里路之外的通州一个中学去兼课"。1933 年春,宋哲元向喜峰口撤退,李安宅亲戚 36 口逃到北京,家中到处睡满了人。有人路上得病,传染了于式玉的儿子,"虽然五六天后分别租房散开。但我已筋疲力尽,未能好好照顾孩子,小的因此夭折"。此诚可谓人生一大痛事。

于式玉后来回忆:"安宅的前妻遗女及一个弟弟,两个妹妹,一个外甥,和我自己的一个弟弟,一个妹妹及一位曾在大革命时代失掉组织关系的人上学,都由我负担。还有我大哥的孩子一男一女,及我二妹同他的养病的爱人，也都在我处，归我照料。另外在院子里种了一块菜园，下课后亲自挑水种菜。我以为新女性不应该比男性负担少，更应该比旧女性负担多。"1934年，李宁的妹妹从乡下到北京上初中，"我又把他们的外甥女也接出来读书。这时我所知道的年轻人都集拢到我们一家了，一直到卢沟桥事变才来了一次大分散"。

1934年，李安宅被安排到美国留学。李安宅到天津办理护照，于式玉为其办理燕京大学借支手续，筹备差旅路费，然后带着两岁多的李印生到天津找李安宅，又怕他到日本后语言交流困难，陪同李安宅到日本。在日本奈良、大阪、东京逗留几日后，李安宅在横滨上船东去。那时于式玉已有三个月身孕，抱着孩子，带着行李，上下车船，其辛劳可想而知。那年12月11日，于式玉又生了双胞胎女儿，即瑞廉、秀廉。

1936年9月，燕京大学复校，司徒雷登多次请李安宅任法学院院长。1938年，被日本控制的北京女子文理学院，希望于式玉去做校长，于式玉坚决推辞，提出许多困难，但他们每项都说可以解决。但于式玉"决然将孩子送回安宅老家，同安宅一起潜离北京"[①]。于式玉行前将子女送回河北乡下抚养，请了一个亲戚教他们念书。于式玉和李安宅一道离开了北京，绕道上海，经香港、云南、贵州、四川、陕西等地，到达兰州。不久，于式玉只身前往拉卜楞，创办了女子小学。不过，于式玉的办学义举，引起了当地官僚嫉恨和阻挠，甚至被拉到县衙讯问。1941年，李安宅受华西大学之约入川。李安宅在成都安顿后，希望于式玉同去。1942年9月，于式玉来到成都，与李安宅会合。

1946年，于式玉应聘到美国哈佛燕京学社汉和图书馆，一方面是想挣点钱，也想借机疗养。令其始料未及的是，在美工作，税后收入并不高，物价却居高不下，身体状况并没好转，反而恶化。于式玉无奈，

---

① 于式玉：《报告》，1955年2月10日。

同耶鲁大学人类学系主任欧兹古（C.Osgood）谈及此事,在后者支持下,转移到耶鲁大学图书馆工作。而1943年生育的留在华西大学的孩子却因无人照顾,1947年掉到宅院内水沟里淹死了。欧兹古知情后,也聘李安宅为研究院客座教授,夫妻再得团聚。1948年,李安宅又到英国讲学。1949年6月,于式玉离美赴英,10月一道回成都。

　　1950年,于式玉又与李安宅一道参军入藏,被任命为西南民族事务委员会委员、昌都解放委员会委员,参加创办昌都冬学、小学的工作,年底到拉萨,参加干部藏文藏语训练班工作。五个月后训练班改为西藏军区干部学校,于式玉担任教务长。1954年,于式玉患神经衰弱严重,同时患严重贫血症,眼痛,被安排回内地休养。1955年,西藏组织一批干部去内蒙,学习对少数民族的工作经验,于式玉在北京提出申请并被批准参加。5月间欲返藏,接到暂缓入藏的电报,她便在成都待命,暂住重庆西藏工委招待所,同时参加重庆市举办的政治经济学的学习。

　　1956年春,于式玉参加成都市政协,9月被分配到西南民族学院。李安宅则担任西南民族学院副教务长。于式玉先后被任为藏文藏语训练班副主任、语文系副系主任,后调中国科学院民族研究所,其间曾同李安宅到民委参加藏族简史编写。1959年,西南民院开设外语课,于式玉被调回了民院。1962年,李安宅在四川师范学院任副教务长兼外语系主任,次年于式玉调到四川师范学院。基本上从1940年代开始,于式玉身体一直处于疲弱状态,但她依然和安宅同追求,共进退,纵有短暂分离,总要长相厮守。然而她却未能和李安宅一起终老,于1969年8月病逝。

　　无论是从学术领域的接近,还是互相缠绕的学术生命,李安宅与于式玉都可谓是难得的学术伉俪。

　　于式玉1930年回国后即在北京女子文理学院教日本史及日文,兼在私立燕京大学图书馆任日文部主任,1931年专在燕京大学,一面继续图书馆工作,一面教日文。前文已讲到于式玉的家庭负担之重,为今人所难想象。不过这一时期于式玉并非在学术上一无所得：她除了在报纸上发表介绍日本情况的文章外，利用图书馆工作的便利，翻阅了当时日本学术界出版的期刊，编成了《日本期刊三十八种中东方学论文篇目附引得》，于 1933 年由哈佛燕京学社出版。到 1938 年离开燕京大学止，于式玉又收集了五千多篇目，由其学生刘选民整理分类，于 1940 年仍由哈佛燕京学社出版，名《一百七十五种日本期刊中东方学论文篇目附引得》。

现在我们知道于式玉的学术成就主要体现在两方面：目录学与藏学，尤其是在后者成绩显著，常与李安宅比肩齐辔地出现在各类关于藏学史回顾的论著中。一般人或可能误解，于式玉在藏学上的成绩大概多是"夫唱妇随"的结果。于式玉走上边疆研究的道路，的确是受到李安宅的影响。于式玉曾讲道："我的爱人李安宅是学人类学（民族学）的，他常对我讲：中国幅员极广，经济文化发展的区域只限于黄河、长江、珠江流域地带，而大片地区如新疆、内蒙、西藏等地却各方面都落后，现在政府视若无睹，学校的知识分子都愿意集中在大城市里，不愿意去坚苦的地方，可是处心积虑想侵略中国的帝国主义者，却不怕坚苦。日本人大批大批的往内蒙，英国人不断进入西藏去进行挑拨离间。我们自己的国土，我们为什么不进去工作呢？他有这种想法，也希望我能同他共同奋斗。"但另一个不容忽视的是，在二人藏学研究起步阶段的拉卜楞寺调查，却是由于式玉开道的。而且李安宅所取得的为世人瞩目的成绩，不少是于式玉参与和协助的结果。

于式玉义无返顾地与李安宅到了艰苦边地共同奋斗，为中国边疆研究付出了其半生的心血。1937 年春，燕京大学同清华大学合组了一个三十多人的内蒙古参观团，由李安宅带领，于式玉参加，同去者还有雷洁琼、梁思懿等。同年暑假，段绳武、顾颉刚组织了一个较大规模的西北参观团，于式玉与王乃堂报名参加，到归绥后，"七七"事变发生，参观计划受阻，于式玉由山西、河南绕道到山东，找到在济宁参加五大学合作乡村建设的李安宅，回到燕京大学继续教书。

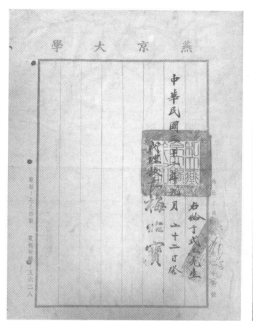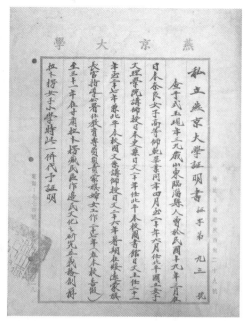

于式玉履历证明书

于式玉后来与李安宅一道来到了西北藏民区,其学术重心自然就转移到藏学上来了。李安宅是来实施燕京大学安排的与兰州科学教育馆的合作计划,于式玉则是"计划外"人员,从燕京大学辞职未准转而请假出来,"这几年内我是靠他工资吃饭的"。到兰州后不久,于式玉被告知青海边境上(现甘南藏族自治州)的拉卜楞是个经济、文化、政教交错的地方,"住在那里的人信喇嘛教,服装、风俗习惯都与汉人不同"。她想:"这不就是研究民族学的机会吗?"经李安宅同意,于式玉只身前往。她发现"那里的藏族所处的地理位置虽在我国版图的中心,但他们却不认为他们是中国人。他们对我说话常是用'你们中国人'这个语调说话。我认为我有义务帮助他们明白,他们也是中国人,我便决定住在那里了,了解些情况"。这就是于式玉学藏语和办小学的缘由。

李安宅在兰州工作也不顺利，后来到拉卜楞从事民族学调查。那时于式玉除去办小学之外，还帮助李安宅收集研究材料。在当地保安司令黄正清协助下，寺院按不同单位（学院）各介绍一位学者向李安宅提供有关宗教的东西，由于式玉译成汉文，同时李安宅与人口头谈话，也由于式玉做翻译。当时二人认为，从寺院的研究入手是最容易的，搞好宗教制度之后，再写一本民族分布，一本文化接触，一本经济资料，计划是长远而周密的。

李安宅、于式玉在拉卜楞寺

除了协助李安宅开展拉卜楞研究外，于式玉也有其个人的研究兴趣，她更注重群众与寺庙的经济关系与他们的经济组织形式，她指出，"到边疆来从事工作的人，最感到没有办法与无从下手的，恐怕就是经济问题了"，而"寺院在藏民区是政治经济文化等一切的中心。看不见寺院，便看不见这一切；看清楚了寺院，藏民的全体动态，也就能知其梗概了"。在藏区调研过程中，"最初因为存在着民族的隔阂，他们不肯说,后来熟了,可以随便交谈了"。但所获材料大多不能发表,"而发表过的,多半限于风土人情,都刊登在兰州《新西北》等杂志上"。

可贵的是,于式玉没有像一些学者主张对少数民族实行同化的政策,而是主张互惠共荣。抗战以来,知识分子到乡下去、到边疆去,"从前不相往来的地方,现在都踏开了一条宽平的大路,彼此关系日益亲密,利害相与共起来了。在这种情形之下,我们要怎样来互相提携呢?他们是一个经济落后的民族,生产方式与技能都保持着原始的形态,怎样与 20 世纪的世界来共荣呢"?她呼吁国人"站在国家的立场,站在人道的立场",帮助边疆地区"觉悟起来,领着他们向新建设的路上走","他们有自己的文化,人民也很聪明,假设把集中的文化散布到民间,扩展充实起来,把没有经过训练的脑筋加一番训练,十年之后的藏区会另换一个世界,是绝无问题的"[①]。

于式玉认为,藏民对于宗教有虔诚的信仰,是值得人佩服的,她发现蒙藏佛徒对内地的普陀山、五台山、峨眉山"景仰弥深","这三座菩萨的宝山,自然是内地人们的名胜所在,但实际在蒙藏边民的信仰中更为神圣"。这其实也印证了汉藏文化交流实在是源远流长的。由此她联想到边疆工作问题:"我们要使边民认识国家,了解国家,促使他们了解的步骤,便是提高他们的文化水准,灌输他们的现代常识。"[②]于式玉指出,就纯粹学术立场言,如果能将藏文文献与汉文对照,辨析"哪些是从印度直接翻译的,哪些是藏族高僧大德著述的,如能搞出目录,在学术上互相了解,不无裨益"。但囿于经济困难,这一计划无法实现。

李安宅早在 1934 年就接到过华西大学的聘书。在拉卜楞时,华

① 于式玉:《拉卜楞寺祈祷大会的布施》,《李安宅、于式玉藏学文论选》,中国藏学出版社 2002 年,第 316 页。
② 于式玉:《普陀、五台、峨眉——蒙藏佛徒对三山的信仰》,《李安宅、于式玉藏学文论选》,第 338 页。

西大学来信说学校毗邻边地，接近边民，应该负起对少数民族工作的责任，请李安宅为他们做计划。华西大学看到李安宅所作计划，便要他来执行。李安宅一贯强调边民工作应在民族地区，不应在城市里坐在大楼上，所以一开始并没有同意。与他办交涉的是华西大学文学院院长，也是其燕京大学的同学罗忠恕，建议他到成都与华西大学同人见面，并寄了路费。李安宅便于1941年到成都，当时华西大学已发表他为社会系主任。燕京大学在成都复校，梅贻宝也约李安宅协助办理社会学系。李安宅无法离开成都，而于式玉在拉卜楞也举步艰难，遂于1942年受聘于华西大学边疆研究所专任研究员，等级是副教授，以后升为教授级。

李安宅不愿放弃研究少数民族，便千方百计地充实边疆研究所工作。1943年1月，在理县政府赞助下，受李安宅指派，于式玉与社会学系副教授蒋旨昂等一同前往黑水地区调研，并在麻窝住了将近一个月，会见了黑水头人苏永和，之后又被苏永和送到芦花，住在他姐夫家里，再随他们到马塘，取道杂谷脑回到成都。于式玉曾写过一份报告给理番县县长米珍，在蒙藏委员会《边政公论》发表《麻窝衙门》，在《旅行杂志》发表过《记黑水旅行》，在《边疆通讯》发表《黑水头人——苏永和》等文章①。

在美期间，于式玉编辑了约60万字的《西藏学目录索引》一书。她与耶鲁大学欧兹古教授交谈中介绍了李安宅的研究情况，引起欧兹古关注，促成耶鲁大学邀请李安宅前往讲学一年，并为其申请到4000元研究费，使李安宅能安心写出《拉卜楞寺调查报告》（即后来整理出版的《藏族宗教史之实地研究》）一书。

回国后于式玉的学术生命也基本枯竭，特别是从西藏回到内地后，接连在西南民院和四川师范学院工作，忙于应付各类政治学习和

---

① 这些文章见《李安宅、于式玉藏学文论选》。

思想检查,加上自身体弱多病和人类学、社会学等学科的调整,不得不停止其钟爱的藏学研究。

　　回顾于式玉与李安宅的学术事业,可以这样说:李安宅的平民立场和学术救国思想是引导于式玉转入藏学研究的重要根由。而于式玉的语言天赋为其从事学术研究提供了极大便利,为其开展藏学研究奠定了坚实基础,同时也为李安宅的藏区实地研究给予了重要支持。我们今天所看到的李安宅的作品,是从 1930 年开始的,而其藏学研究则是与于式玉大致同时开始的。在《社会学论集》"自序"的"校后记"中,李安宅写道:"这本集子所代表的几年个人生活史,如非生活伴侣于式玉女士在物质与精神各方面的帮助,绝对产生不了这一段的生活痕迹。在过去的作品中,不愿枝枝节节地向她致谢,希望将这一段生活痕迹敬献给她,以作将来更大努力的起点。"[①] 而且在拉卜楞调查研究和到美国讲学,都由于式玉开路搭桥,一手促成。在甘肃的几年间,李安宅不少文章也是在于式玉的帮助下完成的[②]。如果没有于式玉,李安宅的学术生活必然受到影响,其藏学成就也要受到很大局限。可见二人学术生命如此密不可分,可谓比翼齐飞,说他们是藏学界之"天涯同命鸟",实在是毫不夸张的。

---

　　① 　李安宅:《社会学论集》,"自序·校后记"。

　　② 　关于这方面的情况,可参看李安宅之子李印生所写《两个学者的故事》;周群华:《著名藏学家于式玉教授》,《文史杂志》1991 年第 4 期;王先梅:《女教授于式玉》,中共西藏自治区党委研究室编:《首批进军西藏的女兵们》,西藏人民出版社 2001 年;《五十书行出边关,何惧征鞍路三千 ——忆李安宅、于式玉教授》,《中国藏学》2001 年第 4 期。藏学家于道泉也讲道:"李安宅所写的关于藏族宗教的文章有很大一部分是我妹妹把藏族学者口述的材料翻成汉语由李安宅编写成文章发表的⋯⋯还多多少少有一些是两人合作的成果。"见于道泉:《希望有关方面制止对李安宅教授遗稿的改动的申请》,未刊稿。

第二节　李安宅与中华基督教会边疆服务运动

李安宅是近代中国边疆研究的重要代表人物，也是提倡并身体力行应用人类学研究的重要学者。抗战时期，应用人类学在边疆地区得到重大发展。中华基督教会全国总会于 1939 年成立边疆服务部，发起边疆服务运动，在当时被称为"边疆"的川康民族地区开展社会服务，同时组织了不少学者一道深入边疆，从事调查研究。边疆服务部制定了如下服务原则：主张万民平等，对于边民团体概不存种族、文化及宗教的自大心理；对于任何边民固有文化，均抱欣赏学习之态度；服务人员以国文国语为主要工具，但须尽力学习边民方言与文字，借口以明了并赏识其文化与生活；中级干部尽量由接近边民之各省延揽；为造就地方领导，下级干部优先在边民中设法训练[①]。这样的原则颇类于人类学的立场和观点。边疆服务其实也可说是应用人类学在中国西南边疆地区的一次生动实践，是由中国基督教团体本着服务的立场开展的。李安宅参与了中华基督教会全国总会边疆服务的顾问指导工作。他应国民政府社会部约请撰写的《边疆社会工作》一书中，既是其参与边疆服务的经验提炼，也是今日我们观察边疆服务的重要视角，其观点对于边疆社会工作的有效开展具有指导意义。

一、李安宅与民国时期应用人类学

人类学是一门应用性很强的学问。早在现代意义的人类学学科体系形成过程中，出于殖民统治和处理殖民者、土著之间矛盾的需要，人类学的应用实践已有相当的发展。从"启民智"以图强国保种，到"察民情"以建设现代民族国家，再到以"抗战建国"为宗旨的边政研

---

① 《中华基督教会全国总会边疆服务部工作计划大纲》，四川省档案馆藏，编号：建川 50—436。

究,人类学进入中国以来,一直是紧跟时代,立志应用①。尤其是在抗战时期的边疆民族地区,应用人类学有了广阔的用武之地,获得了突飞猛进的发展。

吴文藻认为,在抗战时期,"建设一个民族国家,是我们现阶段的理想,而如何促成民族国家的组织,此种伟大事业,一部分就有赖于边政学的贡献"。边政学的观点主要有二,一是政治学的,一是人类学的。"人类学已开始走入实用的阶段。我们中国自应急起直追,迎头赶上,使人类学的研究,在理论及应用上,同时并进,以边政学为根据,来奠定新边政的基础,而辅助新边政的推行"。他进而指出,"目今西洋所谓应用人类学,大都是以殖民行政,殖民教育,殖民福利事业,以及殖民地文化变迁等题目为研究范围。在中国另换一种眼光,人类学的应用,将为边政、边教、边民福利事业,以及边疆文化变迁的研究"②。

民族与国家的关系,是 20 世纪人类学研究的主要课题之一;对之讨论最为集中,有着强烈的"国族主义"关怀,是在 20 世纪三四十年代③,尤其是边政学的提出,极大拓展了应用人类学的应用范围。中华基督教会全国总会发起的边疆服务运动,在中国教会本色化的系谱中占有重要位置,它在服务边疆地区、拓展基督教会势力和影响的同时,也在致力于"化导边民",灌输"国族"观念与公民意识,以谋求各族团结,共同担负抗战建国和民族复兴的使命④。

---

① 胡鸿保:《中国人类学史》,第 103—104 页。

② 吴文藻:《边政学发凡》,《边政公论》1942 年第 1 卷第 5—6 期。

③ 王铭铭:《民族与国家——从吴文藻的早期论述出发》,《云南民族学院学报》1999 年第 6 期。

④ 关于这点,参见汪洪亮:《变动时局中的中国基督教会》,《历史教学》2009 年第 11 期;《中国教会本色化系谱中的中华基督教会边疆服务运动》,《西南民族大学学报》2010 年第 2 期。

边疆研究需要人类学家的参与，要特别重视人类学理论与方法的应用，这在当时学界是一个"常识"。当时梁钊韬认为，"不应再把人类学的研究视为纯理论的学问"，要"纳人类学的理论于实践的道路上，这么一来，边政的科学理论的确立，可使边疆政策有所依据，边疆政治得以改造"①。柯象峰指出，边疆研究涉及领域宽广，各种学科"均应各占重要之一席，而研究员中任主角者，据愚意应推民族学及社会学家"②。杨希枚强调："今日要谈边政，首先要认识并了解边民文化。而要求认识并了解边民文化，必须发展人类学，特别是应用人类学。"③马长寿指出"中国边疆有异于列强殖民地的性质"，应及早建立"中国人类学"。由于欧美应用人类学主要用于殖民行政，而"中国边疆与帝国殖民地既不可同日而语，故中国边政于人类学的应用不当限于应用人类学，而须一方面修正应用人类学，另一方面于此科学之广泛领导中寻求适合于中国边政的特殊情况"。也就是说，"中国的人类学，固然不能放弃人类所共同的一方面，但尤须注重中国人独有的一方面"④。这些学者都一再强调中国边疆的"非殖民性"，突出中国边疆的独特性。

抗战时期，西南地区成了民族复兴的基地和抗战建国的大后方，受到学界前所未有的关注。大量边疆研究机构、边疆研究或通讯类的刊物遍布西南地区，政府或社会团体也组织了不少边疆考察和研究活动，应用人类学在中国获得突飞猛进的发展，推动了人类学中国化的

①　梁钊韬：《边政业务演习的理论和实施》，《边政公论》1944 年第 3 卷第 12 期。

②　柯象峰：《中国边疆研究计划与方法之商榷》，《边政公论》1941 年第 1 卷第 1 期。

③　杨希枚：《边疆行政与应用人类学》，《边政公论》1948 年第 7 卷第 3 期。

④　马长寿：《人类学在我国边政上的应用》，《边政公论》1947 年第 6 卷第 3 期。

步伐。这一时期中国应用人类学的研究几乎都集中在西南地区,主要有抗战动员与边疆知识的宣传、边政学的兴起、国民素质研究、边疆教育事业的推进等四个方面,尤其是边政学将中国人类学的学科应用推向新的高峰①。

李安宅就是当时云集西南致力于应用人类学研究的学者中非常活跃的一位。1941年,李安宅受聘来川任华西协合大学社会学系教授兼主任,筹建并主持华西边疆研究所,自此与西南边疆地区结下了不解之缘,成为抗战时期最负盛名的边疆研究学者之一。他广泛参与社会事务,将研究和实践有机结合起来,撰写了不少论著,对中国边疆政策及当时边政改良提出了不少真知灼见。

1938年后,李安宅撰写了不少有关康藏社会、宗教及文化等情况的论著,还就如何加强和改进边疆文化经济及社会工作写了不少篇幅短小、言近旨远的论文。后来他将这些文章整合成《边疆社会工作》一书。鉴于撰写该书同参与边疆服务的时间基本重合,在某种程度上,此书可以说是李安宅参与边疆研究和边疆服务的理论提升与经验总结。李安宅以该书及一系列基于实地调查的论著,奠定了他在抗战时期中国应用人类学史上的地位。

写作这本书,是李安宅多年潜藏的一个心愿。如前所述,早在拉卜楞藏民区时,他便感到需要编写一种"边疆工作手册"。后来到华西大学,李安宅希望扩大边疆工作的宣传,以便更多人从事这项工作,更觉得非写这样一本手册不可。"而且这种需要,已非个人的感觉,而变成少数同工的一致要求了。"②这里的"少数同工",无疑有一部分就是教会人士,特别是边疆服务部的同人们。

李安宅除了在华西大学的教学和研究外,还参与了多种社会活

---

① 胡鸿保主编:《中国人类学史》第四章《抗战时期及战后的中国人类学》。

② 李安宅:《边疆社会工作》,"自序"第1页。

动,如为地方搞边政业务培训、为边疆服务做"最高顾问",还曾担任教育部视导员,专程到川、甘、康、青等省考察边疆教育及边区政令推行情况[1]。在他的带动和组织下,华西大学社会学系及边疆研究所的众多学者,如冯汉骥、蒋旨昂、任乃强、谢国安、刘立千、于式玉、玉文华等,都投入了对康藏地区(即今所谓藏彝走廊)的实地田野考察,产生了不少有分量的人类学研究成果,推动了西南民族地区人类学研究。

二、李安宅与边疆服务运动

李安宅供职的华西协合大学是一所教会大学。受抗战影响,齐鲁大学、金陵大学等教会均借居于此。边疆服务部首任主任张伯怀即齐鲁大学文化院长。李安宅作为边疆问题专家,介入了边疆服务运动,这也促使他本人对边疆及边疆社会工作有了更多深入体验和思考。作为一个学者,李安宅主要是在方法指导、业务培训及边疆研究等方面与边疆服务部合作。他受邀担任边疆服务部辅导委员会和董事会委员,被聘为边疆服务部各种训练团主要导师,多次为边疆服务工作人员宣讲边疆的理论和实际问题,还为边疆服务部撰写了多篇研究文章,发在边疆服务部主办的《边疆服务》杂志上,对该部工作给予了切实指导和大力鼓舞。这些文章大多后来整理收录在《边疆社会工作》一书中,可见该书的创作与其参与边疆服务有着密切的联系。

从边疆服务部所办刊物中,我们可以看到李安宅对有关工作的参与。1943年,边疆服务部召开工作检讨会议,特邀李安宅夫妇参加[2]。1945年边疆服务部组织的凉山服务团,由张伯怀亲任团长,3月初在华西坝开始训练工作,"国内边疆问题学者如李安宅、徐益棠、柯象峰、刘恩兰、马长寿、林耀华、冯汉骥、蒋旨昂等为主要训练导师,宁属地

---

① 胡鸿保:《中国人类学史》,第107页。
② 《中华基督教会全国总会边疆服务部总部工作报告》,云南省档案馆藏,编号:51—4—251。

理、历史、经济及保民社会组织、边疆社会工作等,为主要训练课目",在结业典礼上,西康省主席刘文辉应邀莅临训话,成都华西坝各大学校长及关心边疆问题的社会学教授二十余人参加了典礼[①]。其阵容之强大,足可证明边疆服务部与华西人类学界关系之密切。自边疆服务部在川康地区开展服务工作以后,成都各大学研究边疆问题之学者,咸以边疆服务部工作区为理想的边疆问题研究场所。因借服务工作而同边胞发生关系,对材料的收集,问题的调查可能事半功倍,故各大学曾先后同边疆服务部洽商合作办法。边疆服务部本来就主张工作人员利用实际服务之余暇,致力于学术研究,遂同意与各大学或团体商定具体合作办法。其中与李安宅教授主持的华西大学边疆研究所的合作研究,范围最为广泛。在成都的基督教五大学(华西大学、齐鲁大学、金陵大学、金陵女子大学、燕京大学)的社会学系,也先后与边疆服务部商定合作计划,对边疆问题作系统的调查与研究[②]。边疆服务部编印的通讯称:"根据本部同华西大学边疆研究所的合作原则,华大社会系主任兼边疆研究所副主任李安宅先生已允担任本部研究调查指导工作。李先生是本部委员,是边疆工作的真同志,更是边疆问题研究的权威,各地同工如有任何有关工作和研究的问题,都可直接向李先生请教。"[③]

李安宅所主持的华西大学社会系,为研究乡村社会问题及训练大学生下乡工作起见,与中国乡村建设学会合作,在成都老南门外十二里的石羊场设立社会工作研习站,还和基督教女青年会全国协会合作,在石羊场设立征属福利工作站,其工作有征属服务、托儿所、阅览

---

① 《最近消息(总部)·凉山服务团出发前后》,《边疆服务通讯》1945 年第 2 期。

② 《近讯一束》,《边疆服务》1943 年第 1 期。详情参见汪洪亮:《抗战建国与边疆学术:华西坝教会五大学的边疆研究》。

③ 《最近消息·研究工作指导有人》,《边疆服务通讯》1945 年第 2 期。

室、诊所等①。在研习站两周年纪念及征属福利工作站开幕仪式上，边疆服务部川西区主任崔德润应邀讲话，"我们在边疆工作好比在地下凿井，是靠着井上的人供给各种材料，是相信井上的人不会把我们放下去就不管了，今天到会的专家学者都是井上的人，都是我们的后台"②。此语颇能表明边疆学者与边疆服务部的合作关系，充分体现了华西坝教会五大学与边疆服务运动的密切关联③。

三、从李安宅相关论述看边疆服务运动

边疆服务部在川康少数民族地区广泛开展各类服务，促进了川康边地社会变迁，在抗战时期基督教界"万马齐喑"的颓丧状态下，成绩令众人瞩目。这固然有抗战时期边疆建设受到重视和政府支持等外界因素，更与边疆服务部工作人员的牺牲、服务精神和勤勉工作、改进方法密切相关。

边疆服务部开展工作三年后开始出版《边疆服务》杂志，李安宅就在创刊号上以头条位置发表《论边疆服务》，对边疆服务的人才、工作、对象等若干问题提出了指导性的意见：人才方面，可分为用人、选人、训练人，其中用人至关重要，任期要长，考核要严，待遇要厚；选人则必要有吃苦耐劳的体魄与为人服务"舍我其谁"的精神，也要有一定"学识的造诣"；训练人才则要加强纪律训练和增强服务意识。服务对象即当地居住的人，"一部分即训练出来为当地服务的人才"，"助

---

① 据李安宅界定，研习站与服务站或实验区不同的地方在于，后者主要以事业为目的，前者以发现问题为主，以服务工作为副，对学生进行调查研究和边疆服务的训练。参见李安宅：《边疆社会工作》，第 55 页。

② 《最近消息（总部）·参观华大石羊场工作》，《边疆服务通讯》1945 年第 2 期。

③ 参见汪洪亮：《抗战时期华西坝教会五大学与中国基督教会边疆服务运动》，《中国边疆史地研究》2019 年第 2 期。

人使人自助"是"一切服务人员最高的原则"。工作方面,目标是要"引导边疆人民能为自己服务","培养出地有不同,业有所专的社区公民来";在服务方式上,"一为从旁表证,一为从中策动","以表证的方式在无形中导引大家一齐向善",但表证方式往往范围不能"及远",如若又"遇消极抵制",则须采用"从中策动"的方式,即"流动周转深入边地社区,习其土俗,考其所宜",再给以现场的解决①。

李安宅一向主张在边疆工作中,要坚持服务、训练、研究三者合一的原则,"使研究为了服务,使服务得到研究的资助,服务才不是盲目的,即以资助研究,研究才不是抽象的,且使同工即在研究与服务中得到训练,训练才不是形式的。如此,便收即工作,即启发,即表证,即能善与人同的创化功效"。步骤上,"第一应该先以医药入手,第二改良生产技术,第三组训民众,而均以综合的教育原则出之"。实施方式上,"应该统一于富有机动性的团体",这个团体应是个包括各类专家的"边疆文化团"②。

若比照边疆服务工作情形与李安宅的相关论述,可说是若合符节。在原则上,边疆服务部工作可分两类,一是实地服务,二是调查研究。边疆服务部不仅聘请如葛维汉(David Crockett Graham,1884—1962)、傅兹嘉、刘国士、侯宝璋等大学教授到边地作语言、农牧、疾病等方面的调查和研究,而且倡导在服务第一线的工作人员坚持从事研究工作。李安宅强调,边疆服务作为一项运动,"为要有长久的计划,必得先有深入的研究。必是认识清楚,才能产生可用的方案"③,而且实地研究最好采用"服务的手段","使人共同参加实地研究,实地服务;使在实地研究、实地服务当中证得实地工作的意义"④。故边疆服

---

① 李安宅:《论边疆服务》,《边疆服务》1943 年第 1 期。
② 参见李安宅:《边疆社会工作》,第 64、66、73 页。
③ 参见李安宅:《研究服务训练要连合起来》,《边疆服务》1943 年第 4 期。
④ 李安宅:《实地研究与边疆》,《边疆通讯》1943 年第 1 期。

务部站在服务的立场提倡边疆研究，深得李安宅赞赏。

实际上，上述工作步骤，既反映了边疆服务部的方法，同时也表露了边疆服务部工作实以医疗卫生和文化教育为中心：以医药工作为服务的"开路先锋"，特别是在前期工作中，"应该算是第一件要紧的事"①，文教则是"全程陪同"边疆服务部所有工作。边疆服务部要求教育事业应统筹兼顾学校教育与社会教育，医药事业应使治疗防疫和卫生教育齐头并进，社会事业则立足于救济边民痛苦，改良社会风俗。任何工作推行的成效，最终都取决于边民在心理上是否接受和接受的程度，只有通过教育，方可让边民从被动接受到产生主动要求。从根本上讲，边疆服务部的工作主要就是通过"示范表证"，最后要让边民自己担负起变革边区的重任，以达到"助人使其自助"的目的。李士达谈道："现阶段下的夷民教育，只有动态的诱导，最好是表面上从其政不变其俗，实质上则于其每种习俗上，予以新的意味及解释，务使其潜移默化而不觉。如医药一项来说，立刻能止痛去毒，身体既感舒服，即时施以卫生教育，自然会乐意接受的。故今后谈边地教育必须注意到实际的文化生活的习染，只能言教育的旨趣及努力，务必铲除形式的装饰教育，如此才能造成整个社会的调协。"② 因势利导，循序渐进，是教育工作的必由之路。边疆服务部以小学为改造社会的中心，即在于通过学生影响家庭，通过开展生计教育促进科技改良，从而提高整个边疆社会的认知水平。"化导边民"同样离不开教育手段，正如康治平所说，"我们用教育的方法来解决汉夷问题，当然比任何方法来得妥善，来得高明"③。

边疆服务部下设川西区和西康区两个服务区。从实施方式上看，边疆服务部工作"富有机动性"：既有固定的服务处，又有巡回的服务

---

① 刘龄九：《本部卫生工作简单介绍》，《边疆服务》1944 年第 7 期。

② 李应三：《对普雄剿夷善后的几点意见》，《边疆服务》1947 年第 17 期。

③ 《一曲琵琶弹"边教"》，《边疆服务》1950 年复刊。

队,服务处一般都有医药、教育等工作,而巡回工作则是教育与卫生相伴而行。无固定工作则根基难以稳定,无巡回工作则服务范围不能拓展,都不可或缺。张伯怀在 1943 年举行的事工检讨会上说,川西区主要是固定工作为主,西康区则是巡回工作为主,"工作的分配宜再加调整"①。边疆服务部组织的数次暑期学生服务团和张伯怀亲自带队的凉山抗建服务团也充分体现了这种机动性的特征,服务团一般都由学有专长的教授参加或带队,对学生的挑选则尽量体现专业的多元化,以求在边地能够分工合作从事多种服务和调研工作。医学家如侯宝璋、陈耀真,人类学家如李安宅、于式玉,畜牧学家如华西大学吕高辉、中央大学陈之长,农学家如刘国士,语言学家如金鹏和傅兹嘉等都曾应邀到边区作调查研究。这些专家或带动边疆服务部工作人员一同研究,如马锡山等人虽发现黑热病,但因设备简陋无法对该病理研究,当侯宝璋带队到川西调查该地流行病时,他便跟随左右,共同研究,为扑灭该地黑热病奠定了基础;或将其研究成果给边疆服务部工作直接运用,如金鹏的《戎语对话》一书未正式刊行就油印分发边疆服务部工作人员以应工作之需;或应聘边疆服务部工作人员,直接推动边地的服务工作,如刘国士本是应约半年考察川西农牧,后来却留在了川西区部担任生计工作,主持威州牧场和川西的麦病防治。这些专家的参与,无疑有助于解决边疆服务部某些较为"疑难"问题。

　　尽管边疆服务在川康民族地区取得不少成绩,但若与其最初制定的目标进行比较,则可说是相差甚远。既然号称"边疆服务",就得覆盖一个较大范围的边疆地区。边疆服务部成立之初,即宣称其服务对象是"西南、西北各省区之边民","第一年以川康边区为服务区"只是权宜之计,"以后逐渐扩充至滇、黔、湘、桂、甘、宁、青等处"②。套用今

---

① 张伯怀:《本部的回顾与前瞻》,《边疆服务》1943 年第 4 期。
② 参见《中华基督教会全国总会边疆服务部工作计划大纲》,四川省档案馆藏,编号:建川 50—43。

日流行语："理想很丰满，现实很骨感"，事情并没朝着既定的方向发展，而是长期拘囿在川康地区，屡求扩充服务范围而不得，转而希求现有工作内容的充实；即便是在川康地区的工作，也往往不尽如人意。这与边疆服务存在的内外困境有关，正如李安宅所说，"边疆社会工作的内在困难，一因边地物质条件不够，一因边民了解程度不高"。而外在困难，则"在于边疆工作本身条件以外者，这种困难可以分为三方面来看，一为由于历史的背景者，二为由于工作的机构者，三为由于工作的方法者"①。

就外在的困难而言，边疆服务部就反省，很多工作人员不熟悉边地，不像外国传教士常年在边疆，"不但一辈子而且几辈子强聒不舍地工作下去"。不少工作人员缺乏应用人类学训练，不能打开与边地民众隔膜的局面，许多人不明白边疆服务部的"整个计划与政策"②。

内在的困难则主要体现在经费不足和人才难得。"边疆工作最大的困难有二，一为钱财，一为人才。人才尤其困难，因为边疆交通不便，生活困难，甘心肯去服务边民的人，实在不多见。"③ 刘龄九也谈到"任何事业的推动，都离不开'钱'，我们便因了'经费'的限制，不敢奢谈新计划"，人才更是难得，"边疆服务是开荒的事业，是创造的工作，是舍己救人的行为，无成规可循，无定章可守，事情繁重，生活艰苦，根本就不好请人"④。

边疆服务前期经费主要由政府有关部门赞助，不过这些费用只用于纯粹的服务工作。边疆服务部许多工作未能开展，大多是受限于经费窘迫，如云南服务区开办不久又停，许多地方请求前往开办服务点而不敢答应。即使是维持日常工作，边疆服务部也时感捉襟见肘；一

---

① 李安宅：《边疆社会工作》，第 28、34 页。

② 高瑞士：《我对于边疆服务部工作的观感》，《边疆服务》1948 年第 24 期。

③ 《幸与不幸》，《边疆服务》1948 年第 24 期。

④ 刘龄九：《本部卫生工作的简单介绍》，《边疆服务》1944 年第 7 期。

些机动工作,经费更难筹集。如 1940 年暑期,边疆服务部组织学生暑期服务团赴川西区服务,特向四川省政府、民政厅、教育厅等单位呈文,请求派人参加服务活动并希望经费补助。四川省政府回函表示已招呼第十六区专员及地方县府"切实协助",但"关于补助经费一层,本应遵以办理。无如本年度省库奇绌,开支浩繁,现在预备费业已开支罄尽,其他科目均系额定用途,无法挪移。相应函复,尚希谅鉴为荷"。而民政厅、教育厅都回复:"一切似无再派人参加之必要。"① 抗战胜利后,经费问题更加困难。1946 年,边疆服务部经济状况"因本年度物价更加上涨,愈形艰窘","今后一年除非另有特别收入,在工作上不能作较大的扩充计划"②。高瑞士在 1948 年指出:"过去边疆服务部大半收入是来自政府及救济机关。这种补助费不是经常的。近来物价日趋高涨,法币价值日渐贬价,很显然的,边疆服务部的整个事工,已不是中国教会所能独立支持的,现在我们计划三分之一或者二分之一的数目向国外的同道劝募,余者向国内教会团体、救济机关,以及私人等捐募。"③ 可见,边疆服务部经费来源虽广,数额却没有保障。

在人才方面,张伯怀曾讲道:"边疆服务是边地政治建设的开始先锋,是边疆研究的出发凭藉,是边胞思想与舆论的测验器,是促进国民团结的动力轮。其使命之伟大既如此,从事服务的同工所必须具备的条件与资格当然也非常严格。"④ 李安宅也说,"边疆工作人才,因为所需条件甚苛,所要标准甚高,尤非未雨绸缪不可。所谓专业技术不必

---

① 《中华基督教会边疆服务部人员名册、工作计划、川西区工作报告、暑期服务团筹备经过》,四川省档案馆藏,编号:民 54—1—2。

② 《总部消息·检讨会一年一度》,《边疆服务通讯》1946 年第 7 期。

③ 高瑞士:《我对于边疆服务部工作的观感》,《边疆服务》1948 年第 24 期。

④ 张伯怀:《服务员的精神准备》,《边疆服务》1943 年第 3 期。

论，一切边疆工作，都需要关于社会工作的训练。社会工作乃是实用的社会学或人类学，故于纯粹社会学，纯粹人类学，应有起码的造诣。先有社会学养成社会化的态度，且由人类学取得文化型类的比较观点，然后由社会工作，练习社会行政的技术"①。但实际上兼具较强工作能力和牺牲服务精神的人才极其难找。从进入边地起，边疆服务部就感到"全心全意、不计任何艰苦、自愿献身为少数弟兄民族服务之人才"太少，尤其是具有专长的人才太少②。除了经验或能力的欠缺外，缺乏热诚实为最大问题。有些布道员畏于条件艰苦，很快辞去了工作，如耿笃斋死后，六年之内，杂谷脑地区就请了四个布道员，几乎无人肯学习少数民族的语言。卫生工作人才同样难找，"都市中还不够用"，而且"药品来源困难，器材购备不易，几乎是没有方法能在边地设立完善的医院或诊所，这点就更增加了请人的困难"③。边疆服务部以教会立场开展工作，工作人员自然以基督徒为最佳，但边地基督徒少，内地基督徒很少愿到边地。退而求其次，"最低限度须不反对宗教，或讨厌宗教为原则"④。不过有时最低限度也很难满足，普通劳务人员也极度缺乏，"一切皆需自己去做"⑤。抗战结束后，边疆服务部许多人员或因"身体健康"问题，或因"家有老母"需尽"人子的本分"等诸多原因离开了边疆地区。

如说上述问题主要是因边地物质条件不够，那么边民了解程度不高的问题同样严重。边疆服务部工作人员在村寨巡回工作，也时常引起边胞怀疑，"有的认为是调查民情者，有的认为是蓄意卜居藉资营业

---

① 李安宅：《边疆社会工作》，第 52 页。

② 崔德润填写：《国际性救济福利团体调查提纲》，四川省档案馆藏，编号：建川 50—435。

③ 刘龄九：《本部卫生工作简单介绍》，《边疆服务》1944 年第 7 期。

④ 《川西动态·圣诞节好礼物》，《边疆服务通讯》1946 年第 5 期。

⑤ 《川西区萝蔔寨教会实验区工作计划》，阿坝州档案馆藏，编号：4—25。

者,还有疑为是算命先生"①。对边疆服务部所办学校,边民视其为"汉人羁縻他们的政策"和"软化他们的法宝",甚至以为是"用来抽调他们的壮丁,或用作变像地把戏将边胞子弟们软禁'作质'的"。许多边民认为读书很吃亏,耽搁了孩子为家庭做事的时间;边疆服务部办学不收学费,也为边民所大惑不解,认为别有企图②。边疆服务部人员在了解边情时,很多边民"不免表现烦厌之感","或淡漠以应付,或敷衍以塞责",有的以为是边疆服务部来募捐的③。有的边民对边疆服务部的工作抱着怀疑,常说:"你们另外还有你们的工作",任凭如何解释,"除不尽他们的疑心"④。边疆服务部在西康设边民招待所,许多彝人起初宁愿风餐露宿,也不住招待所。在他们的眼里,"现在这个招待所说不定是一套新的'把戏'"。所以边疆服务部这种看起来像"白白施与的恩赐,它引起的初步反应是怀疑和恐惧"。川西藏区的宗教工作,之所以没有大的进展,一个重要原因就是喇嘛教的抵制。即使是医药工作也会受到抵制,因为嘉绒人以往"有病只求喇嘛念经,转经,并不求医治"⑤。

四、结语

抗战时期,不少供职于教会大学从事人类学和社会学研究的学者,深入少数民族区域,广泛开展民族调查研究,其中影响较大者有华西大学的李安宅、金陵大学的徐益棠、燕京大学的林耀华和吴文藻。

---

① 《边民宣教近况》,《总会宣教事工同年工会时刊》,上海市档案馆藏,编号:U102—0—27。

② 王贯三:《川西区一九四九年工作总结》,《边疆服务》1950年复刊。

③ 龙启惠、王端若:《我们与惠康儿童福利站》,《边疆服务》1948年第23期。

④ 《消息·吴祖泰苦尽甘来》,《边疆服务通讯》1946年第9期。

⑤ 刘龄九:《边疆服务部工作简报》,《中华基督教会全国总会第五届总议会议录》,上海市档案馆藏,编号:U102—0—16。

对边疆少数民族区域文化问题的调查研究，成为当时一些教会大学学者研究的热点问题①。在那个国难民艰的时局中，抗战建国是举国人士的中心工作，国族构建成为抗战持久和民族复兴的重要条件，在当时国民党领袖乃至很多学者的口头笔下，民族被"部族""宗族"等提法所取代，民族问题成为边疆问题，"民族"研究势微，边政学兴起。但李安宅从未用过"边政学"的提法，而用"边疆社会工作"，又直言其也是应用人类学。其实在当时那个时代背景下，诸种提法的实质基本是归一的，说到底就是边疆民族工作，就是为了构建中华民族，整合全民族力量以抗战建国②。

李安宅曾分别引用陆宣公和王拱璧的说法，历陈唐代以前和唐代至抗战时期边政的传统做法，认为这些做法的内容无非是"歧视边民，成见太深，未将边民看作国民"，"忽视边民生计"，导致"边疆问题至今还是问题"，"过去对于边疆只有军事与外交的方式，即所谓政治，也限于管与教，而未顾及养与卫；更不用说，即管也未澈底，而教只在形式了"③。李安宅此言确实揭示了历代边政的弊端，忽视边疆地区的民生与教育，这种弊端即使是在民国时期，依然是普遍而严重地存在着。国民政府虽然倡导边疆建设，却"缺乏贤明官吏和缺乏为政府臂助的民众运动"④，于是鼓励社会团体参与西部建设。李安宅在展望边疆工作时谈道："建国大业的一环，即边疆建设，不但因为抗战的迫力而愈为亲切，且也因为外交的便利而成了千载一时的转机"，而"边疆建

---

① 黄新宪：《基督教教育与中国社会变迁》，福建教育出版社 2000 年，第 233—234 页。

② 参见《20 世纪上半叶的中国边疆和边政研究——李绍明先生访谈录》，《西南民族大学学报》2009 年第 12 期。

③ 李安宅：《边疆社会工作》，第 21—22 页。

④ 《中华基督教会全国总会边疆服务委员会第五届年会会议记录》，云南省档案馆藏，编号：51—4—251。

设之成功,即在边疆性之逐渐消失而归于乌有"①。然而他所谓的"转机",并未因抗战结束而得以持续,而是转到了不利于边疆建设的方向。李安宅有关边疆社会工作的若干主张,于今看来仍富有睿见,当为今日建设边疆者参考。

第三节　于式玉的藏学研究与中华民族整体性追求

李安宅、于式玉是藏学界的"天涯同命鸟",但相对李安宅而言,于式玉的藏学研究还没被学界充分认识。于式玉的藏学研究,大致可以分为西北、西南及海外三个场域。就时段而言,大致是自 1930 年代初至 1950 年代,基本持续,少有中断。汤芸就注意到二人在藏学研究方面文风、视角各有特色,李安宅关注宗教,于式玉则所见更广,包括宗教、民俗、藏族妇女,但两人都坚持"文化相对论",以理解同情之态度看待藏族人民及文化,体现出他者与自我的不断对比与调适②。于式玉的藏学研究具有丰富而细腻的特点,其视野、角度与李安宅既有相通之处,也有明显差异。贯穿于式玉藏学研究的核心价值观,实际上是论证和构建中华民族整体性。

学者论著是探讨其学术思想及成就的重要文本,结合语境是探究其思想渊源及其价值的重要途径。《于式玉藏区考察文集》是于式玉在抗战期间亲赴甘南和川西北藏区所作实地考察后的心得。李绍明先生认为维护祖国统一和各民族团结是贯穿全书的主要思想,且揭示了当时藏区存在的社会问题,对藏族的文化、习俗进行了深刻分析,填补了当时藏学研究的一些空白③。周群华、郭一丹等学者也认为,于式

---

① 李安宅:《边疆社会工作》,第 83—84 页。

② 汤芸:《评〈李安宅、于式玉藏学文论选〉》,王铭铭主编:《中国人类学评论》第 3 辑,世界图书出版公司 2007 年,第 209—212 页。

③ 李绍明:《〈于式玉藏区考察文集〉评介》,《中国藏学》1991 年第 4 期。

玉的藏区考察填补了很多研究空白，其研究成果有利于增进民族团结①。

学界既有研究成果基本局限于这个文集，限制了研究的深度和广度。实际上，于式玉还有一些已刊论著未收入文集中，更有如书信、自传、思想汇报等未刊文献尚未被学界利用。笔者正在编辑《于式玉文集》并整理其未刊文献，发现于式玉人生与学术的丰富性和独特性还有待进一步认识，其生平和思想还有许多值得深入探讨的地方，如于式玉兄妹数人（包括于道泉、于道源、于若木、于陆琳等）及其相互影响，于式玉与国共两党在组织和思想层面的离合，于式玉藏学之外的学术成绩，于式玉的边疆工作实践及其边政主张，等等，都还存在足够多的空白，有待学界深入探讨。

于式玉的主要学术成就为人所熟知者，在于其藏学研究。但是于式玉与李安宅喜结连理后，并不必然从事以藏区为中心的边疆研究。于式玉的藏区考察，并不局限于与李安宅比肩并辔地在西北。于式玉的藏区考察，其研究侧重也与李安宅有着差别。在其边疆研究中，始终贯穿其学术旨趣的，实际上是中华民族整体性的建构问题。于式玉何以走上边疆研究尤其是藏学研究之路？于式玉对边疆工作及民族问题有何真知灼见？本节拟就以上问题略作讨论，供学界参考②。

---

① 周群华：《著名藏学家于式玉教授》，《文史杂志》1991 年第 4 期；郭一丹：《边疆的社会事实考察——论于式玉对中国早期文化人类学的贡献》，《文史杂志》2017 年第 5 期。

② 于式玉生前所写《自传》，笔者所见有两个文本。其一写毕于 1958 年 3 月 24 日，有 69 页，4 万多字；其二写毕于 1967 年 2 月 20 日，仅 10 页，近 8000 字。又因于式玉 1958 年后因身体健康及时代原因，基本告别了藏学研究，故引用《自传》大多出自 1958 年本。本节凡涉于式玉自述性文字之引文，未标注出处的，均来自 1958 年《自传》。

一、于式玉藏学研究的几个阶段及其概况

于式玉的藏学研究，大致可以分为西北、西南及海外三个场域。就时段而言，大致是自 1930 年代初至 1950 年初，基本持续，少有中断。具体言之，在燕京大学工作期间，于式玉曾有两次蒙古游历；在甘肃工作期间，于式玉扎根拉卜楞办学和调研；在华西协合大学工作期间，于式玉深入川康边地调研；在美国高校图书馆工作期间，于式玉仍注意搜集海外藏学研究情况；在参军入藏工作期间，于式玉积极参与办学工作和实际研究。

（一）内蒙古考察

于式玉在抛家别雏到甘肃之前，曾有边疆游历。据其自传，1937 年春假，燕京大学与清华西大学学联合组织了内蒙古考察团，李安宅、梁思懿、雷洁琼、于式玉参加。到包头后考察团分作两组，李安宅带队去东公旗五当召，研究喇嘛教；雷洁琼带队去西公旗研究社会制度，"因为只是一个短短的春假，对蒙古的社会组织只了解到一点概况便回校了。各人所了解到的一点也曾写过一篇材料存在社会系里"①。同年暑假，时在五原、包头办移民工作的段绳武与顾颉刚组织了西北考察团，于式玉报名参加。李安宅根据学校安排到山东济宁参加乡村建设实验工作。绥远省蒙旗长官指导公署留于式玉调查蒙古妇女问题并撰写妇女工作计划，为此于式玉还接受了以阎锡山名义颁发的教育专员聘书。于式玉与段绳武夫人王颂尧一道学习蒙古语文。但卢沟桥事变很快就发生了，于式玉到山东找到李安宅，同办小学教师讲习班，不久因燕京大学开学应召回校。

---

① 《于式玉自传》，1958 年 3 月 24 日，未刊稿。此处所谓"内蒙考察团"，应系绥远蒙旗考察团，由历史、社会、新闻三个系学生参加，李安宅带队，清华亦有多人加入。4 日启程，16 日返校。参见汪洪亮：《顾颉刚与李安宅的人生交集和思想学术异同》，《中国藏学》2015 年第 2 期。

　　最终促成于式玉与李安宅离开北京前往西北边地的原因在于日军占领北平后二人境遇的变化。那时许多大专学校开始南迁，日本在北平设立了由日本人武田熙负责的文化部，"想打开一切关闭了的学校大门，装点他们的'德政'"，希望于式玉"去女子文理学院主持筹备开学"；同时，李安宅拒绝了燕京大学校务长司徒雷登邀其担任法学院院长之请，夫妇二人"认为无论如何不能继续在北京住下去"，下决心离开北京，先把四个孩子送到乡下，"因为陶孟和曾建议燕京派安宅去西北与兰州科学教育馆合作，以便他做民族学的研究工作，安宅既不肯留燕京，司徒雷登才提出叫他拿着燕京的原薪到西北去，我也与他同走"。于式玉特别强调，"我在思想上准备走的时候，大约在1938年的三四月间"，日本人仍希望她主持女子文理学院工作。不走，必然附逆，只能一走了之。

　　（二）甘南藏区调查

　　1938年，李安宅接受陶孟和、顾颉刚建议，以教育部边疆视察员的身份前往兰州，与兰州科学教育馆开展合作。于式玉辞职未准，遂请假同往。于式玉得知拉卜楞地方信喇嘛教，语言、服装、风俗习惯都与汉人不同，意识到这正是"研究民族学的对象"，经李安宅同意独自前往。到拉卜楞后，于式玉发现当地人并不认为自己是中国人，常说"你们中国人"，"我认为我有义务帮助他们明白，他们也是中国人，我便决定住在那里了，了解些情况"[①]。于式玉注意到，拉卜楞在藏区非常重要："在西北藏区有小北京之称，正月七月有两次庙会，青海及临夏的商人都来收买土特产，四周的牧民如甘家、欧拉、果洛及青海的循化共和等处的人都来买粮食及内地商品，是相当热闹的一个地方"，是个"民族、经济、文化、政教交错的地方"，她想起李安宅在美国留学期间于1936年到墨西哥参观所见民族地区开展教育的情形（发动知识

---

　　① 于式玉：《于式玉自传》，1967年2月20日。

分子深入边地巡回教育,且将学校变成群众教育的中心),便移植该法于拉卜楞,将"工作就放在调查研究拉卜楞与教育藏族小孩这方面"。她拿着李安宅从兰州寄来的"看图识字"一类图片,"每天跟在小孩们身后转",久之则学会部分藏话,也巩固了生源。于式玉给自己取了藏人名字"央金拉毛",与当地藏民一同居住,穿着藏装,吃着糌粑和酥油茶。于式玉告知李安宅该地是"研究民族学的好园地","提议不回兰州"。时任拉卜楞保安司令的黄正清,邀请于式玉教其夫人宫保错学汉文。在与宫保错"互教互学的过程中",于式玉传输"妇女应该与男子平等地负责任为老百姓办事的道理",取得了黄正清夫妇的热心支持,1939 年即拨地建校,1940 年 4 月建成藏族妇女有史以来的第一个拉卜楞女子小学。宫保错为校长,于式玉为主任,当天到校的学生有18 人,不到一月即有四十多人。学生用的书籍纸笔由李安宅在外捐来。小学建成后又多次扩建,不仅有教室,还有教员宿舍、厨房、图书馆等,并开辟了一块菜园。学生人数不断发展,"到 1940 年就有学生

国民政府教育部为李安宅颁发的边疆教育视察员旅行护照

七八十人（到 1942 年我离开时有一百三四十人）"①。

　　李安宅 1939 年春办完临夏（河州）小学教师讲习班后，也到了拉卜楞。在黄正清介绍下，嘉木样活佛允许夫妇二人到寺中书库翻看藏文书籍，同时寺院还安排学者向他们介绍当地的宗教情况。李安宅这一时期研究成绩非常突出，写成多篇论文。据其自陈，"利用研究成绩宣传藏族为抗战建国的有生力量，每篇文字都先念给保安司令黄正清，然后寄至兰州发表"，关于藏族宗教与民族问题一类文稿多发表在《新西北》，"鼓吹青年的文字"则多发《现代评坛》②。于式玉除了办理小学，还利用自己会藏文、藏话的便利，帮助李安宅收集研究材料。李安宅"得到黄正清的协助，在寺院上按不同单位（学院）各介绍了一位学者替他写有关宗教的东西，然后我帮忙译成汉文，同时他与人口头说话，便给他当翻译"。可见李安宅并不能很顺利地独立开展藏族宗教研究工作，于式玉起到了不可或缺的辅助作用。

　　李安宅、于式玉对藏族研究有一个长远规划，认为"从寺院的研究入手是最容易的地方"，"准备搞完宗教制度之后，再写一本民族分布，一本文化接触，一本经济结构"，也就是在他们的计划中，他们是可以写出至少四本书来的。据以后见之明，李安宅写出了宗教制度，其他三本未及写出，于式玉的发表论文，主题相对枝蔓，包括宗教、妇女、文学、经济、社会等，大多浅尝辄止，但也视野宽广。她后来曾讲："在西北的这段时间，除了办小学外，也随便做些社会调查。我注意的是人民群众与寺庙的经济关系与他们的经济组织形式。"③ 相对其学术规划而言，显然是未完成的。这与二人在拉卜楞工作环境变化有关。

---

①　于式玉：《于式玉自传》，1967 年 2 月 20 日。
②　李安宅：《李安宅自传》，1951 年 7 月 11 日。
③　于式玉：《于式玉自传》，1967 年 2 月 20 日。

　　李安宅在自传中提及："那几年在拉卜楞备受国民党中央组织部直属边区党部的中伤,暗中戴给'汉奸''奸党'等帽子,当面又假装恭敬",所指即边区党部负责人刘廉克。于式玉本来有诸多研究计划,且曾与教育部视察员王文萱谈及编纂藏文文献目录事宜,得到教育部资助经费 600 元。但因与地方党政势力存在一些矛盾,处境日益艰难,研究任务也就无法完成。1941 年李安宅应华西大学邀请主持社会学系工作,协助梅贻宝筹办燕京大学成都复校事宜,并于次年成立华西边疆研究所,且担任燕京大学社会学系主任。李安宅离开西北后,"式玉处境更恶劣;到县政府打过官司,一个小学教员被押过。1942年暑期终于劝她到成都加入研究所,在社会学系教藏文"①。于式玉1942 年到成都后,即被华西大学边疆研究所聘为专任研究员。

　　由上可见,于式玉比李安宅更早来到拉卜楞,也更晚离开。于式

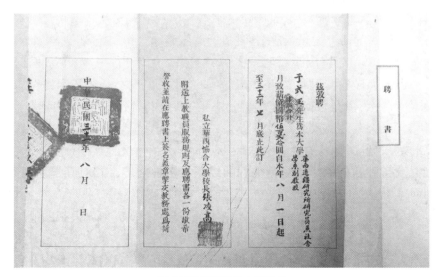

于式玉的华西协合大学聘书

---

　　①　李安宅:《李安宅自传》,1951 年 7 月 11 日。

玉率先进行拉卜楞研究，全程辅助李安宅从事拉卜楞研究，而且由于她的办学实践及其与黄正清及夫人的交往更多，与藏民尤其是妇女小孩的接触更密，于式玉的藏学研究更为关注普通民众，包括妇孺，也更为关注世俗生活，包括风土人情。我们来看看其论文标题，如《藏民妇女》《一个藏民妇女的故事》《藏民妇女梳发》《介绍藏民妇女》《娘乃》《拉卜楞办学记》《兰临途中见闻记》等，不难看到此点。

（三）华西大学工作期间

于式玉这一时期就在李安宅主持的华西边疆研究所工作，据其自评："在边疆研究所，除进一步学习点藏文，翻译东西，教一班学生学藏文外，便没有任何成绩。"[①]这显然是谦虚的话。但相对西北时期而言，于式玉这段时间藏学研究成绩不太显著，也是实情。由于常年辛劳，营养不良，于式玉在华西坝工作期间身体羸弱，贫血头晕之症多发，对其研究工作有负面影响，但她也并非毫无成绩。李安宅千方百计充实边疆研究所工作，到康定请来藏族学者谢国安及其汉族女婿刘立千，组织起研究力量，利用各种机会到民族地区作调查研究。

1943年1月，因理番县县长米珍"要清理境内，努力设施，根据'知识即力量'的原则，按着'知己知彼'的步骤，想找人到黑水先作初步的调查"，遂与华西大学边疆研究所合作，由县政府出钱，华西大学出力，派人前往黑水地区了解情况。边疆研究所派于式玉与社会学系副教授蒋旨昂一同前往黑水，其主要目的"是看看此地住的什么人，说的什么话，他们的生活习惯怎样？以便在了解之后，作为今后设施的张本"[②]。

在自传中，于式玉写道，理番县县长米珍"找研究所派人帮助他们了解一下黑水芦花的情况，给我们五千元的考察费，听说那里北邻藏族，东西邻是羌族，而不知住在黑水的是什么民族，安宅乃指派我与社

---

① 于式玉：《于式玉自传》，1967年2月20日。

② 于式玉：《黑水民风》，《康导月刊》1945年第6卷第5—6期。

会系副教授蒋旨昂（现四川医学院总务长）一同前往"。1943 年 1 月
20 日，由茂县青年团主任曾仲牧率领，于、蒋二人从成都坐汽车到达灌
县（今都江堰市），然后步行，途经汶川、理番、茂县，克服了山高路陡、
天气苦寒、人地生疏和民风彪悍等多种困难，最后到达黑水地区①。于
式玉一路艰苦备尝："到茂县听说黑水人十分彪悍，很少有汉人敢于前
去，我们住在店里，白天到处打听可以引路的人。在茶馆里遇到一群
男女十几个人，男的穿着如藏族，女的黑毛织的牟子长袍，头上顶着秀
花黑帕，两条辫子盘在头上，两条丝线缨垂在耳的两旁，大手镯，长耳
坠，身体健壮而美丽，他们都是下山去灌县买年货回来的黑水人"。于
式玉和蒋旨昂所雇挑行李的二人，却在进入黑水境内时趁夜潜逃，二
人"决定有进无退继续向前……路越走越难，路窄崖陡谷深，有的地方
是在半山凿出的小路，背着东西，必须面向里，使背的东西突出在外面
方能横着慢慢走，有的地方山石风化碎砾，流成一面大坡，一踩一溜，
不能直立前进，必须匍匐而行……我们在麻窝住了将近一个月，了解
当地情况，苏永和又把我们送到芦花，住在他姐夫公高羊平家里。也
住了二十多天，在公高羊平去松岗时，随着他们一块到了马塘，取道杂
谷脑回到成都"。经过两个多月的考察，于式玉认为黑水人在语言、崇
拜等，"有好多地方与羌民文化相同"，因此认为"黑水人即是羌民"②。

　　除了考察黑水地区的文化习俗外，两人还考察了黑水的政治、经
济、社会情况，回程后，两人分别就此次考察写了一些文章，并发表在
报刊上，其中于式玉撰写的文章有《麻窝衙门》（《边政公论》1944 年
第 6 期）、《记黑水旅行》（《旅行杂志》1944 年第 10 期）、《黑水头
人——苏永和》（《边疆通讯》1944 年第 2 卷第 7 期）、《黑水民风》

---

　　①　黑水古为冉駹地域，秦、汉为蚕陵县地，隋初属汶山郡，元为吐蕃宣慰
司辖，明属松潘卫、茂州卫领地，清代改土归流后，清末分属理番厅、松潘厅，1935
年属四川省第十六行政督察区。
　　②　于式玉：《黑水民风》，《康导月刊》1945 年第 6 卷第 5—6 期。

（《康导月刊》1945 年第 5—6 期）、《西道堂的商旅 ——黑水西北的回商》（《风土什志》1943 年第 1 期）等。

从上可见于式玉此行调研之艰辛，其成果得来之不易。田利军教授认为，于式玉不畏艰险亲赴黑水麻窝头人衙门并同川西北三大土司头人之一的苏永和接触会谈，这是今天能够见到的作为汉族女学者唯一的直面苏永和的记载。于式玉对苏永和及其家庭、子女、衙门的描述具有典型意义，她对黑水地区社会及民俗民风的考察对民国时期川西民族地区的历史研究有重要的史料价值[①]。

于式玉同期还参加了一些边疆工作。如 1944 年 1 月 14 日，李安宅、于式玉与吴文藻、马鹤天、凌纯声、张伯怀、吴泽霖等近 30 人参加边疆教育会议，并同赴陈立夫宴；16 日，与顾颉刚、徐文珊父子、任乃强等"到冠生园吃点"，与顾颉刚、任乃强同观民众教育馆所办之边疆文物展览，又同到陶园访许公武；17 日，与任乃强、徐文珊、马鹤天、黄仲良等同受顾颉刚邀请宴席；18 日，与顾颉刚、马鹤天、张伯怀、黄奋生等在陶园参加中国边疆学会理事会，与顾颉刚"到组织部访朱先生（按：即朱家骅）"；19 日，与顾颉刚同出访杨开道；21 日，与顾颉刚同访林鹏侠……《顾颉刚日记》中密集出现与李安宅夫妇同会同席之记载，恰逢参加系列边疆工作，可见于式玉与李安宅一样，已是当时具有一定影响的边疆问题专家。同年秋，顾颉刚再度受聘齐鲁大学，续任国学研究所所长。时值李安宅在西康考察，据《顾颉刚日记》，其 11—12 月参加，于式玉也出席的学术活动有东方学术研究会筹备会、中国边疆学会理事会等，同期于式玉与顾颉刚夫妇、李方桂夫妇、包灵敦、蒋旨昂、陈恭禄、柯象峰、徐益棠等多有学术往来。

（四）美国高校图书馆工作期间

此一时期于式玉仍未放弃藏学研究，在此期间编辑了约 60 万字

---

① 田利军：《李安宅、于式玉对民国川西北及德格土司头人的调查与特点》，《中国藏学》2015 年第 2 期。

的《西藏学目录索引》一书。早在拉卜楞的时候,她就想利用寺院所藏书籍,作出一个目录,将藏文文献与汉文的对照,以分清楚哪些佛经是从印度直接翻译的,哪些是藏族高僧著述的。该书的编纂或许能稍微弥补其早年未实现的夙愿。1949 年,于式玉在耶鲁大学图书馆的合同期满,由美赴英,与时在英国访学的李安宅会合,准备一同回国。在英国短暂停留期间,她写了《西藏民法》一文,后发表在《皇家亚洲学会杂志》。也正是于式玉促成李安宅在耶鲁大学讲学,整理旧作,写成《拉卜楞寺调查报告》(即后来整理出版的《藏族宗教史之实地研究》)一书。

（五）参军入藏工作期间

1950 年中国人民解放军十八军进藏之初,西南军区司令员贺龙数次与李安宅、任乃强、谢国安、刘立千、于式玉等人谈话,向十八军军长张国华、政委谭冠三推荐李安宅、于式玉等专家学者,组建十八军政策研究室[①]。

对此,李安宅在自传中写道:1949 年成都解放那一天,也就是1949 年 12 月 27 日,他和于式玉参加了欢迎解放军入城活动,当晚接到贺龙"约会见面"的通知,"次日会见,听到进军解放西藏的消息,即与爱人于式玉一起报名参军,并动

李安宅、于式玉参军入藏

①　参见邓守明:《贺龙为解放西藏请教藏学专家》,《四川党史》2002 年第 2 期。

员华西边疆研究所有关藏族研究的同事一同报名,以后由贺司令员介绍给18军张国华军长和谭冠三政委,1950年2月参加18军研究室,在副政委兼研究室主任王其梅同志领导下,离开成都,经过雅安的逗留学习,到达甘孜,于冬季进驻昌都。在雅安时,报上发表为西南军政委员会的西南民族事务委员会委员,在昌都任该地区人民解放委员会委员兼文化组组长,创办中学、小学,直接在解放委员会主任王其梅同志领导下工作。西藏和平解放,随军进军拉萨,是在1951年冬,在拉萨前后任西藏军区藏文藏语训练班教育长,编审委员会副主任,拉萨小学副校长,直至1954年底参加西藏工委干部参观团,至北京、内蒙古等处参观。在训练班受班主任徐爱民同志直接领导,向政委谭冠三请示汇报。1952年秋至拉萨小学"①。

在这个过程中,于式玉与李安宅比肩并辔,为西藏和平解放和现代教育发展做出了杰出贡献。再据于式玉自传:"我们进城欢迎入城的解放军刚回家,解放军就送来了我妹妹托他们带的信,司令部也约我第二天去看他们。第一次去时,谈到他们已向中央请求去解放西藏,我们当场也就报了名。就这样春节前,我们就集中起来,二月间开始了进军的生活。"于式玉曾担任昌都解放委员会委员、文化组组员,参加创办昌都冬学、小学,在拉萨参与西藏军区干部藏文藏语训练班工作,五个月后改为西藏军区干部学校②。

综合李安宅、于式玉自传,可见二人参军早有思想准备。此处所言"妹妹",应为于式玉三妹于若木,陈云夫人。根据笔者掌握的于式玉部分书信,于若木在陕北延安工作时期,恰值于式玉在甘南,二人保持了通信,相互工作情形是熟悉的。于若木对李安宅于式玉在藏学方面的成就是了解的,故有推荐之举。李安宅于式玉提前回国、当场参军,可以想见,他们与于若木及陈云应该有较为充分的思想沟通,1926

① 《李安宅自传》,1961年9月3日,未刊稿。该《自传》写于西南民族学院。
② 《于式玉自传》,1967年2月20日。

年就曾加入共产党的李安宅对中共新政权和平解放西藏，无论是从政治还是学术角度肯定都是积极支持的。二人在西藏都发挥了专家优势，在办学任教、培育边政人才方面都做出巨大贡献。

（六）在西南民族学院工作期间

1956—1963年，于式玉在西南民族学院工作，初担任藏文藏语训练班副主任。一年后，西南民院开始招收汉族高中毕业生，目标是培养民族地区中学师资。于式玉先后担任语文系副主任、民族史教研组副主任，后来参加民工委民族调查组工作，整理赵尔丰档案。1958年10月，她回校在科研科从事资料工作，1960年在外语教研组担任教学工作。1963年3月于式玉调到四川师范学院外语系，但因病痛加剧，经常昏倒，1969年去世。

无论是在西北还是在西南，无论是在民国时期还是在新中国初期，于式玉从事边疆研究工作的经历基本上与李安宅是同频共振的。但是追溯其早年求学与治学历程，于式玉似与藏学研究相隔甚远。于式玉父亲于明信是举人，曾被清政府公派留学日本早稻田大学，回国后，"在省府济南开办新学堂"①，任山东省立第一师范校长。于式玉1965年填写的《干部履历表》"学历与经历"显示：1912年8月至1918年7月，于式玉在山东省立第一女子师范附属小学读书，然后升入山东省立第一女子师范学校；1923年8月至1924年3月在日本东京的东洋音乐学校学音乐；1924年4月至1925年9月，"在家中自学，准备在国内考大学，故未回日本。但当时国内正实行男女合校，"父亲不准在国内考学校，又强把我送回日本"②。1925年9月至1930年3月，于式玉在日本奈良女子高等师范学校读书，学习文史。此后回国，与李安宅结婚，赋闲半年后，在燕京大学图书馆工作。于式玉对自己在燕京大学期间的学术工作做了如下总结："在燕京这几年，除去

① 《于式玉自传》，1967年2月20日。
② 于式玉：《干部履历表》，1965年，未刊稿。

正式工作及料理家务外，有个燕京毕业生张佛泉在大公报主编一个副刊《现代思潮》，自己业余便写些零星东西投在上边，多是关于日本史的东西，在燕京大学哈佛燕京社出版过两本有关日本人研究东方学的编目。第一册叫《日本期刊三十八种中东方学论文篇目附引得》，第二册为《一百七十五种日本期刊中东方学论文篇目附引得》，谢冰心编过一期《女青年》约稿，写过一篇《日本古代女作家紫式部》，现在人大教书的赵永信的爱人林培志主编一个报的副刊也约过稿，仿佛要我写《我的治家与工作经验》，也帮忙金石考古学家容庚先生出版了一部《海外吉金录》，从日本收集的材料都是我翻的。此外在燕京大学历史学报、文学季刊、图书馆刊及北京图书馆出版的馆刊上都写过东西，多系翻译，题目多不记得了，仿佛是《崔东壁年谱》《竹枝词源流》《考信录解题》及《日本图书十进分类法》之类。总之，这些年我有浓厚的贤妻良母思想，根据当时社会上一般人反对女子读书，我也不满读了书的女子认为高人一等，一切家务事都不屑过问，认为女子应该在旧的工作基础上，因为读了书要更多做一点，而不是少做一点。由于这种思想的支配，便尽力多干事，但在学问上则没得到继续发展。"

如果说于式玉的这段表述，在谦虚中仍属基本属实的话，那么于式玉在藏学研究的成绩，尽管相对其才情而言仍未得到完全发挥，但已足够令人侧目。于式玉能够从文献整理转到边疆研究，自然是受到李安宅的影响，但她在边疆研究尤其是藏学研究中又很大程度上辅助并成就了李安宅。如果平静的读书生活不被打破，于式玉可能会一直沉浸在日本学界的中国研究成果整理与译介中。但是她受到李安宅人类学的学术熏染及先期曾在边疆旅行的经历，也为其投入藏学研究打下了心理基础。

于式玉在藏学研究中注意将服务边民与开展调查研究工作结合。或许是受李安宅影响，于式玉的理想是"通过服务进行研究，通过服务研究来培养,使服务、研究、训练合一体"①。李安宅也发表过《研究、服务、训练要连合起来》,倡导边疆研究者需要深入边地,从服务边民入手,加强与边民的联系,进而开展调查研究工作,同时,还应注重培养人才,加强对边地人才的训练。于式玉在拉卜楞地区从开展藏民教育入手,笼聚藏汉民族团结意识,取得当地政教两界人士支持,方能顺利开展边疆研究工作,的确深得三者"连合"之味,而略有区别的是,于式玉比李安宅更强调服务,将其放在了第一的位置。

二、于式玉对边疆工作与中华民族整体性的思考

于式玉的边政思想是她边疆考察及边地教育工作实践和思考的结晶,其中既有对中国边政传统的总结,也有对边疆现状的认识,更有对边政工作的经验总结,最要害在其对中华民族整体性的把握。1942年,她在《边疆工作经验谈》中强调:"同在一块形如海棠叶的国土之上……住在其间的人民当然都是中华民国的国民,都是中华民族的分子。"② 两年后,她在《边疆工作的路线》一文中再次指出,希望包含边疆在内的全国土地能"地尽其利",所有国民能"人尽其才","使我们中华民国是个圆满完整的统一国家,中华民族是个一心一体的结实民族","决不容有畛域芥蒂于其间"③。

于式玉一针见血地指出帝制时代中国边政的弊端在于:"只求边地不生事,只有消极的笼罩一切。那时不但不要边地发展,而且故意采取愚民政策,使其永远处于所谓'番子''鞑子''蛮夷'等地位。不但不要沟通同与异的关系,而且故意阻碍双方的了解,以维持其'分割''特殊'的局面。这种政策,既对不起局部,更对不起全体;其为不

---

① 《于式玉自传》,1958 年 3 月 24 日。
② 于式玉:《边疆工作经验谈》,《学思》1942 年第 2 卷第 1 期。本节谈于式玉边疆工作思想之引文,凡未标注者皆采自该文。
③ 于式玉:《边疆工作的路线》,《四川青年》1944 年第 1 卷第 1 期。

智，不待论了。"这个判断非常精准，古代中国边政大多采取消极的文化主义态度，而很少有积极促进边疆地区经济社会发展的政策。这点几乎是时人的共识。

于式玉提出了一个"全体大用"的观点。她认为中国地广人众，"根据地理历史所有的局部适应，便产生了五花八门的文化型类，就局部说，因其五花八门，常见其异；就全体说，因其笼罩一切，常见其同。其实，同中有异，才显得内容丰富；异中有同，才有全体大用。丰富即因时制宜、因地制宜的贡献。大用即各部分间有有机的功能，可如心之使臂、臂之使指。必是局部丰富，其发为有机功能始更卓著效果；也必是全体大用，其于局部的发展方能作到时地的制宜、分工合作的配合"。她进一步指出："我国的伟大，乃在同中有异，异中有同的事实，我们努力发扬这种伟大，便是要使其同异之间渐渐趋于合理化，使其于合理化之中交相为用的综合起来，综合统一，才有标准，丰富复杂，才有自动。"仔细解读于式玉这番话，其实质内容实际上就是后来费孝通提出的"中华民族多元一体"格局。

多元和一体是一个问题的两个方面，缺一不可，而落脚点要放在"一体"上，也就是于式玉所言"全体"上，也只有"全体"才可以发挥"大用"。所谓"全体"，当然就是"政治一体"，就是中华民族共同体，就是强调中华民族的整体性。这个观点显然对于边疆工作而言特别具有针对性，中国之文化型类丰富，主要就表现在边疆广袤、民族众多、文化多元。但是在于式玉看来，中国之所以有边疆问题，根本原因"不在边地文化太歧异了，而在歧异之中缺乏了全体大用"。她提醒："有了全体大用，不是徒然的'同化'，而是输入了更有源头的机能。有了这机能，不但会使边地能贡献于国家，而且会使边地自动的进步起来。"

在于式玉生活的时代，中国边疆问题非常严重，不仅列强环伺觊觎，而且地方与中央也不能同心，内地对边疆及民众也缺乏足够的了解和适应，这些都极大阻碍了持久抗战所仰赖的大后方、民族复兴基地西部边疆的开发和建设工作的开展。边疆建设工作中，边地汉人

（包括官员及具体工作者）的作用非常突出。陶云逵认为边地汉人是边疆建设中"一把便利的钥匙"，可以作为"实际工作者与边胞间"的"枢纽人"①；但李安宅也提醒，有些边地汉人不仅不能开发边疆，反被边疆所开发，只会习得边民坏处并向边疆传播内地的劣点，作了"前人撒土后人迷眼"的先锋队，致使一切后来者均被视为一丘之貉，成为内地文化和边疆文化这两种文化的"限界群"②。于式玉对此问题也有阐述。抗战时期不少内地人士来到边疆，"边疆乃更弄得特殊"，"下焉者，以边地为逃难的一种方便，为骗人的一种口实"，没有成绩，卸责于"边疆情形特殊"，"自己没有成绩，还怕旁人有成绩，自己没有成绩不足惜，旁人之被破坏也不足惜，独至边疆对于中央的观感被他们弄坏了，边疆对付人与事的方法被他们影响糟了"，这种人就是李安宅所指出的"限界群"。此不必论。关键是真热心边疆工作的人，也常有两种类型的毛病：一是打着"到边疆吃苦"的招牌，这种毛病"极普遍"，"不知边疆之所以为边疆，不但有物质条件的不适，还有精神条件的闷损，甚至于受气"，很难坚持到底，"吃苦本是一种手段，事业成功才算目的"，边疆工作人员需要"守成而有创作性"，"稳扎稳打，有持久的任劳任怨的素养"，方可胜任。二是"文化的偏见"，这种毛病往往是"不自觉的"。文化偏见多源于"以自我为中心"，到边疆的人往往自命"中原"，"视边疆为化外之民"。于式玉强调，中原与边疆除了地域的不同以外，在文化上只有程度的不同，没有种类的不同，而且程度是相对的，不是绝对的，"我们将边疆文化看成绝对的相异，正不知边疆也将我们的文化看成绝对的相异"，"在边地工作者，没有一件事是可以把自己文化为中心的态度，预先假定一切，不问当地的惯例及其所以然

---

① 陶云逵：《论边地汉人及其与边疆建设之关系》，《边政公论》1943年第2卷第1—2期。

② 李安宅：《论边疆社会工作所有之困难与吸力》，《康导月刊》1943年第5卷第9期。

的道理，便会办得通的。眼前尚不明白，尚且处处办不通，哪里谈得到'沟通'与'开发'？沟通不得，开发不成，更哪里谈得到'车同轨，书同文'的一致理想？与夫'因时制宜，因地制宜'的各别设施"？如何消除这些弊端呢？于式玉提出："举其要者，不过洗刷预先的假定，避免自我中心的偏见，取消吃苦招牌，睁开眼，看看客观的事实而已。"换言之，就是要避免先入为主，以自我为中心，更多一些理解同情，尊重边疆客观事实和边民社会文化，深入实地增进交流。

于式玉的藏学研究尤其关注藏民的生活及观念，这在《于式玉藏区考察文集》中体现得非常充分，同时她非常注意藏民的国家认同问题。在介绍拉卜楞寺祈祷大会的布施时，于式玉不仅介绍布施的具体情况，最后还提出了如何解决当地经济落后的问题。她希望有技能先进的人来帮助藏民，灌输藏民文化知识，提高当地的经济生产力，"民间有了富足的力量，对寺院的一点区区布施又算得了什么！愿为政者三思之"[1]。在讲述蒙藏佛徒对普陀、五台、峨眉三座山的信仰时，于式玉指出要通过提高边民的文化水平，向他们灌输现代常识，促使他们了解和认识国家。她认为政府应该利用内地这些佛教据点，训练这些寺庙里的僧侣，利用他们向前来朝山的边民宣传文化知识，也可设立文化站专门招待这些边民[2]。于式玉通过对拉卜楞藏区民歌的研究发现，"咏赞最多的，还是他们的喇嘛，这可以充分看出一般信仰的对象。在宗教范围以外，他们所崇尚的是武勇"，但是"对国家的制度与精神，他们依然不能了解。不曾包括在民歌里面。由此可见我们的政治与教育的工作，都还没有深入民众"[3]。

---

① 于式玉：《拉卜楞寺祈祷大会的布施》，《学思》1942年第1卷第6期。

② 于式玉：《普陀、五台、峨眉——蒙藏佛徒对三山的信仰》，《风土什志》1944年第2—3期。

③ 于式玉：《拉卜楞藏区民间文学举例——民歌》，《新西北》1941年第3卷5—6期。

　　于式玉念兹在兹的还是边疆建设、国家认同和中华民族整体性建构这几个关键词。无论是其对历代边政和当时边疆形势的判断，还是在充满忧患中对边疆工作的思考，无不浸透了对这些问题的关切，"全体大用"就是其观点的集中表达。

第五章　徐益棠的边疆研究与边疆思想

　　徐益棠(1896—1952)是民国时期民族学和边疆研究领域的重要学者,长期致力于边疆民族志研究和民族学理论方法探索,写出了基于实地调查的涉及多个民族地区的民族志作品,而且致力于民族学中国化,写出了《民族学大纲》。惜因英年早逝,学脉中断,成了民族学/人类学史上的失踪者。徐益棠是金陵大学边疆民族研究的奠基者,是中国边政学会理事、中国地理学会会员、中国社会学社社员,参与发起了中国民族学会和中国边疆学会。他善于组织和团结边疆学人,在抗战时期主持了中国民族学会日常工作及《西南边疆》《边疆研究论丛》等刊物编辑工作。作为中国民族学人类学本土化进程的重要推动者,其人生轨迹和学术历程,却近乎无人梳理[①]。其曾经活跃的学术身影而

---

　　① 汪洪亮的《民国时期的边政与边政学》有较多章节涉及徐益棠的学术活动。涉及徐益棠对金陵大学边疆研究重要作用的相关研究还有张宪文主编:《金陵大学史》,南京大学出版社 2002 年;刘波儿:《金陵大学民族边疆事业研究》,南京大学 2010 年硕士学位论文;陈波:《徐益棠的民族学与西康研究》,《西南民族大学学报》2011 年第 12 期;钟荣帆:《金陵大学的边疆研究述论》,《云南民族大学学报》2017 年第 6 期。

今已模糊，曾经有力的呐喊犹如"执拗的低音"①，王建民称其为"被遗忘的学术名师"②。这样惨淡的境况，显然与徐益棠当年的付出与成绩是不相称的。

第一节　徐益棠与民国边疆民族研究

在民国时期边疆学术史上，徐益棠理应具有重要地位和影响。他的学术贡献主要体现在五个方面：推介西方民族学成果，培养边疆民族研究人才，力行边疆民族调查，办理边疆民族研究社团和期刊，推动边疆民族研究本土化。本节拟根据相关资料，略述徐益棠的人生轨迹和学术历程并梳理其学术贡献。

一、徐益棠的人生轨迹与学术历程

徐益棠出生于浙江崇德县(今桐乡市崇福镇)。其家族本为县中望族，曾祖父徐宝谦，为光绪庚辰进士，历任刑部郎中和安徽庐州知府，祖父徐多谬，国学生，诰封奉政大夫，及至父辈一代渐趋衰落。徐益棠少时因家道中落，两度失学，曾任崇德县立第二小学教员。中学毕业后，徐益棠由亲戚介绍前往广州担任非常国会参议院一等书记官③。工作一年后，徐益棠1920年考上东南大学，攻读教育学。1925年，徐益棠自东南大学毕业，供职于江苏省立第五师范乡村分校，讲授国文，还在研读小学国文教材、教法之时，留心调查江苏乡村教育概

---

① 王汎森指出，所谓"执拗的低音"是被近代激烈思想压抑下去的声音，或复写，或不断擦拭后残留的文本，或被暂时淹没的观念。参见王汎森：《执拗的低音：一些历史思考方式的反思》，生活·读书·新知三联书店2014年。
② 徐益棠著、徐畅整理：《民族学大纲》，"序言"。
③ 徐畅：《中国民族学研究的先行者——回忆先父徐益棠的治学之路》，《中国民族报》2010年11月12日。

况。至迟在 1927 年 9 月，徐益棠先后任职于河南开封第一师范学校、上海持志大学及商务印书馆。徐益棠工作调动频繁，辗转多次，原因待考，但其境况不佳，应可想见。

1928 年 5 月，徐益棠在姑妈、近代著名教育家、妇女活动家徐自华与徐蕴华的共同资助下赴法留学[①]，就读于法国巴黎大学民族研究所，师从法国实地民族学派的创始人、"20 世纪法国民族学之父"马塞尔·莫斯（Marcel Mauss）。徐益棠留法期间，"为我国青年学子在欧习人类科学最盛之时代"，在法国有杨堃、杨成志、徐益棠，在英国有吴定良、刘咸，在德有陶云逵，共 6 人，"朋辈好谑，或号为六君子"[②]。此外，徐益棠的老友兼学长凌纯声，亦在巴黎大学修习民族学，于 1929 年以《中国南部瑶族之研究》（*Recherches Ethnographiques sur les Yao dans les Chine du Sud*）为博士论文并获得博士学位。另一位好友卫惠林，也于 1927 年在巴黎大学攻读人类学与社会学硕士学位，1929 年毕业。1932 年徐益棠以《云南之三大民族》（*Les Trois Grandes Races De La Province Du Yun-nan*）一文获博士学位[③]。

早在 1931 年，金陵大学文学院即与徐益棠商定，请其在法国巴黎大学民族学专业博士毕业后到金陵大学工作，并希望他来主持中国边疆研究。徐益棠"因工作未了，遂延迟年余"，1933 年 3 月归国，受聘于金陵大学中国文化研究所[④]。此后文学院将边疆研究作为学院重点

---

① 《徐自华年谱》，徐自华：《徐自华集》，浙江古籍出版社 2014 年，第 318 页。

② 陶云逵：《车里摆夷之生命环》，李文海主编：《民国时期社会调查丛编》少数民族卷，福建教育出版社 2005 年，"徐序"第 204 页。

③ 刘厚：《巴黎大学中国学院概况》，《中法大学月刊》1933 年第 4 卷第 2 期。

④ 《中国文化研究所徐益棠由法来校》，《金陵大学校刊》1933 年 4 月 17 日。

发展的事业："我国边疆问题之严重，边疆问题研究机关之缺乏，边务人才之亟待培养，特决定自二十三年秋季学期起，以边疆研究为本院此后事业之一。"①

1934 年秋，文学院院长刘国钧嘱托徐益棠草拟一份边疆史地讲座的计划，并呈请教育部补助经费。教育部知其重要，"特加赞许，允予扶助"，并补助文学院经费 1.4 万元，以此设置边疆问题讲座，由徐

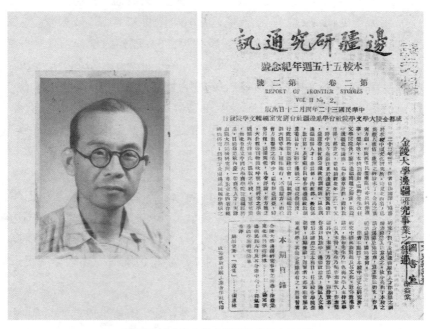

徐益棠与《金陵大学边疆研究事业之经过》

① 《金陵大学文学院自二十三年度起至现在工作述要》，中国第二历史档案馆藏，私立金陵大学档案（以下简称：金大档），编号：649—1626。

益棠担任主讲①。徐益棠本人也述及此事："二十二年三月,作者自法国归,服务于本校中国文化研究所……翌年秋,本校刘衡如(国钧)先生改任文学院院长,鉴于边疆问题之严重,拟设'边疆史地讲座',嘱作者草计划,请于教育部,部许之,并补助经费年一万二千元……中央对于本校之请设边疆史地讲座,以谋彻底研究,作具体的计划,备极嘉尚。"②在1934—1935年,徐益棠开设的边疆课程有中国边疆问题研究、中国边疆问题研讨课、中国西南边疆③。徐益棠将是年讲席余款640元呈部核准,"指定移作购置边疆问题用品标本之用",并购买中外边疆史地图书及地图合计一千余种④。金陵大学因此积累了开展边疆研究的初步资料。徐益棠还到民族地区调研,搜集民族史志及实物。如1935年夏,中国科学社和中国地理学会在南宁举行年会,徐益棠赴会并参加大藤峡瑶山调研,"一以参观桂省近年来对于瑶族实施特种教育之成绩,一以实地考察大藤峡瑶山之实况"⑤,为期近三月,搜集民物九十余种,照片八十余帧⑥。此次考察之后,徐益棠

---

①　《文学院新增边疆问题学程——边疆问题概论》,《金陵大学校刊》1934年9月10日。关于1934年教育部补助的经费,据徐益棠回忆是"补助经费年12000元",参见徐益棠:《金陵大学边疆研究事业之经过》,《边疆研究通讯》1943年第2卷第2期。本书暂从校刊之说。

②　徐益棠:《金陵大学边疆研究事业之经过》,《边疆研究通讯》1943年第2卷第2期。

③　College of Arts, Oct. 28, 1935, p.12, 见"亚洲基督教高等教育联合董事会档案"(Archive of the United Board for Christian Higher Education in Asia), Microfilm, Reel 11. Box 201. Folder3434。

④　本段参见《金陵大学文学院自二十三年度起至现在工作述要》,中国第二历史档案馆藏,金大档,编号:649—1626。

⑤　徐益棠:《金陵大学边疆研究事业之经过》,《边疆研究通讯》1943年第2卷第2期。

⑥　《金陵大学文学院自二十三年度起至现在工作述要》,中国第二历史档案馆藏,金大档,编号:649—1626。

"对于民族学上种种问题的研究更有兴趣，更继续不断的出外调查，同时现在大学里教学所用材料，并不完全只有提到'埃斯基摩人'和'印第安人'等等外国货了"①。在此次考察基础上，徐益棠发表了《广西象平间瑶民之生死习俗》《广西象平间瑶民之饮食》《广西象平间瑶民之疾病与治疗》等系列成果，载于《边政公论》《金陵学报》《学思》等刊物。

为了壮大边疆研究人才队伍，整合边疆研究资源，金陵大学文学院遂建议徐益棠联合历史系政治系等教授共同推进研究②。金陵大学文学院不少师生遂调整研究方向，多人参与从事边疆研究。如中国文化研究所刘继宣教授关于南洋史之研究，王钟麟（古鲁）教授关于海外中国边疆研究成果之译介，李小缘教授关于边疆问题之参考书目等，均颇有影响。文学院"边疆问题班同学发起组织边疆学会"，并"聘刘国钧院长、徐益棠、马文焕、王古鲁诸教授为顾问"，拟对边疆问题作系统研究③。徐益棠入职之前，金陵大学的边疆研究尚属薄弱。1934年秋边疆史地讲座的设立标志着金陵大学边疆研究的正式兴起。徐益棠兼具有传统史地研究和西方民族学、人类学理论方法的训练，担任了金陵大学边疆研究引领者的角色，带动了文学院和中国文化研究所的部分师生参与其中。

全面抗战爆发，徐益棠随金陵大学西迁至四川成都。在徐益棠、卫惠林主导下，学校成立了边疆研究的专门机构——边疆社会研究室，创办《边疆研究通讯》《边疆研究论丛》等刊物，并凭借徐益棠当时实际主持中国民族学会工作的机缘，以学会名义接办《西南边疆》杂志。这一时期，金陵大学非常注重实地调查研究，尤以康藏地区为

---

① 徐益棠：《初入瑶山记》，《学思》1942年第2卷第11期。
② 《金陵大学文学院自二十三年度起至现在工作述要》，中国第二历史档案馆藏，金大档，编号：649—1626。
③ 《边疆学会新成立》，《金陵大学校刊》1934年12月10日。

主要调研区域。1938 年夏,应西康建省委员会委员长刘文辉的邀请,柯象峰、徐益棠等率领西康社会考察团,到康定及周边甘孜、道孚、炉霍、泰宁、泸定、汉源等地考察藏族社会,据柯象峰判断,是为"我国学术团体赴康之第一次工作"①。1940 年暑假,柯象峰、徐益棠分别担任四川省边区施教团正副团长,率同二十余人深入雷波、马边、屏山、峨边等县,对当地经济社会、民情风俗、古迹名胜等作了详细调查,汇编成《雷马屏峨纪略》一书,次年由四川省教育厅出版②。考察结束后,徐益棠深入雷波小凉山地区,搜集民族文物。在多次实地考察的基础上,他完成了《雷波小凉山之罗民》《到松潘去》等多种关于凉山彝族地区社会文化研究论著。这一时期,徐益棠仍然是金陵大学最重要的边疆研究者。他学术视野开阔,论著覆盖历史学、民族学和边疆研究,既注重历史研究和理论研究,也非常关注实地调查和实物搜集,同时非常注重边疆民族问题教学工作。他专门编写《民族学大纲》作为讲义,讲义成型于抗战时期,可以视为边政理论研究的重大收获。

1945 年抗战形势已经趋于明朗。6 月 26 日,徐益棠向校长陈裕光和中国文化研究所所长李小缘提出,拟集中精力于文科研究所史学部之研究工作,"其他行政职务及社会系课程一律取消",李小缘也表示赞同,并向陈裕光建言,徐益棠历年对社会学系开设有课程,且未中断,而近来对史学部所授之中国历史地理,讲义已集十来册,若专心撰写成专书,将贡献良多③。此后,徐益棠的学术开始转向,渐由民族学转向历史学。虽然没有看到徐益棠的自白,无法断定他对形势的研判,笔者认为,徐益棠可能敏锐地认识到,抗战一旦结束,金陵大学将返回

---

①　柯象峰:《西康纪行》,《边政公论》1941 年第 1 卷第 7—8 期。

②　《五年来之金陵大学文学院》,金陵大学 1943 年,第 13 页。

③　《金陵大学教职员任职到职等事项的文书(1940.10—1947.10)》,中国第二历史档案馆藏,金大档,编号:649—133。

南京复校,研究边疆之地利将不再有,更关键的是,边疆工作之重要性将不再如抗战时期那般强调了。这再次表明边疆研究与国家时局的密切关联。1952年,院系调整后,金陵大学和中央大学合并为南京大学,徐益棠调任南京大学历史系教授[①]。1952年12月27日,徐益棠在南京逝世,享年56岁[②]。

二、徐益棠边疆民族研究的学术实践及其贡献

徐益棠的整个学术生涯几乎是在金陵大学渡过,"在金大边疆研究的起步阶段实际充当了奠基人的角色"[③]。但是徐益棠于中国边疆民族研究的贡献,并不局限于金陵大学一校。他自身的学术成就及其担任的学术组织工作,都足以表明他在中国边疆民族学界的重要地位与影响。具体而言,主要体现在以下几个方面。

一是积极引入西方边疆民族研究的相关学科知识和理论方法。徐益棠自幼即受家学熏染,对中国传统学术深有体认,在小学和中学即被师生夸赞具有文学的天赋[④]。及至青年,留学法国,徐益棠得以汲取西学知识。东西文化碰撞,中外学术会通,使其在从事边疆民族研究时,多具有世界眼光和比较视野,往往将中国民族学置于世界民族学林之中,并与国外之民族学相比较,也注重中国传统文化之溯源,以图从中寻找中国民族学的发展路径。

徐益棠对西方人类学／民族学成果的引介,并非如杨堃对法国社会学派之介绍,吴文藻对功能学派之推广,系专门译介某一派别的成

---

① 王觉非:《逝者如斯》,中国青年出版社2001年,第277页。
② 徐益棠著、徐畅整理:《民族学大纲》,"序言"。
③ 钟荣帆:《金陵大学的边疆研究述论》,《云南民族大学学报》2017年第6期。
④ 徐益棠:《农村师范学校国文教学的经验》,《中华教育界》1926年第16卷第2期。

果、理论并身体力行,具有较为明显的派系选择。徐益棠往往在具体问题的研究中旁征博引学界既有研究成果。国内学人姑不论,徐益棠自然如数家珍,就是西人之研究,他也时常引介。如徐益棠在谈及新疆的民族问题时,认为这是"一个很麻烦而很有趣的问题",以往不管是中国学者,或者曾经旅行于中亚的欧洲人,皆不能厘清西北的民族分类。徐益棠即介绍了英国负有盛名的三位民族学家柴泼利加(M. A.Czaplick)、濮克斯登(L. H. Dudley Buxton)及海腾(A. C. Haddon)对此问题的研究。据徐益棠介绍,柴泼利加的《中亚细亚的突厥》(The Turks of Central Asia)将中亚民族分为两群,一是伊兰突厥群,二是都兰突厥群,前者包括吐谷门、萨尔特、伊犁鞑靼、乌思勃、哈萨克、喀喇喀尔巴克,后者包括吉尔吉斯、西伯利亚突厥、西北蒙古及东部新疆的突厥。该书的贡献除了以语言作为研究基础,辅用宗教信仰、民族组织及物质生活外,还有许多民族的氏族研究,"是现在研究中亚细亚民族的唯一的好书"。濮克斯登《亚洲人》(The People of Asia)则将新疆民族主要分为四大群,即伊犁鞑靼及土尔扈特,吉尔吉斯、杜兰、柯枰及阿克苏,吐鲁番、和阗、库尔勒及婼羌,与莱勃利克有关的一种汉族。海腾的《人种论》(The Races of Man)则指出,新疆北部为通古斯或喀尔摩克,西北部为吉尔吉斯,阿克苏地区为突厥,塔克拉玛干沙漠为帕米尔族[①]。徐益棠征引柴泼利加、濮克斯登、海腾三人之著作,进而介绍各著作之内容,评说各自之贡献,指出各人之不足。此外,徐益棠在论及康藏一妻多夫制时指出,西人洛克希尔(Rockh W. W)以为,康藏之一妻多夫盛行于农民而非牧民,实因康藏耕地少,经济滞后所造就,另一西方学者贝尔(Charles Bell)也谓经济的因子铸就康藏之一妻多夫,国人皆引以为然。徐益棠指出,洛克希尔与贝尔之言属因果倒置,康藏经济之不良实为一妻多夫制之结果而

---

① 徐益棠:《民族学上的新疆民族问题》,《新中华》1935年第3卷第9期。

非原因,其原因在于喇嘛教之盛行①。这对当时国人边疆研究往往借重西人陈说、误信谬言而广为传播来说,可谓及时的纠偏。

徐益棠注重搜集西文边疆民族资料,指导学生阅读与翻译西方人类学／民族学成果。徐益棠利用教育部拨付经费购置了不少边疆民族资料,其中就有西文中国边疆史地图书 91 种计 270 册,其中特别重要的有巴德利《俄国·蒙古·中国》第二卷(Baddley, *Russia, Mongolia, China* 2V),斯坦因《古代和田》第二卷(Stein, *Ancient Kholen* 2V)、《中日释疑》第三卷(*Notes and Queries on China and Japan* 3V)②。1941 年底,金陵大学社会学系增开边疆研究课程。1943 年,社会学系学生谢韬选修了徐益棠的"民族学"一课,受徐益棠影响,谢韬拟译出博厄斯(Boas)《民族学》中"宗教"一章,约计三四万字。徐益棠不时询问进展,并再三鼓励③。

此外,一份极有可能是徐益棠所列的民族学译著目录共收入 219 种中西方有关民族学著译,共分 14 个类别,包括民族学理论、普通民族学、民族学史 18 种,民族学方法论及实地考察技术 7 种,民族的体质的及体质与环境的研究 17 种,社会文化演进史 10 种,民族文化 36 种,中国民族学及民族学方法论 7 种,中国民族体质及体质与环境的研究 11 种,中国语言研究 12 种,中国古人类及民族来源 15 种,中国历史民族研究 42 种,中国社会文化演进史 22 种,中国民族文化之功能研究 13 种,边疆民族与国防 5 种,中国民族志 4 种④。其

①　徐益棠:《康藏一妻多夫制之又一解释》,《边政公论》1941 年第 1 卷第 2 期。

②　《金陵大学文学院自二十三年度起至现在工作述要》,中国第二历史档案馆藏,金大档,编号:649—1626。

③　谢韬:《1943 : 一盆红红的火 —— 谢韬日记选编》,中国社会科学出版社 2011 年,第 39、101 页。

④　《民族学译著目录》,中国第二历史档案馆藏,金大档,编号:649—1652。

中译作有 51 种,占总数近四分之一,主要来自美、英、法、德、俄、日等国学者的代表性成果,且各主流学派,如进化论派、传播学派、美国历史学派、法国社会学年刊派、英国功能主义学派,皆在其中。这些书可做民族学入门进阶,若学生循此目录阅读,可以夯实基础,拓宽视野,应属无疑。

二是注重培养边疆民族领域的人才。徐益棠 1934 年秋应刘国钧之请向教育部申请设立边疆史地讲座,其立意就是,那时"对于全国边疆问题作整个之研究,对于全国边疆服务人才作整个之训练者尚无人注意及之",试图倡导学生"赴边疆作学术调查,鼓励研究边疆之兴趣",以"提倡服务边疆之风气"①。如前所述,徐益棠以边疆史地讲座为基础,进而开设一些边疆课程,主要由历史系与社会系两系学生选修,约七八十人②。及至边疆社会组扩充后,社会学系开设了一系列必修课程,二年级有民族学、中国人文地理、边疆地理基础,三年级有世界民族志(或体质人类学)、语言学概论、比较语言学、边疆语言,四年级有边区社会组织及行政问题、边区教育问题、边区调查、边区实习服务,另有多种选修课程,其中边区调查与实习服务为边疆社会组学生之根本工作,不及格者不得毕业③。其边疆课程由选修转变为必修,由注重边疆历史地理而延及边区各个方面,清晰可见徐益棠等学者培养系统、全面之边疆人才之苦心孤诣。

徐益棠还注重引领学生实地考察。1935 年 3 月 22 日,徐益棠带领中国民族通论课同学赴中央研究院人类学组参观,由徐益棠的老同

① 徐益棠:《金陵大学边疆研究事业之经过》,《边疆研究通讯》1943 年第 2 卷第 2 期。
② 《金陵大学文学院自二十三年度起至现在工作述要》,中国第二历史档案馆藏,金大档,编号:649—1626。
③ 《私立金陵大学文学院社会学系边疆社会组扩充计划》,中国第二历史档案馆,教育部档,5—13172。

学、人类学组主任吴定良招待，并由助理研究员芮逸夫讲解。他们参观了非、澳、北美民族及我国通古斯、苗、彝、台湾土人之各种生活应用器具与艺术作品，"同学倍感兴趣，发文甚多"①。在成都办学期间，金陵大学"为谋华西坝各大学注意，边疆社会之同学认识西康文物起见"，拟举行西康文物摄影展览会三天②。12 月 29 日上午，展览会举行，"中西士女参观甚众"。此次展览会共展出西康"番民"文物 12 类，包括衣服、装饰、宗教、贸易运输、嗜好品、医药植物、食用、炊事用具、娱乐、文具、防护、金矿类③。展览会陈列的各种西康文物材料，就是徐益棠等人赴川康考察时所搜集的。徐益棠早在考察广西瑶民时，即有意识地搜集边区民族文物标本，并编列目录和说明卡片，藏诸玻璃橱柜，陈列于金陵大学图书馆走廊。刘国钧曾与徐益棠谈及，拟以广西瑶民的文化标本为基础，"由此而渐扩充成一小型之边区民物博物馆"，及至抗战西迁，此项工作也一直延续进行，各种边区民族文物亦完好保存④。迄今这些边疆民族文物仍保存在南京大学博物馆。

三是积极办理边疆民族类团体和期刊。1934 年，徐益棠与何子星、黄文山、孙本文、商承祖、凌纯声等发起组织中国民族学会，并函请蔡元培、刘咸、欧阳翥、卢于道、吴文藻、杨堃、顾颉刚等加入其中，于 12 月 16 日在中央大学中山院举行成立大会，确立了学会宗旨为研究中国民族及文化，通过了研究、调查及搜集、讲演及讨论、编行刊物等四项会务。徐益棠担任学会理事。1941 年秋，中国民族学会移至成都华西坝，通信处设在金陵大学，由徐益棠担任书记。在抗战形势极为艰苦的情况下，中国民族学会成员数量增加很快，1942 年会员 33 人，

---

① 《中国民族通论班参观记》，《金陵大学校刊》1935 年 4 月 8 日。

② 《校闻二则》，《金陵大学校刊》1938 年 12 月 26 日。

③ 《西康番民文物展览》，《金陵大学校刊》1939 年 1 月 9 日。

④ 徐益棠：《金陵大学边疆研究事业之经过》，《边疆研究通讯》1943 年第 2 卷第 2 期。

1946 年达到 91 人,民族学界及历史学界不少知名学者加入其中。徐益棠在其间的组织和凝聚作用不容忽视。徐益棠、柯象峰、刘铭恕等参与了中国边疆学会(成都)的筹备工作。柯象峰、徐益棠参加了中国边政学会筹备工作,担任学会理事和该学会机关刊物《边政公论》的特约撰稿人。据笔者统计,徐益棠在该刊发表论文多达 13 篇,为该刊作者发文量第一。《边政公论》有一批学有专攻、相对稳定的作者队伍。这些人大部分具有丰厚学养,在学界或相关行业有一定影响。仅从这个数据来看,徐益棠在那时中国民族学和边疆研究领域的活跃程度可见一斑。此外,他还是中国地理学会会员、中国边政学会理事、中国社会学社社员。

徐益棠非常注重刊物编辑工作。1936 年,中国民族学会举行第二届年会,决定出版《民族学报》,徐益棠担任编辑①。为了征集稿件,徐益棠积极奔走,各方函询。1937 年 4 月 12 日,徐益棠去信刘咸,表示"学会《民族学报》待稿孔亟,务乞即日赐寄大著,不胜感幸"。6 月再致信刘咸,表示"学报经费已有眉目,急待文字,大著早日赐寄,至盼至盼"②。但因抗战爆发,会员四散,该计划搁置。1938 年创刊于云南的《西南边疆》,自 1941 年第 13 期起,由昆明迁往成都发刊③。据中国民族学会启事,"《西南边疆》月刊,为本会同志所经营,已有相当历史,敢请本会诸同志,公共努力,加以爱护,俾得发荣滋长,逐渐发展,成为本会永久之会刊"④,此后《西南边疆》月刊实际上成了中国民族学会的会刊,由徐益棠负责编辑、联络,成员间"渐通声气","本会会员颇有

---

①　徐益棠:《七年来之中国民族学会》,《西南边疆》1942 年第 15 期。
②　周桂发、杨家润、张剑编注:《中国科学社档案整理与研究书信选编》,上海科学技术出版社 2015 年,第 188、189 页。
③　《本刊启事》,《西南边疆》1941 年第 13 期。
④　《中国民族学会启事》,《西南边疆》1941 年第 13 期。

主张重复旧规，继承前业者"①。1941年，徐益棠编辑《边疆研究论丛》，由金陵大学中国文化研究所编印，仅出版3期，分别于1941、1944、1949年印行，共刊文21篇，均为高水平学术论文。该校另有《边疆研究通讯》，由卫惠林编辑，旨在互通边疆民族领域之原始材料与学术消息。此外，徐益棠还积极参与金陵大学、齐鲁大学、华西大学合编《中国文化研究汇刊》的工作，亦以书评形式大力推介《民族学研究集刊》等边疆研究类刊物。

　　四是努力推进中国边疆民族研究的本土化。徐益棠曾言，中国边疆民族研究，创始于外国的传教士、商人、领事、军事家、自然科学家。中国边疆学术传统实际上源远流长，徐益棠此言是指用现代学科理论与方法来研究边疆的情况。徐益棠梳理了中国近代边疆民族研究的源流与走向，认为1931年之前夕为民族学萌芽阶段，国人之边疆研究以自然科学为主，多为纯粹的学术性著作，尚未注意边疆的实际问题；1931—1937年为民族的科学研究之开展阶段，政学两界注意培养边疆人才，专业性的边疆著作逐渐显现，开始注重边疆的民族研究；1937—1941年为民族学科学地位之确立阶段，边疆考察风起云涌，各科学者参与到边疆研究领域；1941年之后为边疆建设与民族研究密切联系阶段，边疆建设被纳入国家施政纲要，民族研究成为边疆建设之重要参考。民族学在中国"科学地位"之确立时间是否如此之晚，尚可讨论，但民族学在中国的发展，确与边疆问题及边政演进有着密切关联，当无疑义。如徐益棠所言，"我国忝居人后，藉席丰履厚之余荫，复加以悠久之文化，广大之边疆，繁伙复杂之民族，研究机会之良适，为任何国家所不及，且处此重要时代，边民生活亟待改进，边疆富源亟待开发，而建设边疆政治，提高边疆文化，又刻不容缓，凡此种种，均须应用民族学之知识与方法以解决之"。他指出：

---

① 徐益棠：《七年来之中国民族学会》，《西南边疆》1942年第15期。

"民族学之科学的建设,依方法言之,则读书与考察并重,依内容言之,则主科与辅科俱进。"但是,我国边区广大,民族复杂,一人之力难以进行通盘研究,徐益棠以为,"或专习一目","以求比较,以资沟通","或专研一族","以利系统,以别类族"①。

徐益棠还注意到学术共同体对于民族学学科本土化的促进作用,法、美、英等国的民族学会均有百年历史,尤以法国最早,中国民族学会却仅有 7 年历程,"此七龄之幼童,诞生于国难严重之际,自哺乳以至提携抱负,确已煞费苦心,而社会迄未加以注意","今者有志之士,竞注意于边疆建设,民族研究亦渐为学术界所重视,同人呼号奔走,惨淡经营,至今日始稍获精神上之慰藉"②。他根据民族学之学理及中国边疆民族之实际,撰成授课讲义《民族学大纲》,举凡民族学定义与意义,民族概念与分类,边疆问题产生之原因与解决途径,开发与建设边疆之原则与方法,皆有详细阐释,而其所征引之材料,大部分为国人实地调查而得。该书虽名"大纲",但在民族学本土化建设方面仍具有重要学术价值。

三、"名师"可待成追忆

徐益棠作为 20 世纪三四十年代中国边疆民族研究的重要参与者,对民族学、人类学的贡献与成就,在当时即有重要影响。1941 年,徐益棠获得教育部部聘教授资格,也是对其民族学研究成果与水平的高度认可。1942 年,卫惠林评价他"对中国民族学上的成长,颇著劳绩"③。黄文山认为,徐益棠与凌纯声、杨成志、何联奎、林惠祥等,在民族志方面皆

---

① 徐益棠:《十年来中国边疆民族研究之回顾与前瞻》,《边政公论》1942年第 1 卷第 5—6 期。

② 徐益棠:《七年来之中国民族学会》,《西南边疆》1942 年第 15 期。

③ 卫惠林:《边疆研究论丛(民国卅年)》,《边疆研究通讯》1942 年第 1 卷第 2 期。

为"卓然有所成就者"①。孙本文在《当代中国社会学》一书中指出，徐益棠与卫惠林、凌纯声、芮逸夫、何联奎诸氏"对于文化实际研究，均有相当贡献，惟彼等似偏重民族学的研究，为国内有数的民族学学者"②。

反观当今学界研究，他却犹如"执拗的低音"，鲜有踪迹。从根本上讲，此乃学科史书写中的形象遮蔽效应所致。学科史书写常见形象叠加与形象遮蔽的现象，很多历史上具有重要影响的人物及其思想，可能会被后世的书写者有意或无意的忽略，反之亦有可能被放大或拔高。不少在民国民族学界曾经影响很大的学者，在现今的学术史论著中，大多寂静无声，默默无闻。费孝通与林耀华是个例外，"文革"结束后，二人才六十余岁，身体尚好，在学术上正处盛年，再因处于首都，名校云集，专业、学科建设及学位授权点很快恢复常态，指导大批学生，很快门下枝繁叶茂，其学术成就及其思想广泛传播，也就理所当然。而徐益棠 1952 年即殁，仅活至 56 岁③。学术生涯的过早

① 黄文山：《民族学与中国民族研究》，《民族学研究集刊》1936 年第 1 期。
② 孙本文：《当代中国社会学》，胜利出版社 1948 年，第 250 页。
③ 据笔者不完全统计，民国时期从事边疆民族研究的学者中，李有义（1912—2015）是最长寿的，活至 103 岁，其后有杨堃（1901—1998）97 岁，芮逸夫（1898—1994）96 岁，任乃强（1894—1989）95 岁，费孝通（1910—2005）95 岁，陈永龄（1918—2011）93，吴泽霖（1898—1990）92 岁，卫惠林（1900—1992）92 岁，林耀华（1910—2000）90 岁，田汝康（1916—2006）90 岁，杨成志（1902—1991）89 岁，刘咸（1902—1990）88 岁，顾颉刚（1893—1980）87 岁，马鹤天（1877—1962）85 岁，李安宅（1900—1985）85 岁，李方桂（1902—1987）85 岁，吴文藻（1901—1985）84 岁，闻宥（1901—1985）84 岁，方国瑜（1903—1983）80 岁，戴裔煊（1908—1988）80 岁，凌纯声（1902—1981）79 岁，江应樑（1909—1988）79 岁，冯汉骥（1899—1977）78 岁，何联奎（1902—1977）75 岁，梁钊韬（1916—1987）71 岁，胡鉴民（1896—1966）70 岁，于式玉（1904—1969）65 岁，陈序经（1903—1967）64 岁，马长寿（1907—1971）64 岁，蒋旨昂（1911—1970）59 岁，林惠祥（1901—1958）57 岁，岑家梧（1912—1966）54 岁，陶云逵（1904—1944）40 岁。在这个统计数据中，徐益棠所活年岁仅长于岑家梧和陶云逵。

结束,民族学社会学等学科长达 30 年的血脉中断,使其逐步为后学所淡忘。即使他能活得更长一些时间,坚持到改革开放,也已经是风烛残年。

或因为此,既有的民族学人类学的学派论述中,一般也未提及徐益棠。民国时期,中国人类学界即有"北吴南杨"说:北方以燕京大学吴文藻为首,主张运用功能学派理论,南方以中山大学杨成志为代表,强调历史学派理论[①]。1972 年李亦园指出,"我国人类学可分为两个派别:一个是以北方的燕京大学社会学系为代表,一个是以南方的中央研究院为代表"[②]。随后唐美君、黄应贵、黄淑娉、黄树民、宋蜀华、杨圣敏、张有隽等,基本都赞同南北派的划分[③]。2007 年,李绍明提出,南北派之外,还存在华西学派,该派以华西大学为主,兼及抗战时期内迁华西坝的燕京、齐鲁、金陵等 6 所大专院校和四川大学,葛维汉、李安宅、徐益棠等应是其中的主要人物[④]。王铭铭也认为以四川为中心曾存在中国人类学的"华西学派",这个学派将边疆史地研究与社会学关怀相结合,有"大人类学"

① 容观敻:《中山大学人类学教学和研究述略》,《广西民族学院学报》2001 年第 5 期。

② 李亦园:《廿年来我国人类学的发展与展望》,《人类学与现代社会》,台北水牛出版社 1984 年,第 289 页。

③ 唐美君:《人类学在中国》,《人类与文化》1976 年第 6 期;黄应贵:《光复后台湾地区人类学研究的发展》,《民族学研究所集刊》1983 年第 55 期;黄淑娉、龚佩华:《文化人类学理论方法研究》,广东高等教育出版社 1996 年,第 424 页;黄树民:《人类学与民族学百年学术发展》,台北政治大学主编《中华民国发展史·学术发展》上册,台北联经出版事业公司 2011 年,第 181 页;宋蜀华:《中国民族学理论探索与实践》,中央民族大学出版社 1999 年,第 43 页;杨圣敏:《中国民族学的百年回顾与新时代的总结》,《西北民族研究》2009 年第 2 期;《张有隽人类学民族学文集》(上),民族出版社 2011 年,第 119—120 页。

④ 李绍明:《略论中国人类学的华西学派》,《广西民族研究》2007 年第 3 期。

观念，也有"社会人类学"观念①。后来川内学者陈波出版《李安宅与华西学派人类学》，李锦获批国家社科基金重大招标项目《20世纪20—40年代人类学"华西学派"的学术体系研究》，"华西学派"再次进入民族学界视野之中。不过也有学者认为以区域为依据或命名的做法不妥。龙平平从民族学理论源流和研究目的分类，将20世纪上半期的民族学学派分为三派，一是主张借用民族学方法重建中华民族文化历史，主要有蔡元培、凌纯声、芮逸夫、卫惠林、林惠祥等；二是综采欧美民族学各派之专长，创建中国民族学，代表人物有黄文山、孙本文、李济、岑家梧、陶云逵、徐益棠、何联奎、古道济等；三是以国外某一学派观点和方法为借鉴，探索民族学中国化道路，代表人物有吴文藻、费孝通、林耀华等②。王建民也不赞成南北派的划分，主张以民族学理论和方法为依据。他认为吴文藻、李安宅、费孝通、林耀华等属于功能学派，"强调民族学的应用特质"，"将民族学和社会学结合起来进行研究"；黄文山、孙本文、陈序经等属于文化学派，"重视对学科体系的构筑，主要从理论上进行规划"；凌纯声、陶云逵、卫惠林、芮逸夫、马长寿、林惠祥、杨成志、杨堃、徐益棠等属于历史学派，"强调运用民族学的各种理论和方法解释中国的材料，解决中华民族文化历史的难题……对法国民族学派收集资料的方法有较多的利用，吸纳了美国文化历史学派的研究框架和步骤"③。

南北两分，或许为学科书写者提供了便利，但无法反映民国时期中国民族学的学术风貌。认同南北两派之说者，一般都不会提到徐益棠。龙、王之说，更能体现民国民族学诸家并存之状况，但二人划分不尽一致，徐益棠之学派似在游移之中。徐益棠长期在金陵大学工作，

---

① 王铭铭：《二十五年来中国的人类学研究：成就与问题》，《江西社会科学》2005年第12期。

② 龙平平：《旧中国民族学的理论流派》，和龑、张山主编：《中国民族历史与文化》，中央民族学院出版社1988年，第192—206页。

③ 王建民：《中国民族学史》上卷，第146—156页。

作为中国民族学会发起人及抗战时期的负责人,其学术成就及地位不容置疑,但其后来与"南杨北吴"及其子弟关联不多,则是事实。吴文藻弟子有林耀华、费孝通、瞿同祖、李有义、陈永龄等,杨成志弟子有江应樑、王兴瑞、梁钊韬、戴裔煊、容观夐等,李方桂弟子有傅懋勣、邢公畹、马学良等;方国瑜弟子有尤中、木芹、何耀华、林超民等;马长寿弟子有王宗维、周伟洲;冯汉骥弟子有张勋燎、童恩正、李绍明等。与他们相比,徐益棠并无门生绕膝。其学问承袭者少,其思想传播者寡,在后来的学术书写中相对边缘也在情理之中。

第二节 文化先行与边民为本

徐益棠长期致力于边疆民族志研究、民族学理论与方法探索,同时对于中国边疆建设与边政改良有其系列思考。他基于对中国边疆问题现状和成因的理解,主张文武并用、综合施策,从政治、经济、教育、文化等方面建设边疆和改良边政,尤其强调文化作用和边民利益,体现了他的"文化先于政治"和以边民为本的边政思想。

一、徐益棠的边疆研究经历及民族学思想

徐益棠学术视野极为开阔,其研究领域涉及多个学科门类,其实地研究也包括多个民族区域。就从著作来看,早年就编纂有《现代教育思潮》,抗战时期出版了《非常时期之云南边疆》《雷波小凉山之罗民》,抗战结束后出版有《清代秘史》《历代名贤处世家书》;从论文来看,关于广西象平瑶族、康区藏族、大小凉山彝族,他都有系列民族志发表;关于中国古代家族、服饰,边疆建设及边政改良,边疆教育及边疆研究,他都有专门论述;对于民族学在中国之发展与运用及边疆学术之发展,他也有系统的阐扬。

民族学被公认为是一门应用性、实践性很强的学科。中国留学生在国外修习民族学、社会学时,已注意到实地调查和现实问题研究。

徐益棠指出，民族学并非一门纯理论研究的学科，而是研究与应用相结合的学科，"在学理方面，可以明了文化的由来及其分布，于地理学、社会学、历史学得极大的帮助；在应用方面，可以统治殖民地，控制边疆，建设心理上的国防"①，还有助于民族来源的追寻、文化类型的发现、民族政策的推行以及边疆问题的解决②。

不过，若要将民族学作用于实际，先决条件在于中国自身须具备丰富的民族学资料和完备的民族学学科体系。徐益棠认为1931年前尚处于中国"民族学之萌芽"时期，"是时关于边区民族之知识，大都为各自然科学家自边区附带而来"。在1930年前后，"科学考察团之纷起"，"从吾国固有材料中实地寻找问题"，是"我国民族复兴史上之一大转折"。但在徐益棠看来，"其时边疆学术之综合的研究，尚无人注意，而民族学在我国之幼稚，在当时亦毋庸讳言"③。据徐益棠所见，在边疆危机逐步加重，民族问题凸显，边疆综合研究兴起的背景下，中国民族学逐步奠定学科基础，直到全面抗战军兴方得以确立其"科学地位"。中国广袤的边疆，为中国民族学发展提供了肥沃的土壤；而政府对边政的逐步重视，也为民族学提供了更多用武之地。徐益棠说："处此重要时代，边民生活亟待改进，边疆富源亟待开发，而建设边疆政治，提高边疆文化，又刻不容缓，凡此种种，均须应用民族学之知识与方法以解决之。"④

徐益棠认为当时民族学界有两种现象"颇为可喜"：一是"虽非民族学者而其所研究者为与民族学有深切关系之科学，亦利用其专门之

---

① 徐益棠：《边疆建设的根本问题》，《地理教育》1937年第2卷第3期。

② 徐益棠著、徐畅整理：《民族学大纲》，第14—19页。

③ 徐益棠：《十年来中国边疆民族研究之回顾与前瞻》，《边政公论》1942年第1卷第5—6期。

④ 徐益棠：《十年来中国边疆民族研究之回顾与前瞻》，《边政公论》1942年第1卷第5—6期。

知识与方法,以从事于边疆民族学术之探讨"。二是"此种专业的研究,颇能使民族学之范围扩大,内容充实,此种趋势,对于中国民族学之发展史上,当进入另一个建设性的新阶段"①。他进一步指出,民族学本身也是一个需要众多学者共同努力的学科,"民族学主辅各科,包涵相当广大,自体质以至文化,就理论以至应用,凡语言心理、社会、人文地理、古生物学、考古等科,莫不与之有密切之关系"②。

徐益棠 1942 年表示中国民族学会仅有 7 年历程,在学术史上远落后于西方,即便如此,却也是学人煞费苦心才得以建立,但社会却未加注意,"今者有志之士,竟注意于边疆建设,民族研究亦渐为学术界所重视,同人呼号奔走,惨淡经营,至今日始稍获精神上之慰藉"③。徐益棠对中国民族学的学科史和边疆研究的学术史具有敏锐的洞察力,对其中体现的政学关系有着极为精到的体认,这点笔者将另文讨论。

二、徐益棠对中国边疆问题之历史、现状及成因的认识

徐益棠曾分析"中国历来边疆政策之错误",认为中国历代边疆政策主要就是羁縻:中央政府强盛时武力征服边疆地方,享有土地宗主权,但对于土地上的人口多少及其经济能力和文化程度等"都置之不问",相安无事,但到中央政府实力衰替之时,边疆多事,国家不振,"鉴之历史,屡验不爽。及至今日,还逃不了这个例",如外蒙古和西藏闹"独立",都是在清末民初中央政府无力他顾之时,哈密事变和南疆"独立",都是在国民政府尚未统一或东北沦陷之际④。他在全面抗战前夕就已感觉到边疆危机已影响到国运兴衰,认为"中国的边疆,三百年

① 徐益棠《中国民族学之发展》,《民族学研究集刊》1946 年第 5 期。
② 徐益棠:《十年来中国边疆民族研究之回顾与前瞻》,《边政公论》1942年第 1 卷第 5—6 期。
③ 徐益棠:《七年来之中国民族学会》,《西南边疆》1942 年第 15 期。
④ 徐益棠:《边疆建设的根本问题》,《地理教育》1937 年第 2 卷第 3 期。

来，天天是在非常时期中的，故不自今日始。不过，到现在更严重了。从前国人对于边疆的概念，以为金城汤池，有天然的高山大川，可以作极可靠的屏障，到现在，主峰高达八千八百多尺的喜马拉雅山，流域长达三千七百公里的黑龙江，早已不守，即二千余年来视为'足以限戎马之足'的万里长城，亦已失去效力，国际边界已伸入我国中心——河北平原。于是引起极度的恐慌，甚至失望，悲观，认为'国亡无日'"①。

徐益棠洞见了古代边政之利弊及近代边政改弦更张的必要。古代中国边疆治理大体是"文化主义"的态度，讲求"修其教不易其俗"，"修文德以来之"，既体现了文化自信，也降低了边疆治理成本，但在边疆经济开发、文化教育发展等方面少有建树。中央政府对边疆地方缺乏积极开发和平等交流，没有注目于边疆经济发展和文化进步，消极追求边地无事，满足于"以御夷狄""征贡方物""臣奉正朔"。这种消极应对、不尚征伐的边政，固然可以降低边疆管理成本，但也使边疆经济文化难与中原地带并驾齐驱。徐益棠还注意到，国民党及其政府虽对边疆民族多次表示密切注意，"然迄未规定具体的边疆政策设施纲领，故数年来关于边疆的行政机构常有'无所适从'之感"②。这一观察，在当时并非孤例。如第二章所述，学者思慕、蒙藏委员会官员周昆田都注意到这一问题。前者陈述了中国各个边区的严重边疆问题，试图回答"究竟中国政府对边疆是不是有政策，是甚么政策，执行的效果怎样"③的疑问。这恰在某种程度上证明国民政府边政成效甚微。后者则承认，历届国民党全国代表大会及中央全体会议对边疆问题虽均有涉及，但相关文献前后散列，造成了一般人的忽视，或竟以为尚无一

---

① 徐益棠：《非常时期之云南边疆》，《中国新论》1936 年第 2 卷第 4 期。

② 徐益棠：《十年来中国边疆民族研究之回顾与前瞻》，《边政公论》1942年第 1 卷第 5—6 期。

③ 思慕：《中国边疆问题讲话》，第 3—4 页。

定的边疆政策^①。

　　除了对中国边疆问题的宏观认识外,徐益棠对边疆地区政治、经济、社会和文化教育等各方面的具体状况及其成因都有细致观察。这其实反映了中国边疆问题的全面性和复杂性,也就是边疆问题不单纯是边疆安全问题,更多还是边疆建设和发展的问题,也预示了边疆治理问题一定要综合施策。

　　在徐益棠看来,边疆问题一直悬而未决,根源在于,“一是学术的不进步,一是政治的不进步,这两个不进步是互为因果的。关于边疆最重要的学术,当然是地理学及地理相关的其他科学,如气象、地质、民族、生物、历史等等。”^②他发现,那时开发边疆的呼声日益高涨,边疆调查团风起云涌,“报告却还没有看到几种,看到的不是抄译外国牧师的游记,便是中国方志上的辑录。原因是在行政机关所组织的调查团有官脾气,有官架子,沿途都要做些应酬的功夫,所调查的是表面上的官样文章,归来后实在没有东西可以报告;学术机关所组织的调查团,矜慎严密,要把材料慢慢地整理出来,并且要把各种图表照片委托头等印刷机关印刷出来,俟河之清,确有人寿几何之感”^③。他注意到当时发表在刊物上的文字,“空泛的文字超过实际的材料,我们要搜集一些比较充实的材料,还得仰求于外国人的著作”^④。徐益棠特意提醒研究边疆离不开边疆地理研究,“千万不要忘记了边疆的特殊性质——自然的地理环境”,边疆研究“最基本的学术,当然要算‘地学’。现在谈边疆的同志,大都注意到边疆的政治、经济、交通、社会的情形,而忽略了和这些现状有连锁的自然的环境……假使我们不能从地理的环境中去了解其文化,假使我们不能从地理的环境中去决定其政策,空

---

① 周昆田:《三民主义之边政建设》,《边政公论》1941年第1卷第1期。
② 徐益棠:《非常时期之云南边疆》,《中国新论》1936年第2卷第4期。
③ 徐益棠:《关于边疆的调查》,《星期评论》1941年第37期。
④ 徐益棠:《边疆建设的根本问题》,《地理教育》1937年第2卷第3期。

谈'边疆'，抑又何益"①？

徐益棠认为，民国时期的边疆问题与过去相比，最大特征就是具备国际化因素，"从前还是内部问题，现在却有国际的背景；从前的问题简单，现在的问题复杂"，东西方列强改变侵华策略，"已一改其数十年前之态度，或用文化，或用政治，十年五年必有一具体之建设，使民众深受其感动，而死心塌地，莫敢谁何"②。朱家骅曾言："边政措施之得宜与否，常决定政治的边疆之内向与外倾"③，可作徐益棠此言之注脚。徐益棠注意到边疆政治之良善与否，往往取决于边官之选任，但遗憾的是"政府既不愿贤能者往边疆，贤能者本身亦不愿往边疆"，去者或为谋官之过渡，或以之为生财之地，或以之为养老之所；以军官代摄边疆地方行政者，则多无政治常识。如此情况下，边民也多不信任汉官，"对于一切发号施令，避之若免"，甚至以敷衍、欺骗及逃亡之手段对付边官，导致"边民并未了解边官，边官亦未了解边民，两相隔膜，均在暗中摸索，一有误会，冲突遂起"。故边政之要害又在于人才之培养与罗致，如徐益棠所言："边疆问题虽日趋严重，然政府总未能以此种教育施之于每一个公民，不能以从事边疆事业为终身志职以训练每一个官吏，又不能以良好之保障与待遇，以管理现已服务边疆而有成绩之官吏"，"根本制度未曾确立，优秀之人才更无从罗致，边政前途，益使人有'俟河之清'之感"④。

边疆人才之稀缺，又与政府投入经费低、边疆教育机关少、员生待

---

① 徐益棠：《边疆问题之地理研究的必要》，《边事研究》1935 年第 1 卷第 3 期。

② 徐益棠：《川康夷区建设计划》，《边疆通讯》1947 年第 4 卷第 8—9 期。

③ 朱家骅：《论边疆教育》，教育部边疆教育司编印：《边疆教育概况（续编）》，第 1 页。

④ 徐益棠：《边官边民与边政》，《边政公论》1948 年第 7 卷第 1 期。

遇差、师资困难等问题有关。按徐益棠观点,"边疆教育还是一块未垦熟的荒地"①。在他看来,那时边疆教育大致有三种趋势,一是"完全依照普通教育办理","常为主张'汉夷一家'者所乐道","然削足就履,每苦不适";二是"因地制宜,略加修改,而未尽彻底","一方须逢迎部令,一方又须适应环境,而常用消极的方法,以解除困难,未能积极的以谋改进,故其成绩,亦不甚显著";三是"就个人主观而特注意某点","或从生产入手,或从宗教入手,或从军事入手,或从语言文化入手",此种为"有志者特殊之创造","往往仅注重其一端,而忽略其他认为不甚重要之各点"②。以上三种方式皆不甚完善,需要切实探讨。

三、徐益棠对中国边疆建设与边政改良的主张

民国时期,国人言说中的边政内容涵盖面很广,举凡边疆民族地区的政治、经济和文化建设,概莫能外,边政建设基本上就是边疆建设的同义词;而在边政工作中,民族工作具有关键性、基础性作用③。徐益棠认为,"边政,常指对于边区土人所施行之政治而言,此种政治,依理论言之,当根据应用民族学的政治部分或政治的民族学,有一定的步骤,有合理的规律,但在中国的边区社会中,往往不能以常律行之"。在他看来,"在中国之边区,久已无所谓'边政',武力与羁縻,常成一张一弛的循环,此则依国家之盛衰与官吏之悍懦而有所变动"④。换言之,那时中国的边政,并无科学的顶层设计,也缺乏长效机制。徐益棠所言之边政侧重针对边疆民族地区的管理,而其学科依据也是民族学

---

①　徐益棠:《论第六届边疆教育会议》,《中央周刊》1947年第9卷第11期。

②　徐益棠:《边疆教育的几个原则》,《学思》1942年第2卷第3期。

③　汪洪亮:《民国时期国人对"边疆""边政"含义的认识》,《中国边疆史地研究》2014年第1期。

④　徐益棠:《边官边民与边政》,《边政公论》1948年第7卷第1期。

与政治学，与吴文藻和杨成志关于边政的观点也近乎一致①。

徐益棠认为，民国时期的边政必须综合施策，"从前只须有武力可以平靖，现在却除了武力以外，还须有其他的积极的建设——政治、经济、宗教、教育……"②也就是说，民国时期的边疆问题更加复杂了，边疆建设与治理工作更加繁难了，需要综合协调各方力量，开展各项工作。在徐益棠看来，边疆治理工作归结起来，不外乎文治和武治，"文治亦须赖有武力之辅助，武力亦须有文治之善后"，两者相辅相成。文治即"侧重文化政治之谓，然无文化之政治，其基础亦不稳固"，他认为，政治工作与文化工作虽然并重，但政治工作易而文化工作难，文化工作当优先于政治工作③。要言之，徐益棠更为看重文化于民族的作用，"文化之性质极不稳定，易于改变，文化改变，则语言体质随之改变，少数文化不尽相同之民族与多数文化相同之民族同隶于一国家之下，其文化既变之于先，其语言，体质，势必渐趋于一致"，治理边疆者"不妨认文化为泯灭民族界线之主要因子"④。如此，则边疆文化工作之重要，不言自明。

国民党对边疆建设有"五大建设"之说，即经济、心理、伦理、社会、政治等五个方面的建设。罗敦伟强调，边疆工作基础在经济工作，政治工作"固然也可以收效于一时，决不能收效于长久"，只有搞好经济建设，改善边疆民生，让边疆民众切身感受到福利，"边疆民族才能够了解大中华一统的利益"，只有边疆与内地的经济联系日益密切，其他联系"才能有了真实的基础"，所以经济建设"在边务政策中间应该

---

① 汪洪亮：《民国时期的边政研究与民族学——从杨成志的一篇旧文说起》，《民族研究》2011 年第 4 期。

② 徐益棠：《边疆建设的根本问题》，《地理教育》1937 年第 2 卷第 3 期。

③ 徐益棠：《雷波小凉山倮族调查》，《西南边疆》1941 年第 13 期。

④ 徐益棠：《汉族服饰之演变：物质文化与民族分类》，《学思》1942 年第 1 卷第 5 期。

占一个绝对重要的地位"①。1937 年初，徐益棠在中央电台演讲，希望推动边疆建设，使"今日荒凉之地"，"成为繁荣之区域"。他梳理了当时边疆建设"几种普通的论调"：一是"开发边疆首在建设交通"，二是"开发边疆必须大批移民"，三是"开发边疆应当注意矿藏"，他逐一分析了这几种论调的"有理由"和"实不易"，比如边疆筑路翻山越岭，地形复杂，钢铁缺乏，而且人口少，养路不易；再如移民垦殖，需考虑土地、天气及农作方法之差异；又如矿业，由于政治不良，捐税苛重，且因产出少，交通运输不便，运费高，利润低。面对这些林林总总的困难，徐益棠认为需要对边疆有足够的研究，考虑到边疆地方的各种条件，利用好边疆地区现有的资源。徐益棠还认为，边疆经济建设是个系统工程，"开发边疆，而不顾到其它帮助开发的一切建设事业，这是很不容易成功的"，需要注意六个方面，"一、我们应当考察自然的环境；二、我们应当有积极的计划和一贯的政策；三、我们应当有大规模的资本和极撙节的用法；四、我们应当利用科学；五、我们应有良好的官吏和良好的税则；六、我们应顾忌大多数民众的利益"②。徐益棠特别强调，经济建设必须处理好国家利益和边区民众的利益，应寻找二者结合点。他强调："开发边疆经济，当有两方面的看法：第一，当为国家着想，第二，当为边区人士着想"。具体而言，一是"不与边民争利"；二是"从最接近于边民之利益做起——科学方法与科学知识"；三是"诚意扶植良好的经济组织"；四是"尽量训练土人"，"必须使土人从被动的享受人的服务，而至于自动的参加服务"，"不能专养成依赖中央或地方政府之扶助，而必须使能自动使用地方集口以解决其本身所待解决的问题"；五是"机构有系统而直接赋税须合理而单一"③。

---

① 罗敦伟：《新边务政策》，《边政公论》1941 年第 1 卷第 1 期。

② 徐益棠：《边疆建设的根本问题》，《地理教育》1937 年第 2 卷第 3 期。

③ 徐益棠：《边疆经济之相对的发展》，《边政公论》1944 年第 3 卷第 6 期。

边疆地区地广人稀，移民垦殖是当时政学两界聚焦的一个议题。如第二章所述，任乃强认为中国边疆辽阔但人口不多，亟待移民垦殖，因此撰文专门论述垦场对于边疆新事业和边疆社会工作的重要性与基础性作用[①]。徐益棠提醒，移民垦殖固然重要，但也须因地制宜，不能一概而论："因为土地、天气，以及一切农作方法之不同，当然会发生许多应考虑的问题；西北因土性地形的关系，容纳人口的量，远不及东北，现在一般地学家都已说过，即如东北，浙江人去的失败，而山东人则成功；间岛方面的稻田，朝鲜人成功，而山东人失败；这许多事实里面，包括着不少的问题。"[②] 需要因地制宜的另一方面就是要尊重边民传统经济习俗。边民所经营之耕地、牧场、山地、绿洲、河谷等，皆为世代传袭，政府"不能随意移垦民于牧场，造森林于耕地，即开辟荒地荒山，亦必须审明其有无某民族或某部族之习惯的土地权"，"而发掘矿藏，尤须注意于其历史上之传说、宗教与巫术的背景及其一切流行之禁忌等等"[③]。

边疆建设之困难，常在于交通之落后。边疆地区交通建设之重要，徐益棠归结为"文化之先驱，政治之初步"，"可以增加贸易，旅行及垦殖之人数，货物之往来，语言之沟通，信仰与行为之演变，风尚俗习之更迭，皆由于此"[④]。期间困难，前已述及。因地制宜，连接已有线路，是为一法。在他看来，云南宜"筹建昆钦铁路以抵制滇越铁路，延长湘黔铁路以达昆明以与中央联络……建筑省道，东西横贯，上通长江，下达缅边[⑤]；川康方面，建筑公路"为开发夷区最基本的工程"，除现已建成之康滇公路外，还需建设"横贯夷区之基本路线"，打开大凉

---

① 任乃强：《边疆垦殖与社会工作（中）》，《社会建设》1944 年第 1 卷第 2 期。
② 徐益棠：《边疆建设的根本问题》，《地理教育》1937 年第 2 卷第 3 期。
③ 徐益棠：《边疆经济之相对的发展》，《边政公论》1944 年第 3 卷第 6 期。
④ 徐益棠：《雷波小凉山倮族调查》，《西南边疆》1941 年第 13 期。
⑤ 徐益棠：《非常时期之云南边疆》，《中国新论》1936 年第 2 卷第 4 期。

山东西通道,贯通大凉山东部南北干线,以与川滇西路对接①;西北方面,"交通为建设西北先决问题",应注意调查沿线地质地形、资源人口,准备建筑材料,制定工程标准,培养技术人才与行政人才②。

就边疆政治而言,徐益棠强调建立健全边疆制度,建立统一的边政机构,统一发布政令。他认为,为建立中央在边地的威信,"必须令出政随,限期实施,一经确定,则其他一切牺牲,在所不惜,不因人亡而政息,不为费绌而中止,更不应朝令而暮改"③。徐益棠强调,中央政府对于边疆的政治制度,"应当有一个彻底的整理","依据合理的社会科学,制定一贯的永久的计划"④。同时他指出,要整顿边疆吏治,"边疆官吏,边政之动力也,如何推进边政,为边疆官吏之责;如何创造、利用、保储、促进此种推动边政之动力,则吾政府之责也"。他发现国人论边疆问题多归咎边政腐败,而腐败却多归因边官庸碌。他认为应讨论的是"边疆何以多庸碌之官;边官是否均为庸碌"。在他看来,边官的不作为固然有多种原因,诸如缺乏边疆工作的志愿和服务精神,缺乏建设边疆的技术与学识,缺乏改进边疆计划,但是不能专在边疆官吏上找问题,"当转而期诸政府"。徐益棠认为政府"当为边疆着想而训练官吏,保障官吏,鼓励官吏,使边疆处处事得其才,才尽其用";但过去政府没有将边疆问题纳入国民教育,没有"以从事边疆事业为终身志职"来训练官吏,没有以良好的保障与待遇来鼓励边疆工作者,在经费、人事等方面也都没有形成促进有志青年的推动力量。缺乏教育与培训,边民与边官在边政上皆不得其宜,工作自然难做,成效自然不

---

① 徐益棠:《川康夷区建设计划》,《边疆通讯》1947年第4卷第8—9期。

② 徐益棠:《西北建设纲领及其方案》,《边政公论》1943年第2卷第1—2期。

③ 徐益棠:《西北建设纲领及其方案》,《边政公论》1943年第2卷第1—2期。

④ 徐益棠:《边疆建设的根本问题》,《地理教育》1937年第2卷第3期。

彰①。他提出，政府任用边疆官吏，"须遴选才识俱优之士，根本须铲除以次等人才充任边吏治的办法"，多考察其"了解边疆特殊之性质与重要，与其服务时必须有之知识，技能，精神与态度"。由于边疆情形与内地迥异，政府"必须制定一种特殊的法制以考核官吏之名实，保障人民的权益"，具体言之，第一，"任免边区官吏，必须出之郑重，尤宜注意于边区绅民之控诉"；第二，"优给薪俸，养其廉洁"；第三，"时加考叙，勉其上进"②。

徐益棠在《边疆建设的根本问题》③中强调，开放边疆与建设边疆，最终要落实到"民"上，"基于复兴民族的方案，自然千头万绪"，但作为"今后共同努力的目标"，在"养民""教民""保民"三个方面，政府还是应该"施行养民之政，完成国民经济建设，以裕民生"。他又指出："国家之重要政纲既取决于民，而庶政之推行，又赖民协作，假使人民没有受过相当教育，将如何担任这种艰难重大的工作；所以我们要救亡复兴，必须加紧实施教民的工作，使全国民众，深切认识中华民族过去失败的原因，目前危险的程度，而反省自振，决定改善的方针，以求解除过去所受之重重束缚；具体的说，这种雪耻教育的目的，在培养民族的德性，提高民族的知识，强健民族的体魄，而创造中华民族本位的文化。"就"保民"而言，不仅是社会稳定，安居乐业，还在于抵御外侮，延续民族生存，"我们应当一方面组织民众，训练民众，造成一般能忍受饥寒，不避艰辛的铁汉，以资捍卫国家，一方面尤须整饬武备，充实国防，俾能战胜侵略者，达到最后的成功"，应让边疆民众"对于政府发

---

① 徐益棠：《边官边民与边政》，《边政公论》1948年第7卷第1期。

② 徐益棠：《西北建设纲领及其方案》，《边政公论》1943年第2卷第1—2期。

③ 徐益棠曾将《边疆建设的根本问题》，分别发表在《地理教育》《广播周报》及《蒙藏学校校刊》，其中，前两种刊物的内容相同，《蒙藏学校校刊》另在该文第二节"开发边疆与建设边疆"中增加了有关养民、教民、保民的论述。

生信仰,对国家竭诚爱护,使他们和国家发生不可分离的团结,知道个人不能离开了国家而独存"①。徐益棠讲的这些内容,既涉及经济建设,也涉及心理建设。注重"民"的工作,就是李安宅所谓人本之学,其核心主要是在民生与民族,前者重心在经济发展上后者重心在族群整合上。

徐益棠深知边疆教育之旨趣所在,提出边教的七个原则,分别是"以民族特性为背景""物质与精神并重""个人与集体同时顾到""避免空论,找寻机会""不计近功、不图近利,而必须予以遥远之期待""不太离开现实的环境""以民族一员为始点,以国家一员为终点"。这七个原则都很重要,甚至可以说是缺一不可,其中与国族构建有关者,是第一和第七个原则。徐益棠指出,边民教育最大的困难及边民教育最应注意之处,就是民族隔阂成见,"边民观念固定,对于种族之成见极深,阶级之差别极强,而民族之异同,常视为仇敌,故对于'我群'常视死如归,牺牲勇敢,而对于'他群'常猜疑、破坏,而毁灭之"。由此,"我辈治边疆教育者,当努力设法消灭各民族隔阂之成见,而为大中华民族唯一单元之团结。此种团结,当从'公民'责任观念培植之,边民学校教师,当从各民族'小单元'观念渐渐求其扩大,从各个人在其'小单元'中的活动——忠实的服务精神,引诱其加入社会,为地方、为政府机关服务,如筑公路、看护病人、组织国民兵等。边疆教育最后之责任,为边民个人谋福利,为中华民国求团结"②。如刘波儿所论,边疆教育是近代新型民族国家建构过程中的重要一环,国民政府推行边疆教育的最终目的就是要构建一个统一的国族③。徐益棠与吴文藻、凌纯声、李安宅等人都曾担任教育部主导的边疆教育委

① 徐益棠:《边疆建设的根本问题》,《蒙藏学校校刊》1937年第13期。
② 徐益棠:《边疆教育的几个原则》,《学思》1942年第2卷第3期。
③ 刘波儿:《构建国族国家:民国时期民族学家的边疆教育实践》,《元史及民族与边疆研究集刊》2015年第29卷。

员会委员，参与了边疆教育的策划和指导工作，其所谓边教原则在很大程度上能够代表那时国民政府之关切。

徐益棠强调边疆教育要注重边疆民族特性与地域特性，须以民族特性为基础，制定符合边疆民族的教育政策，施行适应边疆民族的教法。如凉山彝族家族观念深厚，奴隶制度严格，且恃勇好战，因此彝族教育一须顾及其家族观念，二须注意黑白彝在教育上的区分[1]。再如宗教为藏族社会组织中心，因此藏族教育须处理好宗教与教育之间的关系，是学习赵尔丰的教育脱离宗教，还是采用刘文辉利用宗教发展教育，都有待研究和实验。徐益棠提出，边疆教育应关照当地现实环境，可在边疆小学"增设职业训练科目，附设农场、牧场、工场、农业示范及畜牧治疗所，选用毕业成绩优良之学生，俾学得其用"[2]。此外，徐益棠还注意到边民学校授课距离边民生活过于遥远，教材脱离边区实际，教学方法按部就班，没有做到因地制宜和因材施教。由此，他开出的"药方"就是：教材要就地选取，结合边民生活环境来编订，教法要因势利导，另辟蹊径；边民学校之校长、教师，应尽量选自当地民众[3]。

以上所论为学校教育，边疆教育还有社会教育层面。学校教育一般影响到学龄青少年，社会教育若有成效则能影响到整个社会舆论和氛围。1941年，徐益棠应四川省教育厅建议起草《国立边地文化教育馆组织大纲草案》，提出加强全国边民文化与边民教育发展研究。在其设计中，边地文化教育馆应由总务、训导、研究、陈列四部组成，其中，训导部可设置汉文班、边地语文班、补习班及短期训练班。汉文班招收边地小学毕业生，"授以汉文（语）及中学程度之边地特种教育"，毕业后部分升入大学，未能升学者则"回乡办理行政、生产及教育事业"，成为"边地社会之指导人物"；边地语文班则招收内地中等学校

---

① 徐益棠：《非常时期之云南边疆》，《中国新论》1936年第2卷第4期。

② 徐益棠：《川康夷区建设计划》，《边疆通讯》1947年第4卷第8—9期。

③ 徐益棠：《边疆教育的几个原则》，《学思》1942年第2卷第3期。

毕业生,学习边地语文,培养目标是边地行政、建设、教育干部[①]。次年,卫惠林提出了分级设立"边疆文化建设区站"的设想。他根据地理环境、民族分布、语言系统、文化类型,把全国分为 7 个区域,每个区设立文化建设总站,其下再划分 26 个亚区,亚区下又根据民族聚居中心再设工作站。文化建设区站以学术研究为最基本工作,包括史地、民族、语言、经济与政教建设,在此基础上开展教育训练、社会建设、经济技术指导、医药卫生服务工作[②]。徐益棠和卫惠林都从文化教育机构的角度对推动边疆文化建设和国族建构提出了看法。

四、余论

徐益棠显然是个民族主义者,他对中国边疆问题之严峻及成因都有深切的洞察,对边疆研究之薄弱和"学术上之不进步",极表痛心疾首。与同时期的顾颉刚一样,徐益棠亦认为"中华民族是一个",各民族殊途同归。他认为中国边区民族与汉族同为震旦语系,同为蒙古利亚种语言、体质已有相同的根基,只是在物质文化上有些微差异,于整体而言无伤大雅。但是作为民族学家,他对一些民族认识也有隐忧。比如他就提醒,以文化为标准进行民族分类是不科学的,因为"文化之性质,因易于传播,故极不稳定",而且"民族对于文化,复有独立创造之能力,人类心理,大都尽同,所创造之文化,或虽远隔重洋,而有大率类同,以之分类,又将何从"?"吾辈谈民族分类者,应仍维持其较科学的标准。"[③]他还注意到,欧洲不少学者专门研究体质,主张从体质上

---

① 徐益棠:《试拟国立边地文化教育馆组织大纲》,《边政公论》1942 年第 1 卷第 5—6 期。

② 卫惠林:《边疆文化建设区站制度拟议》,《边政公论》1942 年第 2 卷第 1—2 期。

③ 徐益棠:《汉族服饰之演变:物质文化与民族分类》,《学思》1942 年第 1 卷第 5 期。

对一国民族进行划分，因划分过于严格，使得各民族不容易团结。日本就利用汉、满不同名称，以分化我国民族团结心理，而政治文化的力量，有助于使民族团结更巩固，因此他"最不赞成民族从体质方面去分，因为中华民族是一个民族"[1]。话至此，其意甚明。徐益棠对国族构建之国家需要显然是有理解之同情的，体质与文化，都不作为民族分类之根据，这一番表态显然力挺中华民族整体论。他提出过民族"同化"政策，以畲族为例，不外有四：一是同学；二是通婚，"实为同化的最彻底最根本的基础"；三是自治，"可减少汉人轻视畲民的心理"；四是存古[2]。具体而言，民族同化的基本政策包括："普及少数民族的教育，提高文化水平；汉族与少数民族通婚；提高少数民族的社会地位，实行民族自治；尊重少数民族的生活习惯与习俗等。"[3] 可见徐益棠所谓的"同化"并非时人所谓的"汉化"，而是带有一种共同提高，共同"进化"，共同走向"近代化"的意味。

---

① 徐益棠著、徐畅整理：《民族学大纲》，第 14 页。
② 徐益棠：《浙江畲民研究导言》，《金陵学报》1933 年第 3 卷第 2 期。
③ 徐益棠著、徐畅整理：《民族学大纲》，第 16 页。

第六章 张廷休对中华民族整体性的探索

在中国近代教育史和中华民族思想史上,张廷休(1898—1961年)留下了不浅的历史痕迹。他是国民政府教育部蒙藏教育司的首任专职司长,也是民国时期贵州大学的筹建者和唯一校长;是民国时期边疆教育政策的主要研制者,也是边疆教育的具体实践者。张廷休在其边疆教育实践中与当时政学两界人士多有互动,形成了对中国边政建设和中华民族整体性的系统思考。不惟如此,张廷休在历史学和经济学两个领域都有显著成绩,对边疆民族研究问题著述尤多。在1939年"中华民族是一个"的大讨论中,张廷休也是重要参与者,发表了《苗夷汉同源论》《再论夷汉同源》等文,推广其中华民族整体性的观点,在当时引起一定程度的关注。但在当下的历史书写中,张廷休几乎是个失语者。其生平除了少许文史资料有其"事略"①,近年始有贵

---

① 参见《张廷休先生传略》,《"国史馆"现藏民国人物传记史料汇编》第22辑,台北"国史馆"出版社1984年。另有一些文史资料对张廷休的事迹有记载,如马东庆、金以宽《张廷休先生传略》(《安顺文史资料选辑》1985年第3辑)、韩文华《张廷休先生生平》(《安顺文史资料选辑》1988年第9辑)、周道祥《张廷休先生事略》(《安顺文史资料》1993年第14辑)、刘朝明《国立贵州大学校长张廷休》(《文史资料存稿选编》第3卷,贵州人民出版社2006年)。

州大学教师撰写的介绍性文字问世①。有鉴于此，笔者根据相关史料，对张廷休的人生经历及边疆工作实践略作梳理，侧重论述其对中华民族整体性的探索，并结合其时代语境做一些历史反思。

第一节　张廷休的人生经历与边疆教育工作

张廷休，字梓铭，回族，贵州安顺人，1898 年 9 月生。自幼家贫，上学"时入时辍"，但"天性喜看小说笔记一类的东西"，曾"将一部《资治通鉴》抄完"，这成了张廷休走到"文史的路上去"的重要动因②。1919 年，张廷休入读南京高等师范学校（1921 年创建为东南大学）文科，后加入该校史地研究会，得到分任史学和地理指导老师著名学者柳诒徵和竺可桢的指点，在会刊《史地学报》发表《欧洲大学起源考》《近五十年历史的讨源述略》《英国经济史大纲》，分别为论文、译作和读书报告，其学术素养初露锋芒。

张廷休从东南大学毕业后，出任江苏省海州中学史地教员、训育主任③，后受聘于上海国立暨南大学。1927 年张廷休步入军界，担任第四十军一师政治部主任，并随军北伐④；北伐结束后当选为国民党上海市党部临时候补委员⑤；1928 年被任命为南京首都卫戍区司令部政

---

① 罗应梅、黄凯、汤润雪、吴旭：《国立贵州大学校长张廷休及思想研究》，《教育文化论坛》2017 年第 2 期。

② 张廷休：《穷苦青年应该如何自修：我的自述》，《读书通讯》1941 年第 20 期。

③ 江苏省海州区地方志编纂委员会编：《海州区志》，方志出版社 1999 年，第 197 页；《教育消息（要闻）·京市教局长刘平江赴教部声辩》，《申报》1930 年 5 月 1 日。

④ 《地方通信·临淮》，《申报》1927 年 6 月 16 日。

⑤ 《本埠新闻·市党部新任临时执监昨日就职》，《申报》1927 年 10 月 19 日。

治训练处中校主任①，后出任国民党中宣部秘书②。1928—1929 年，张廷休接连在明智书局出版三本著作，分别是《近代革命纪念日》《近代革命史概要》《民生史观》。这些著述充分体现了张廷休学术的历史学底色，同时也可见其"当代史"的自觉。他从历史学起步，兼顾经济问题，很早就关注当时最发达国家英国的经济发展历程。1930 年担任河南省政府秘书长③、河南省党务指导委员④，1932 年底被免⑤；随后出国留学，先后到英国伦敦大学、德国柏林大学，学习历史和经济，这恰是他在南京高等师范学校时即有的学术兴趣，也为其后来胜任财政工作奠定了基础。

　　1934 年张廷休回国后不久即在国民政府中央土地委员会（陈立夫为主任委员）担任调查组主任⑥。1936 年初担任财政部整理地方捐税委员会专门委员⑦；同年 4 月 6—7 日参加中国地政学会第四次大会，当选候补理事⑧。1936 年，张廷休出版了《江苏地方财政第二次视察报告》，发表了《土地村有问题评议》等文。这一时期，张廷休已经对中华民族有所思考，写下了《中华民族是落后的吗》《中华民族的量与质》《我们应如何准备？》《西南青年的责任》等文。

　　1938 年 3 月 7 日，陈立夫就职教育部部长⑨。两个月后，张廷休获

---

　　①　《本馆要电·首都卫戍部近讯》，《申报》1928 年 3 月 5 日。

　　②　《本馆要电·中央常务会议》，《申报》1928 年 11 月 16 日。

　　③　《命令》，《申报》1930 年 11 月 26 日。

　　④　《要闻·中央一百十九次常会》，《申报》1930 年 12 月 19 日。

　　⑤　《命令》，《申报》1933 年 1 月 1 日。

　　⑥　土地委员会编：《全国土地调查报告纲要》，全国经济委员会 1937 年，第 2 页。

　　⑦　《派张廷休为本部整理地方捐税委员会专门委员》，《财政日刊》1936 年第 2372 期。

　　⑧　《中国地政学会选举萧铮等为理事》，《申报》1936 年 4 月 7 日。

　　⑨　《陈立夫昨抵渝，今晨就教育部长职》，《申报》1938 年 3 月 7 日。

任教育部主任秘书①。1939 年 1 月 11—12 日，张廷休参加边疆教育委员会第一届第一次会议，当选委员。边疆教育委员会是蒙藏教育司的咨议机构。此一时期，张廷休继续深入研究中华民族问题，且多与教育工作结合起来论述。1939 年，张廷休考察川、滇、康、藏等地发展情况，进而关注边疆问题，此后集中发表了《苗夷汉同源论》《再论夷汉同源论》《国防建设中之边疆教育》《边疆教育与民族问题》等论著。可见张廷休随着工作变动，开始关注边疆教育问题，而边疆教育问题的核心，往往又在民族教育上，故其对民族问题的思考也得以进一步深入。

蒙藏教育司创设于 1929 年，专门负责边疆教育事务，但司长一职向由其他司局领导兼任。1941 年 4 月 8 日，张廷休被任命为教育部蒙藏教育司司长②，为蒙藏教育司创设以来首任专任司长。5 月，张廷休以新任司长身份参加了边疆教育委员会第二届第一次会议。同年 6 月 1 日，国民政府社会部将成都、重庆、榆林三地各自成立、名称相同的"中国边疆学会"合并为中国边疆学会，张廷休任学会监事，后赴云南、青海等地视察边疆教育③。此后张廷休兼任教育部边地青年升学就业指导处处长、东方语文专科学校筹设委员会委员等职④。结合这些教育工作，他对相关问题保持了探索，除了《国防建设中之边疆教育》《边疆教育与民族问题》外，同期还发表了《西南青年的责任》《川省边地视导之要义》等文章，其中不乏对边地教育与中华民族构筑的关联

---

① 《昨行政院决议，杨杰继任，驻苏大使蒋廷黻回任政院政务处长，韩德勤代理苏主席》，《申报》1938 年 5 月 11 日。

② 《财政部内设立管理田赋筹委会，政院通过货物征税条例，张廷休任蒙藏教育司司长》，《申报》1941 年 4 月 9 日。

③ 参见《张司长廷休赴滇视察边教》，《教育通讯》1942 年第 5 卷第 10—11 期；《张廷休抵兰》，《新闻报》1941 年 10 月 28 日；《张廷休返兰》，《新闻报》1941 年 11 月 19 日。

④ 教育部教育年鉴编纂委员会编：《第二次中国教育年鉴（二）》，第 258 页。

性思考。

张廷休不仅参与边疆教育顶层设计,也曾到边疆地区办理大学教育。1942 年 5 月 22 日,张廷休被任命为贵州大学校长,7 月 6 日被免去蒙藏教育司司长职务[①],7 月 15 日抵达贵阳,8 月 1 日正式就职。张廷休锐意改革,尽力充实贵州大学师资力量,改善办学条件,扩大办学规模,"增设文理、法商两院,分设中文、外语、史社、数理、化学、政经、法律七系",加强大学文化建设,拟定校训为"刚毅笃实",创办多种刊物,建立多个学术团体[②]。1945 年 5 月当选为国民党中央第六届中央执行委员会委员。此一时期,张廷休曾在大夏大学做主题为"边疆教育问题"的讲座,发表《边疆教育问题》等文。

张廷休 1949 年 11 月前后经香港去往台湾,曾主持正中书局[③],后任台北"考试院考试委员会委员"。1961 年 11 月 23 日逝世。

纵观张廷休的人生历程,可谓经历丰富,在政、学、军界均有经营,但就时间而论,还是从事教育管理工作最长,故其专业虽为历史学和经济学,但对教育问题论述最多,又因长期从事边疆教育相关工作,其思考的落脚点又多在中华民族整体性的构筑上。

第二节 论"同源"以证"一元"

前文已谈到,张廷休在 1930 年代中期即对中华民族问题有所思考,主要聚焦中华民族是否优秀这个问题上。当时有学者对中国民族有不少反思。根据张廷休的归纳,大致有两类:一是认为中国民族

---

① 《教育公报》1942 年第 14 卷第 13—14 期。

② 张廷休:《创建五年之国立贵州大学》,《教育通讯》1947 年复刊第 3 卷第 4 期。

③ 正中书局 1931 年由陈立夫创立于南京,1949 年迁往台湾。主要出版教科书、学术专著、民众读物、儿童读物、字典等,抗战时期曾编印大量战时读物。

是"不科学"的民族，二是认为中国民族存在各种不良特质。前者以胡适、吴敬恒为代表，后者以晏阳初、张君俊为代表。张廷休在《中华民族是落后的吗》一文中列举了当时国内外对中华民族落后特质的各种观点，比如晏阳初概括的"愚、贫、弱、私"等"四病"，张君俊概括的"麻木不仁，半身不遂"病，梁漱溟概括的停滞不进的文化、几乎没有宗教的人生等"怪现象"等问题。对于此类观点，张廷休持反对意见。在他看来，这些所谓"四病或者是五毒"，"在任何民族里面都一样的可以找得出来，并不限于中华民族，而中华民族也并不能因为有这些现象，就派到落后民族的队伍中去"；而且"人类的缺点和优点，绝不是单独在一个地方或一个社会里面产生的"。他认为，中华民族不是落后的民族，中华文化也不是落后的文化，中华民族之中有部分人存在各种各样的缺点，但是总体而言中华民族是优秀的。他提出，中华民族有着无穷的潜力，所面临的各种各样的问题，不是眼泪可以"洗涤干净的"，而是需要"强烈的血清"[①]。同时，张廷休认为中华民族不是"不科学"的民族，只是在近代科学暂时落后，是完全可以追赶上来的，并言科学并不是决定民族命运的关键，政治、经济的自主才是关键[②]。

张廷休反对民族优劣论，否定所谓白种人是最优秀种族的论调，并以归谬法反驳，如因近代以来欧洲成了世界发展的中心而认定白种人更优秀，那么世界曾存在四大文明古国，而同期欧洲人"都一致在榛狉草莽中生活"，并不能因此而认定欧洲人种低劣[③]。同时，张廷休认为，应对各民族一律平等对待，"四海之内皆兄弟也，从不把人家看得

---

① 张廷休：《中华民族是落后的吗》，《新中华》1935 年第 3 卷第 9 期。

② 张廷休：《中华民族之量与质》，《中山文化教育馆季刊》1936 年第 3 卷第 3 期。

③ 张廷休：《西南民族问题与边疆教育》，《训练月刊》1940 年第 1 卷第 6 期。

张廷休《西南民族问题与边疆教育》和《边疆教育与民族问题》

比我们高或比我们低"[1]。换言之,在张廷休看来,中华民族在与其他民族相处时,应秉持民族无优劣之分的态度。

　　稍后,历史学家齐思和指出,1930 年代很多人的思想已经由"狭隘的种族主义进到了民族主义",目标已经由"种族之间的倾轧转到了全民族的奋斗",这是一个"大进步,大觉悟"。他认为,以骨骼、肤色和相貌进行种族区分,是欧洲国家为其侵略扩张进行政治宣传的种族优劣论,并无科学根据。他强调民族是一种心理现象和政治现象,是精

———————————

① 张廷休:《边疆教育与民族问题》,《学生之友》1941 年第 2 卷第 1 期。

神的和主观的,只不过是"一种想象",形成民族的最重要力量是"命运共同体"的情绪。他呼吁 : "内部共同的背景既维系住外面的团结,外部的压力更促成我们的合作。希望大家从此撤下虚无渺茫的种族问题,来从事中山先生所设示的'组织成一个民族主义底国家'的伟业!"[1]

1930 年代,中国学界出现了"国族本位"或"国族至上"的主张,其核心要义是将中华民族作为"中华国族",维护其整体的根本利益,但其前提是各族要"精诚团结"。强调中华民族的整体性,弥合传统中国"四裔"的藩篱,建构一个大中华民族(不仅包括汉、满、蒙、回、藏,也包括南方与西南各非汉族群的国族),建设多民族的统一的民族国家,成为当务之急和众多有识之士的共同要求。对中华民族整体性的强调,其落脚点多是在建立一个由中华民族主导的民族国家。顾颉刚等人关于"中华民族是一个"的论争,就是在这种语境下形成的[2]。但如前所述,同一时期,也有不少学者唱衰中华民族,或者习焉不察使用类似"中国本部""民族自决"等名词来论述中国的民族问题,引起傅斯年、顾颉刚等人的警惕。正如顾颉刚所说"我们觉得最痛心的一件事,乃是帝国主义者造出了几个分化我们的名词,传播进来,我们上了他们的当,随便用了。大家日日在嘴里说,又在笔下写,这几个名词就起了极大的分化作用,仿佛真把土地和人民划成了若干部分,要做团结的功夫就增加了许多困难。这不能不责备我们知识分子的糊涂,以致国家陷于空前的危险"[3]。傅斯年、顾颉刚两人分别写出了《中华民族是整个的》《中华民族是一个》,主要是强调中华民族的整体性。尤其是后文,引起当时学界一场不小的论争。关于这场论争,近年讨论

---

[1]　参见齐思和 :《民族与种族》,《禹贡》1937 年第 7 卷 1—3 期。

[2]　参见汪洪亮 :《民国时期的边政与边政学》,第 74—82 页。

[3]　顾颉刚 :《"中国本部"一名亟应废弃》,《益世报·星期评论》1939 年 1 月 1 日。

较多,此不赘述 ①。

时任教育部简任秘书、边疆教育委员会委员的张廷休也是这场学术论争的参与者,时人即有注意,今人却多不察。同年稍后,张廷休发表《苗夷汉同源论》声援顾颉刚,从汉族的称谓出发,认为汉族的"汉"不是一个种族的名称,只是一个朝代的称呼,称汉族是"政治的和习惯性的",随后提出"中华民族是一个","内部的分别,只能看做一个家族内的各房",接着提出"苗夷","自始既与汉族同源","同是中华民族的一份子,文化的水准虽不免少有差别,生活的习惯亦有种种不同,但与汉人的关系,宛如一个家族的分房,绝对不能看作两个民族",并引用古书及人种起源相关的多种学说来证明苗夷汉同源,认为"不论任何一说,夷与汉都是同出一源的" ②。随后他又在《西南边疆》上发表《再论夷汉同源》,从语言同源、神话与传说同源、体质相同以及夷汉混合等方面进一步论证中华民族的整体性 ③。

其实张廷休的这些文章,在当时也有异议。比如苗族人鲁格夫尔就不认同张廷休的观点,认为"苗夷历史虽无专书记载,但苗夷自己绝不承认是与汉族同源的。同源不同源,夷苗族不管,只希望政府当局能给以实际的平等权利"。他还对"黄帝子孙不当汉奸"提出异议,认为"如此宣传,即表明抗战目的不是为国,乃是为汉族;所谓建国亦是建汉族之国。使蒙、藏、回、夷苗同胞听了必然反对,他们也不会盲目的跟汉人乱喊的,认黄帝为祖宗的" ④。

岑家梧曾对顾颉刚和张廷休关于中华民族整体性的观点和论证有过评述。在一篇对贵州民族研究的综述文章中,他谈道:"年前顾颉

①　参见马戎编:《"中华民族是一个":围绕1939年这一议题的大讨论》,社会科学文献出版社2016年。不过该书并没收入张廷休的有关讨论文章。

②　参见张廷休:《苗夷汉同源论》,《中央周刊》1939年第1卷第33期。

③　张廷休:《再论夷汉同源》,《西南边疆》1939年第6期。

④　鲁格夫尔:《来函两封》,《益世报·边疆周刊》1939年5月15日。

刚氏在昆明《益世报》发表了《中华民族是一个》一文,张廷休氏于《西南边疆》发表《汉夷同源论》,当时持反对意见者颇不乏人。各族最初之族源如何？虽未能明,然其与中原汉人之历史关系则极为密切”①。在另一篇辨析“民族”与“宗族”的文章中,他再次提到两人观点,认为虽然在结论上二人看似一致,但具体观点还是有些差异。在岑家梧看来,顾颉刚认为“主张许多不同的种族,经过历史的演进,逐渐混合为一个中华民族,中华民族内的人民,是不同始而同终的”,而张廷休的观点却恰恰相反,认为“中华民族内的人民,自始就是同源,不过由于地理环境的限制,边疆与内地之间,逐渐隔膜,便形成文化上的差异,可谓是同始而不同终的”。岑家梧表示两人观点虽不同,但都有正确的一面,就是认定中华民族的整体性,但是都只能部分说明中华民族融合情况,实际上“中华民族内的各族,无论在血统上,文化上,早已发生了多次混血,早已结了不可分离的关系,至今已逐渐形成了一个统一体”②。

当时认同“苗汉同源”的学者亦复不少。如罗荣宗的《苗族之语言》开篇即言:“苗族的祖先与汉族同为当时角逐中原最强有力之两民族部落,而非两个不同的民族”,然后从语言学的角度,认为苗语与汉语都是“单音孤立语”,“其语言文化与汉族相似”,苗语之语词甚少,“因许多事物之名辞,为苗语中所无,而不得不夹入汉语也”,论证苗族和汉族同为一族。他还曾撰有《苗族考》《汉苗源流考证》等两篇文章,从历史的角度来证明“苗汉同源”③。石启贵《汉苗同源论》提出了更多的“同源”证据,认为从中华民族种族来源的各种学说来看,“均不能否认苗汉是同出一源也”,苗语歌曲的“构造体裁均与汉同”,苗夷语言与“今汉族相同很多”,从“苗”“华”名称可证“苗汉关切之重

---

① 岑家梧:《贵州宗族研究述略》,《边政公论》1944 年第 3 卷第 2 期。
② 岑家梧:《论民族与宗族》,《边政公论》1944 年第 3 卷 4 期。
③ 罗荣宗:《苗族之语言》,《边疆研究季刊》1940 年第 1 卷第 1 期。

要"，苗医药为草药、"时日亦用干支"，也与汉族相同，"使非一源，焉能有此择选法"，从姓氏看，"与世界上，任何民族之姓氏，结构皆属不同"，汉苗之姓名仅为"二三字的，任何民族所未见"，"即知苗汉是同源"[①]。

　　我们应该注意到，论证中华民族整体性，是当时不少学者的共同趋向。"汉藏同源论""五族同源论""汉民族与西南民族同源论"等各类"同源论"在当时发表了不少。如 1939 年，冯大麟在《中央周刊》连载《汉族与西南民族同源论》，提出"西南民族在古代之时，本与汉族同源，散居长江流域一带，所谓三苗是也，三苗本神农之后，原亦汉族"[②]。同年，熊十力在《黄埔季刊》发表《五族同源论》，通过族源探寻，认为均与汉族同出一源，如匈奴为"夏后世之苗裔"，"苗民即是汉族"[③]。1940 年，王光璧在《康导月刊》上发表《汉藏同源论》，从中华民族来源、历史依据、体质鉴定、语言比较、习俗检讨以及住房等方面来论述，并指出"汉字原为朝代名而转为地域之名，藏字原为地域之名，所谓藏人、汉人，其义殆于吾人之籍贯，非种族之异称"，"苗汉实为同源异系同木分枝"，"同是中华民族"[④]。1941 年，《边政公论》在其《发刊词》中指出"在我边疆广大的区域上，散居着汉、满、蒙、回、藏各族的人民，而这各个民族，都为大中华民族之一支系，在初本出一源"[⑤]。1943 年，马鹤天在《中国边疆》发表《中华民族同源考》，认为中国境内"或因时代之变迁，或因地域之转移，或因译音之分歧，或因文化之差异，往往同族而异名，同名而异记"，"如追根溯

---

① 　石启贵：《汉苗同源论》，《中央周刊》1940 年第 2 卷 34 期。
② 　冯大麟：《汉族与西南民族同源论》，《中央周刊》1939 年第 2 卷 15、16 期。
③ 　熊十力：《五族同源论》，《黄埔季刊》1939 年第 1 卷第 1 期。
④ 　王光璧：《汉藏同源论》，《康导月刊》1940 年第 2 卷第 11 期。
⑤ 　参见《发刊词》，《边政公论》1941 年第 1 卷第 1 期。

源，均为同族异名，同干异枝，分之为各宗族，合之为整个中华民族"①。

　　论证中华民族整体性的文章连续多年都有推出，颇能表明那个时代学人对此问题的持续关切。这些言论密集出现，可谓形成一种"思潮"，很大程度上引领了时人关于中华民族整体性构筑的努力。凌纯声曾言，国人注意"民族"是在孙中山提出三民主义之后，边疆文化研究也就"应运而发达"。在他看来，"成就可述者"至少有两个，一是过去视为无稽之谈的"夷汉同源论"现今有了"科学的根据"；二是过去认为日渐衰老的中华民族，现今被乐观地认为因各族融合而造成"日在生长，历久而未曾衰老"②。顾颉刚应商务印书馆之邀编辑《初中本国史教科书》，就想通过这本书"暗示青年们，中国正在少壮"，因为各族的融合使中华民族"永远在同化过程之中，也永远在扩大范围之中，也就永远在长生不老之中"③。不过凌纯声所谓"科学的根据"，其实也颇多附会。时人对此问题亦无定论，并未形成广泛共识。张廷休较早参与到中华民族整体性论证中，其言论是在抗战关键时期中华民族面临危机的时局下发出的爱国声音。但我们也要认识到，张廷休并非训练有素的历史学家或民族学家，其论证目标明确、目的明显但略显简单粗暴，也并不全然符合历史和现实。同时张廷休主体身份还是一个官员，其言论在一定程度上也可以解读为官方投石，其观点在进入1940 年代张廷休系列谈边疆教育的文章中进一步完善，最终汇入国民党内有关中华民族的叙述中。

---

　　① 　马鹤天：《中华民族同源考》，《中国边疆》1943 年第 2 卷第 10—12 期。

　　② 　参见凌纯声：《中国边疆文化（下）》，《边政公论》1942 年第 1 卷第 11—12 期。

　　③ 　顾颉刚：《我为什么要写'中华民族是一个'》，《顾颉刚全集·宝树园文存》第 4 卷，第 109—110 页。

第三节 兴边教以求"整个民族的复兴"

民国时期边疆危机突出,尤其是在抗战时期,亟须各族团结,国族构建成为当时急务。但因国内文化多元,族群众多,边疆教育成为构建国族的重要途径①。陶云逵指出,边疆是"文化的边区",边疆问题"实是个文化的问题",边政工作目的在于"保卫边民,加强团结,推进复兴大业",前提是把边疆社会文化与中原文化一样"近代化"起来,所以"政府的边政之重心是使边疆社会的文化改变为近代化的文化"②。曾紫绶认为边疆教育"实为国家之必要之义务"③。吴文藻也说发展边疆教育"实为发展国内民族文化的基本工作",而发展民族文化"乃是建设现代化的民族国家之当前急务"④。总而言之,边教无小事,发展边疆教育,关系着现代化民族国家的建设。此外还有许多边疆学者对此提出自己的建议,大体都对其重要性具有充分认识,此不赘述⑤。

张廷休曾在《面包与教育》一文中提出要将教育与面包放在同等的位置,认为"面包的解决,和教育的解决,从教育本身方面看,有相互的关系,所以要二者同时解决。因此,我们对于教育,应该要和面包一样的重视"⑥。也就是说,发展边疆教育与发展边疆经济同等重要。1941 年国民党五届八中全会综合历次大会决议编订了《边疆施政纲

---

① 参见汪洪亮:《国族建构语境下国人对边疆地区多元文化及教育方略的认识——侧重 20 世纪 30—40 年代的西南地区》,《四川大学学报》2011 年第 4 期。

② 陶云逵:《论边政人员专门训练之必需》,《边政公论》1941 年第 1 卷第 3—4 期。

③ 曾紫绶:《边疆教育问题之研究》,《教育杂志》1936 年第 26 卷第 3 期。

④ 吴文藻:《论边疆教育》,《益世周报》1939 年第 10 期。

⑤ 参见汪洪亮:《民国时期的边政与边政学》,第 309—314 页。

⑥ 张廷休:《面包与教育》,《首都教育研究》1930 年第 1 卷第 2 期。

要》，包含一般性原则，政治、经济、教育四个方面的内容。张廷休认为此次《边疆施政纲要》的出台，是中国教育史上划时代的一件大事，比废除科举制度更为重要，"教育的部分虽然标明出的只有四分之一，但其余的四分之三，几乎没有一件不是教育的工作或者和教育有关"[1]。张廷休甚至认为，在边疆地区，没有民族问题，只有教育问题，并倡议"赶快实施边疆教育，普及边疆教育"，期望全国人民都"加入抗战的阵营，以求我们整个民族的复兴"[2]。在张廷休看来，"边疆教育关系国防建设民族复兴至为重要"，"国民教育在边区之需要，比什么都迫切"[3]。张廷休的这些观点都是富有远见的，并不是片面强调，而是抓住了问题的关键。

如第一章所述，张廷休从三个维度对"边疆"的定义做了界定。一是地理学，边疆就是"我国海岸线以外的领土边境"，和其他国家领土相连，无论其语言、风俗及文化有何差异，在国防上都有同样重要的地位，都可称之为边疆；二是"人地学"，只要是人文习俗与中原地区有着很多相同之处的国外区域也可以认为其是中国之边疆，如东南亚等地区的华人华侨聚集区域。如果假定地理边疆为"内边"，则后者可名为"外边"[4]。张廷休在其另一文《西南青年的责任》中也对"外边"有所阐述，开篇即言："此地所说的西南，除川、康、藏、滇、黔、粤、桂、湘等地而外，印度支那半岛、马来半岛及其附近各岛屿都包括在内"，这个区域属于横断山脉，而该地区的人民从各方面来看"其根源完全是一致的"[5]。那时国人对"外边"的论述，其实勾画了中华文化圈的范围，潜伏了对历史时期大中华无远弗届的光荣历史的追慕，以及对中

---

① 张廷休：《国防建设中之边疆教育》，《教育通讯》1941 年第 4 卷第 22 期。
② 张廷休：《边疆教育与民族问题》，《学生之友》第 1941 年 2 卷第 1 期。
③ 《张廷休讲边疆教育问题》，《大夏周报》1943 年第 19 卷第 10 期。
④ 张廷休：《边疆与教育》，《贵州教育》1942 年第 7—9 期。
⑤ 张廷休：《西南青年的责任》，《中国青年》（重庆）1941 年第 4 卷第 6 期。

华民族在抗战建国事业中实现复兴的期待。关于此点,拟另文讨论。
三是从文化的立场上看,凡开发较迟,文化水准过低的地区,可以视为
边疆,如"滇之夷""蜀之羌"等无论在不在边地,均可称之为边疆。
同时,语言文字风俗习惯与"中土殊异"者,"亦可以边疆视之"。他举
例说,蒙、回、藏等皆属此类,"各有其特殊文献,自成其文化体系,与中
土较,并无优劣之分,而有异同之别","吾人为求民族文化整个性之表
现,乃有化异从同之必然要求","凡此种种,吾人概名之为'文化的边
疆'"①。

　　时人多认为,文化的边疆即边疆教育的对象。但在张廷休看来,
其所言三种边疆,都是边疆教育的对象,且有不同的内涵。张廷休认
为国家如果失去边疆就会灭亡,故拯救国家须先拯救边疆。当然,就
教育而言,还是"内外有别":"内边"的边疆教育,最重要的是建立国
防的"精神堡垒",时值抗战建国,需要加强国内各民族间的团结以及
宗教间的和睦,激发民族精神,有利国防,故"边教的成功是建国成功
的基础";"外边"的边疆教育,一是"为适应外边人民向慕祖国之殷
情",二是"为世界文化之交融播栽优良之种子",以"散布中华文化之
基点",为世界文化发展做贡献。"文化的边疆",一是对文化水准过低
的地区,首要的是发动文化上的"启明运动",二是对文化体系"殊异"
的地区,多做"民族文化的交流运动"。张廷休认为,部分边区文化水
准低是环境使然,这些地区的人民接受教育的能力以及天赋丝毫不弱
于已经开发过的地区。站在中华民族一元论的立场,应扶持提高其文
化水准。同时,张廷休认为民族文化越健全,民族就越强大,故在民族
文化交流活动中应取长补短,使中华民族文化越来越美满,中华民族
越来越强大②。正如后来教育部部长朱家骅所言,"吾人对于国内各族
文化之交融,首要在弃其糟粕,撷其精华,将各族文化之优长部分,融

①　张廷休:《边疆与教育》,《贵州教育》1942 年第 7—9 期。
②　张廷休:《边疆与教育》,《贵州教育》1942 年第 7—9 期。

合成为整个中华民族文化,则百川朝海,必能蔚为大观。无论适应与交融,要皆以增益国族文化为极则"①。张廷休的这些表述,与当时大多以文化边疆为边疆教育对象的言论相比,显然考虑更为深远周全,也更加凸显其历史眼光和全球视野。增强中华民族共同体认同,显然是其思想核心,但他同时也考虑到了中华文化走出去以及扩大中华文化圈的问题。

边疆教育之重要,国民政府有充分认识。但边疆教育如何实施,则需谋定而后动。教育部在 1941 年的总结中有如下表述:"教育部近数年来分别遣派张廷休、郭莲峰、王文萱、宗亮东、郎奎弟、张恒翔、徐瑞祥、黄问歧、李安宅等员视察各边疆教育,凡二十余次",其中 1939 年组织的西南边疆教育考察团,深入云南、贵州、广西等地,"为期七月有余,为部级视察团体,规模较大者"。开展调查之初衷,即在于:"教育事业本应因施教对象、时间、地域之不同而异,其设施举凡制度之订定,学校之建立,教材之编辑,管理之方式,均应力谋适应于实际情形,边疆社会情形较为特殊,边胞之生活习惯多与内地迥殊,故边教设施,倘非先经详密调查实情,而贸然移用内地所行之一切规制,结果非惟格格不入徒劳无功,且易引起边胞对教育之漠视,甚至反感。对于边教前途反生阻碍,故边地青年教育及人事行政实施纲领规定,实施边教之步骤……施教之后其效果之测量,困难之解除,方法之改善……胥有赖于考查与督导"②。当时张廷休正担任教育部蒙藏教育司司长,在边疆教育调查及实施工作中发挥了较为直接而重要的作用,应可确信。

张廷休认为边疆教育是一个系统工程,"统一的制度""环境的适应""事业的配合"和"永久切实的计划"都是不可或缺的。教育

① 朱家骅:《论边疆教育》,教育部边疆教育司编印:《边疆教育概况续编》,第 2—3 页。

② 《抗战以来之教育》,中国第二历史档案馆藏,编号:5—12414。

行政须统一,自不必说,关键是教学和课程方面,要牢记"边疆是我们的国土,人民是我们的同胞",应以"一个统一的中国和一个民族的文化"为各级各类学校"共同致力的目标"。他注意到边疆地区一些传教士自办学校,自编教材,自行教学,教学内容"只有小猫小狗,耶稣十字,并没有中国,更没有中国的历史"的情况,认为应该保持警醒,对于边疆教育制度统一问题"不应再有丝毫的疏忽或推诿"。制度需要统一,但具体实施又要因地制宜,要"使今后所举办的各项教育事业,都能切实的与其环境相适应"。张廷休认为,边疆地区"较内地各省之间的差别较大",不同地区"欲以同一教材而求其施教无忤,必感极大困难",办理边疆教育既要顾到"实际的经验",又要注意"分配的合理"。同时,边疆地区民族多元,宗教信仰不同,还有一些地方迷信充斥,推行现代教育必然会与边疆地区民众的固有思想观念产生冲突,为边疆教育推行增加了难度。张廷休态度非常明确,"在任何教育机关以内,根本不能容纳涉及迷信或一切不合理的思想及行动",但"在风气未开的地方,对于原有的习俗,不能不稍事迁就",对宗教信仰的内容则应"相当的保留","采取渐进的方法","使能潜移默化",而不可操之过急,"以引起社会的反感"。教育与其他事业也要配合进行,用张廷休的话说,"教育是血液,而生产则为骨肉",边疆民众最需要的就是生产和教育,故边疆教育也仰赖边疆生产事业的发展①。张廷休还指出,在边区办理学校,应有"永久切实的计划",需要各方面齐心协力、分工合作,不可"敷衍功令",对于经费、人才、课程等,"都应有充分的准备"②。

张廷休人生经历丰富,工作领域涉及党、政、军、学、教,治学领域有政、经、史、教,颇有建树。但其工作时间最长,是在教育领域,又主要从事边疆教育工作,其作品所涉主题则集中在边疆教育和中华民族

---

① 张廷休:《国防建设中之边疆教育》,《教育通讯》1941 年第 4 卷第 22 期。
② 张廷休:《边疆教育与民族问题》,《学生之友》1941 年第 2 卷第 1 期。

整体性两个方面，故本文侧重这两个方面，简要梳理其思想要点。在教育部任蒙藏（边疆）教育司司长时期，张廷休有关边疆教育和中华民族的论述最多，思考最为深切。他在贵州大学的办学实践，在高等教育层面为边疆教育做出了突出贡献。与同时代一些学者关注"中国民族本质"常以"四病五毒""没科学修养""缺乏创新能力"来定性的判断相比，张廷休更多分析历史原因，更多阐述"民族无优劣"，对未来中华民族之前途也更多保持乐观。在"中华民族是一个"的大讨论中，张廷休提出苗夷汉"同源论"，与顾颉刚等提出"中华民族是一个"，具有共同的思虑，其目的在求各民族精诚团结，同挽救国家于危难之中。今天回过头来看抗战时期学人有关中华民族的见解，不可全以学理论之，如在政学之间来考量，或可对那个时代的思想界有更多心领神会。

　　有趣的是，张廷休担任蒙藏教育司司长不到半年，刘国钧就撰文批评，"中央则自设蒙藏教育司后，耗资数十百万。然而至今日未能收实效者，固由于教育之效力非短期所能见，要亦由于办理之未得其道也"①。大概是受到国民政府压力，发表刘文的《西南边疆》杂志在下一期就特别发表启事，表彰"自张指滇先生主持教育部蒙藏教育司以来，百废俱举，成绩昭然"②。张廷休或许奋发有为，但在当时资源匮乏，国民党人办理边疆教育功利从事的情况下，很难取得佳绩。张廷休曾言，边疆教育"是中国教育史上划时代的一件大事"，其重要性"比之于戊戌的废科举、设学校，犹有过之"，"因为废科举，设学校，只是教育的扩大及改良，而边政教育的兴办，系从无到有，是一种新的教育之创造和建立"。在其心目中，边疆教育的实现将使得"大过于内地一倍以上一般人认为荒凉不毛野蛮落后的边僻区域，变成文教蔚兴产业发达的乐土"，"而五千万以上的边区同

①　刘国钧：《今后边疆教育应取之方针》，《西南边疆》1941 年第 13 期。
②　《本刊启事一》，《西南边疆》1942 年第 14 期。

胞"，"俾得共同致力于建国的工作，并能担负保障国家安全即国防上最前线的任务"①。张廷休提出的这些设想，在今天已基本变成现实。

张廷休《苗夷汉同源论》

---

①　张廷休：《国防建设之边疆教育》，《教育通讯》1941年第4卷第22期。

第七章　余论

民国时期的边疆学人与学术,是个可以投入更多精力也是可以有更多产出的研究领域。笔者将持续寻索,兑现笔者在绪论中所提出的,也是马大正先生在序中所期望的,研究更多的边疆学人以重建满天星斗的学术史面貌。其实这也是边疆学界所应共同努力的。

根据马大正先生的提示,中国边疆学构筑进程中值得重视的四个节点,包括对前人研究成果的继承和创新,中国疆域理论的探究,中国边疆治理理论与实践的研究,依托边疆历史、面对边疆现实的责任担当①。民国时期中国边疆研究史研究应是四个节点之一,是对前人研究成果的继承和创新的重要组成部分。笔者想就1980年代以来中国边疆学界对中国边疆学构筑的努力略作回顾,以体现学术传承创新,同时也对当前中国边疆学构筑略抒己见,供学界师友批判。

一、1980年代以来学界构筑中国边疆学的学术努力

1980年代以来,学界对中国边疆学科构筑的热情很高,提出了很多构想。1992年,邢玉林发表《中国边疆学及其研究的若干问题》,初步提出了"中国边疆学"的概念,对其定义、功能及研究内容做了初步

---

① 马大正:《再议中国边疆学构筑与中国边疆治理研究的深化》,《云南师范大学学报》2020年第1期。

讨论[①]。此后马大正对中国边疆学的构建做出了持续的思考与努力,将"创立一门以探求中国边疆历史和现实发展规律为目的的新兴边缘学科——中国边疆学"视为边疆研究者的"历史使命"[②]。他关于中国边疆学的系列论述,大多结集于《中国边疆学构筑札记》及其编著的《当代中国边疆研究(1949—2019)》中。

中国社会科学院中国边疆史地研究中心 2015 年更名中国边疆研究所,《中国边疆学》辑刊 2013 年开始出版,地方性边疆研究机构及刊物兴起,边疆民族研究成为学术热点,都在呼唤着中国边疆学的构筑。学界对中国边疆学的学科性问题做了较多探讨,代表性学者有马大正、方铁、李国强、李大龙等。近年来参与讨论的学者不少,如邢广程、李鸿宾、吴楚克、罗中枢、王欣、崔明德、孙勇、杨明洪、苗威等,对中国边疆学的学科建设和话语体系等问题提出了新的思考,产出了一批学科建构理论研究成果。

以"边疆 + 某学",或"某 + 边疆学"为题名,且从学科构筑角度展开论述,具有一定系统性的专著大致有马大正、刘逖《二十世纪的中国边疆研究——一门发展中的边缘学科的演进历程》(黑龙江教育出版社 1987 年),马大正《中国边疆学构筑札记》(中央广播电视大学出版社 2016 年),郑汕《中国边疆学概论》(云南人民出版社 2012 年),毕天云《中国边疆社会学》(云南人民出版社 2017 年),梁双陆编著《边疆经济学:国际区域经济一体化与中国边疆发展》(人民出版社 2009 年),余潇枫、徐黎丽、李正元《边疆安全学引论》(中国社会科学出版社 2013 年),吴楚克《中国边疆政治学》(中央民族大学出版社 2005 年),周平《中国边疆政治学》(中央编译出版社 2015 年),李星主

---

① 参见邢玉林:《中国边疆学及其研究的若干问题》,《中国边疆史地研究》1992 年第 1 期。

② 马大正、刘逖:《二十世纪的中国边疆研究——一门发展中的边缘学科的演进历程》,第 278 页。

编《边防学》(军事科学出版社 2004 年),罗崇敏《中国边政学新论》(人民出版社 2006 年)。

关于边疆学构筑的论文甚多,其中邢玉林、马大正对中国边疆学的学科体系论述最为完善。邢玉林将中国边疆学分为 5 个分支学科(包括中国理论边疆学、中国应用边疆学、中国边疆地理学、中国边疆历史学、中国边疆学史)及 23 个组成部分[①]。马大正在 21 世纪初将中国边疆学分为基础研究和应用研究两大领域,基础研究领域包括中国边疆理论、中国历代疆域、历代治边政策、边疆经济、边疆人口、边疆社会、边疆立法、边疆民族、边疆文化、边疆考古、边疆地理、边疆国际关系、边疆军事、边界变迁、边疆人物等方面,应用研究领域则包括边疆经济、边疆人口、边疆政治、边疆社会、边疆立法、边疆民族、边疆文化、边疆地理、边疆国际关系、边疆军事以及自然和生态环境等方面[②]。马大正关于中国边疆学体系建构问题的思考是与时俱进的。他最近一次提出了中国边疆学"一体三领域"的设想。"一体"即中国边疆学,"三领域"是中国边疆理论研究、中国边疆历史研究、中国边疆治理研究。其中国边疆理论研究包括中国边疆学三大体系建设、中国疆域理论、中国和世界各国边界理论;中国边疆历史研究包括边疆考古、边疆历史、边疆地理、边疆文化、边疆民族、边疆文献;中国边疆治理研究包括中国古今边疆治理的思想与实践,但以当代研究为主,可按区域或门类区分[③]。其他具有学科导论性质的论文还有方铁的《论中国边

---

① 参见邢玉林:《中国边疆学及其研究的若干问题》,《中国边疆史地研究》1992 年第 1 期;《关于中国边疆的若干问题》,《中国边疆研究通报》第 1 辑,新疆人民出版社 1995 年。

② 参见马大正:《关于构筑中国边疆学的断想》,《中国边疆史地研究》2003 年第 3 期。

③ 参见马大正:《中国边疆学构筑再思考——"三大体系"建设之我见》,《中国边疆史地研究》2021 年第 3 期。

疆学学科建设的若干问题》(《中国边疆史地研究》2007 年第 2 期)和
《试论中国边疆学的研究方法》(《云南师范大学学报》2008 年第 5
期),邢广程的《关于中国边疆学研究的几个问题》(《中国边疆史地研
究》2013 年第 4 期),李国强的《中国边疆学学科构筑的透视》(《云南
师范大学学报》2008 年第 5 期),周伟洲的《关于构建中国边疆学的几
点思考》(《中国边疆史地研究》2014 年第 1 期),等等。这些论文基
本上是从某一个角度入手,对学科构建所涉及的相关概念、学科性质、
研究内容、理论方法及相关学科和话语体系的完整性和系统性有待进
一步探讨。

　　上述论著的基本观点,马大正在《当代中国边疆研究(1949—
2019)》《新世纪以来中国学者对中国边疆学构筑的探索》(《中国边
疆学》2015 年第 3 辑)已有详细评述,此不赘言。概言之,1980 年代
以后的中国边疆学构筑的特征,可以表述为:边疆"问题"研究形成热
潮,"主义"多元而有对话。特别是 21 世纪以来,有关中国边疆学构
筑的学术表述,各科学者参与,可谓众声喧哗,观点不尽一致,甚至立
场相左,无论是边疆概念与特征的界定,还是边疆学研究的理论与方
法,都有论争。

　　吕文利干脆将中国边疆学构建的学者们划为两大"阵营":"一个
是以历史学出身的学者组成的,如马大正、李国强、邢广程、周伟洲、方
铁、李大龙等,主要以历史学的方法来进行研究,立足于中国传统,同
时关照西方理论与现实实践;另一个是以政治学学者出身或者研究政
治学的学者,以周平、吴楚克、罗中枢、孙勇、杨明洪等人为代表,主要
关注西方理论与中国现实实践的适应性问题。"① 所谓"阵营"的划分,
或许有点简单化,因为所谓历史学阵营或政治学阵营内部未必就观点
一致,同一个学科甚至同一个工作单位的同事,坐而论道边疆学科构

————————

　　① 　参见吕文利:《新世纪中国边疆学的构建路径与展望——兼论中国边
疆理论的三个来源》,《中国边疆史地研究》2019 年第 2 期。

筑问题,同样可能各持己见。比如关于"边疆建构论"和"边疆实在论"的论争,实际上就主要发生在吕文利所言政治学阵营之中,同时也有民族学学者介入其中①。另外,除了这两个阵营外,也有其他不同的声音,特别是民族学学者们的有关思考不能忽视②。

二、新时代中国边疆学构筑的分歧统合与路径前瞻

回溯近代以来中国边疆学科构筑的历史进程,我们可以看到晚清的西北史地研究尚无边疆研究的学科自觉,民国时期在大量边疆研究实践基础上已经出现多种学科构筑的"主义",但是传播及践行的范围和效果非常有限,尽管边政研究成果丰硕,但从学科构筑角度来看,"边政学"概念并没得到较大范围承认③。21世纪以来关于中国边疆学构筑的必要与重要,已成为很多学人的共识,学人之间互动频繁,也有不少"理解之同情"。但在如何构筑边疆学这个问题上,存在诸多分歧,主要体现在四个方面:一是边疆学的研究对象,即边疆的内涵与特征;二是中国边疆学是否独立学科;三是中国边疆学与一般边疆学的关系;四是中国边疆学的依托学科的关系。笔者认为,上述四个问题的分歧,可能还会长期持续下去,也已成为目前中国边疆学构筑的一大桎梏。笔者认为应有更加理性和兼容的态度,在和而不同中寻求更多共识。一方面要"多谈些问题,少谈些主义",另一方面,也要在渐进的局部解决基础上逐步寻求整体解决,同时也要处理好外来主义与本土学情的关系。关于这四个方面的分歧,笔者在此略陈管见。

---

① 参见朱碧波:《中国边疆学:学术争鸣的回顾与学科发展的前瞻——基于"边疆建构论"与"边疆实在论"争鸣引发的思考》,《新疆师范大学学报》2020年第2期。

② 参见汪洪亮:《"问题"与"主义"之变奏:近代以来中国边疆学构筑的回顾与前瞻》,《中国边疆史地研究》2020年第4期。

③ 参见本书第二章。

一是边疆的内涵与特征。不少学者认为，目前中国边疆学建构最大的困境在于没有统一对边疆概念的认识。2015 年 12 月，笔者参加四川大学召集的边疆学圆桌论坛。在边疆思想史领域颇有成就的袁剑认为边疆概念的理解需要达成共识，是建构边疆学的基础，现在大家谈不到一块，主要是因为在边疆概念理解上没达成共识，所以当务之急是解决这个共识问题。笔者认为，当务之急并不是在边疆概念形成共识，不必为此担忧。大家各抒己见也没有关系，不能因为没有共识而把自己困住。边疆形成原因、表现形式都不一致，很难一概而论。边疆的概念在历史时期就不曾统一，如第一章所述，民国时期政学两界对此问题，见仁见智，互有歧异，迄未获一致的结论①。那时国人对边疆的认识依然是驳杂的，但是有条主线，就是在肯定边疆地理含义的情况下，非常重视文化意义上的边疆②。现在也无法统一。不是每个国家都有严格意义上的边疆，不同国家的边疆概念也不尽一致，边疆形成的原因、表现形式也有不同，很难一概而论。对于边疆的多维形态，马大正指出："中国边疆是一个历史的、相对的概念，只有综合考虑政治、军事、经济、文化和地理位置等方面的因素后，才能得出一个相对明确的答案。"③ 李大龙在《"中国边疆"的内涵及其特征》一文中也做了细致的梳理。

笔者认为，关于边疆概念的认识，一时无法形成共识，实属正常。不少学人将诸如"利益边疆""战略边疆""高边疆""网络边疆"等名词纳入讨论，更是引起一些学者关于概念泛化的忧虑。我们可以寻求和而不同，在相异中看相通。就如"边疆建构论"和"边疆实在论"的论争中，我们也不妨看到二者均言之有物，并非完全对立，更多是一体

---

① 周昆田编著：《边疆政策概述》，第 5 页。

② 汪洪亮：《民国时期国人对"边疆""边政"含义的认识》，《中国边疆史地研究》2014 年第 1 期。

③ 马大正：《当代中国边疆研究（1949—2019）》，第 6 页。

两面。正如前文所述杨成志点评顾颉刚与费孝通关于"民族"问题的看法，他认为二人见解之不同是因"立场不同"，前者倾向于"主观民族论主张"，后者多偏重于"客观之民族志范围"①。可见这里所谓立场，大概是其学术上的立场，而非政治上的立场。再如岑家梧点评顾颉刚的中华民族殊途同归论和张廷休的中华民族同源异流论，主张虽稍有不同，但都同样指出中华民族的统一性，实际上就是要建构中华民族这个国族。这是问题的关键。在他看来，"中华民族是个博大的综合体，在它里面的人民，有不同始而同终的，也有同始而不同终的，都是极其显明的事实"②。顾颉刚和张廷休都只从一个角度来讲民族发展历史，显然不无偏颇。只是这种偏颇，大概都是作者有意而为，但其目的却是同一，就是要证明中华民族具有整体性。不管是去论述其久远的历史基因，还是来讲述其现实基础，都是为了呼吁国内各族应该团结。我们今天讨论边疆的概念，也应该秉持这样的立场；来审视学界的相关论争，或可借鉴杨成志、岑家梧的视角。

二是中国边疆学是否独立学科。关于这门学科的表述，目前已有多种，如独立学科、综合学科，或者是交叉、边缘学科，新兴学科等等。"一级学科是具有共同理论基础或研究领域相对一致的学科集合"③。李国强认为，一个学科必须具有相对独立、自成体系的理论、知识基础和研究方法。构建中国边疆学，必须立足于其自身具有的整体性和独立性，立足于科学归纳提炼总结其独特的理论和方法④。笔者同意这样

① 参见杨成志：《西南边疆文化建设之三个建议》，《青年中国季刊》1939年第1卷第1期。

② 岑家梧：《论民族与宗族》，《边政公论》1944年第3卷第4期。

③ 参见国务院学位委员会、教育部颁布：《学位授予和人才培养学科目录设置与管理办法》（学位〔2009〕10号）第三章"一级学科的设置与调整"第七条。

④ 李国强：《开启中国边疆学学科建设的新征程》，《中国边疆史地研究》2018年第1期。

的基本判断，但同时认为一定要注意"相对独立"，"中国边疆"毕竟是一个综合性的研究领域，存在基础研究、应用研究和对策研究等多种类型，很难用一种特定的独立的理论或方法可以概括完全，即使有，目前也还没看到学界提炼出边疆学所需要的特定的独立的理论和方法。边疆学的天性就是处于政学之间、立足应用的学科。对于其学科性质的表述，我倾向于"综合学科"，一是历史与现实的综合，二是理论研究、事实研究和战略研究的综合；三是多种学科的综合，没有哪个学科可以包打天下。中国边疆学的多种旨趣决定其必然依靠诸多学科的理论方法的注入。至于交叉学科和边缘学科，是对其学科特征的表述，只能确定其研究方法的综合，没有表达出边疆学研究的目标任务的综合性。当然，现在官方增加学科门类，名叫"交叉学科"，诸如中共党史党建学、纪检监察学作为新增一级学科，均纳入其中。中国边疆学学科建构的使命，或也在此。

第三是中国边疆学与一般边疆学的关系。这个问题是最近出现的。当前边疆学建构中，大体有两类，一类可以称为"国别边疆学"，如中国边疆学；另一类则是"专门边疆学"，如边疆经济学、边疆政治学、边疆社会学等。有学者提出，应该先有边疆学，然后才可以有中国边疆学及各类专门的边疆学。孙勇提出："一般边疆学的构建是中国边疆学的先导与基础，边疆学学科构建应该是一个概念集的开发，只有如此才能避免边疆学建构中的跨学科悖论的困境。"[1] 杨明洪认为在一般边疆学还没出现的情况下，构建中国边疆学，甚至已出现"中国边疆政治学"是"两种奇怪的现象"，如果不从一般意义上构建"边疆学"，而直接构建"中国边疆学"及其下属学科，可能走上一条歧途"[2]。

---

[1] 孙勇：《边疆学学科构建的困境及其指向》，《云南师范大学学报》2016年第2期。

[2] 杨明洪：《关于"边疆学"学科构建的几个基本问题》，《北方民族大学学报》2018年第6期。

固然所谓一般边疆学,或边疆学总论,与国别边疆学、专门边疆学,是一般与特殊的关系,但是否存在先后关系? 现状是边疆学领域各类二级学科性质的学科构建层出不穷,而一级学科性质的建构不尽如人意。我们当然应该鼓励讨论一般边疆学,但不能将一般边疆学作为中国边疆学建构的前置性要求,不必有先后之争。与其纠缠于二者先后,不如踏实去做具体的边疆研究,待相当数量和质量的成果推出后,总会有人做集成工作。固然一般边疆学的建构非常重要,但要说这是中国边疆学建构的源头,而且没有一般边疆学,就没有其他的国别边疆学和专门边疆学,笔者认为并不成立。比如说,长江、黄河固然有源头,但并不是没有源头,就没有长江、黄河。因为长江、黄河都有若干河流汇入,也会有若干支流分出。在人们没有找到源头前,都不影响对长江、黄河的称呼及其利用。边疆学构建就是如此。我们不必等边疆概念达成一致才去研究边疆学,也不必等一般边疆学建成后再来讨论中国边疆学,更不必没有一般边疆学,就去质疑学界已探索的中国边疆政治学、边疆经济学等学科化的努力。也许学术规律恰恰相反,没有局部,哪来整体? 没有特殊,哪来一般,又如何提炼出一般? 在众多边疆学二级学科的努力下,一级学科构建机会或许才会成熟。马大正对此问题另有一层担忧。他认为边疆学就要研究世界的边疆,世界很多国家没有边疆,所以他提出"一定要防止边疆概念泛化倾向,千万不要忘记中国两字,不要脱离中国的实际"①。

第四是中国边疆学的依托学科问题。对这个问题的讨论,要有理性思维,不能画地为牢,固守学科本位。其学科属性,要从其研究对象及研究目标而定。边疆学不是边疆史地研究,因为史地研究不是边疆研究的终极目标,只是边疆研究的基础性工作。有学者提出要走出边政学,实际上边政学的基本思路符合边疆学的属性,边疆学研究的最

---

① 参见杨东采访整理:《中国边疆研究的回顾与前瞻——马大正先生访谈录》,《中央社会主义学院学报》2021年第1期。

终目标就是要对边疆及其人群与文化有正确完整的认识，就是要对边疆建设、管理、安全等进行研究。边疆地区地域广袤、民族众多、文化多元、经济落后，自然期待多种学科共襄盛举。中国边疆学的构筑，当然需要跨学科实践。民国时期，吴文藻就曾指出，只有相关学科通力合作，才能"始克有成"。人类学、社会学、政治学、经济学、法学、教育学、史学、地理学及其他有关国防的科学，都是边政学研究所需仰赖的学科，"非如此不足以建立边政学的学术基础"。其他应用社会科学，吴文藻特别指出："边教学与边政学在开发边疆事业上，具有同样重要的地位，二者必须相辅而行"，而且"以现阶段的边疆工作言，边教恐尤重于边政；必须边民智识开通，边政始能有效推行。而兴办边教，推行边教，必为新边政的中心工作，毫无疑义。其他学科，如军事、外交、农林、垦牧、交通、工程、医学、卫生等等，凡与边政国防直接间接有关系的科目，都可供作参考"①。《边政公论》发刊词中明确指出边疆研究需要"国内从事边疆工作和注意边疆问题的贤达，以及研究政治、经济、社会、人类、民族、语言、史地等等学问的鸿博之士"的共同参与②。那时普遍认为，民族学应在边政研究中居于主角地位。柯象峰认为，虽然在边疆研究中各种学科"均应各占重要之一席"，但"研究员中任主角者"，"应推民族学及社会学家"，"对于边疆之初步研究，人文当重于自然，而人文科学中民族社会之研究当先于其他各方面，而处于一种先锋的地位，即同时进行，亦应有主客之分"③。

今时不同往日。我们有必要继承并弘扬过去学界关于边疆学、边政学的学术传统，也要与时俱进提出我们的思考。毫无疑问，中国边疆学并非闭门自统之学，应有开放包容的胸怀，凡有利于我们认识边

---

① 吴文藻：《边政学发凡》，《边政公论》1942 年第 1 卷第 5—6 期。

② 《发刊词》，《边政公论》1941 年第 1 卷第 1 期。

③ 柯象峰：《中国边疆研究计划与方法之商榷》，《边政公论》1941 年第 1 卷第 1 期。

疆、治理边疆、建设边疆的学科,都应虚怀广纳。从边疆学的基础研究而言,边疆史地研究尤其重要。在史地研究中,历史研究又比地理研究重要。在民国边政学表述中,地理研究是比历史研究重要的。如吴文藻认为在史地研究中,地理研究比历史研究更为重要,"通达边疆现状重于了解边疆经历,所以边疆地理研究重于边疆历史研究",而边疆历史研究,"若其治学方法能稍加改良,亦有益于边政学"。但在今日,国家对边疆现状了解是较为清楚的,恰恰可能在历史问题上容易模糊。在当下铸牢中华民族共同体意识的语境下,我们更要强调边疆历史问题研究,特别强调边疆各族交往交流交融的历史。在边疆具体工作中,我们要用上各类相关学科,可以把民族学、社会学放在相对优先位置。因为任何工作,都是以人为本的工作。边疆工作主要就是边疆民族工作和边疆社会建设。边疆学的整体属性,或可定位为政治学。边疆学研究应有很强的国家立场,最能体现国家立场的是政治学。所以当年的边政学提出从人类学和政治学同时着眼,基本上是可以成立的,但一定要把史地研究放在重要位置。所以我的主张是,以史地研究为基础,以民族学、社会学研究为主体,以政治学为导向,建构中国边疆学。至于一般边疆学及各类二级学科的边疆某某学,则应予以鼓励。只要持续努力,中国边疆学建构之完成,应能水到渠成 [①]。

---

① 汪洪亮:《"问题"与"主义"之变奏:近代以来中国边疆学构筑的回顾与前瞻》,《中国边疆史地研究》2020 年第 4 期。

主要参考文献

一、民国档案

《川西区萝匐寨教会实验区工作计划》，四川省阿坝州档案馆藏，编号：4—25

《国际性救济福利团体调查提纲》，四川省档案馆藏，编号：建川50—435

《金陵大学文学院自二十三年度起至现在工作述要》，中国第二历史档案馆藏，私立金陵大学档案，编号：649—1626

《李安宅、于式玉人事档案》，四川师范大学档案馆藏

《民族学译著目录》，中国第二历史档案馆藏，金陵大学档案，编号：649—1652

《私立金陵大学文学院社会学系边疆社会组扩充计划》，中国第二历史档案馆藏，中华民国教育部档案，编号：5—13172

亚洲基督教高等教育联合董事会档案（Archive of the United Board for Christian Higher Education in Asia）

《中国第二历史档案馆：《中华民国史档案资料汇编》，江苏古籍出版社1997年版

《中华基督教会边疆服务部人员名册、工作计划、川西区工作报告、暑期服务团筹备经过》，四川省档案馆藏：编号：民54—1—2

《中华基督教会全国总会边疆服务部工作计划大纲》，四川省档案馆藏，编号：建川50—436

《中华基督教会全国总会边疆服务部总部工作报告》，云南省档案馆藏，编号：51—4—251

《中华基督教会全国总会边疆服务委员会第五届年会会议记录》，云南省档案馆藏，编号：51—4—251

中华基督教会全国总会第五届总议会议录》，上海市档案馆藏，编号：U102—0—16，

《总会宣教事工同年工会时刊》，上海市档案馆藏，编号：U102—0—27

二、民国报刊

《边疆服务》《边疆通讯》《边疆研究通讯》《边疆服务通讯》《边事研究》《边政公论》《晨报副刊》《大公报（天津）》《大公报（上海）》《东方杂志》《地方行政》《地理教育》《风土什志》《更生评论》《广播周报》《国立西北大学校刊》《国立中山大学语言历史学研究所周刊》《广东政治》《贵州教育》《广西教育研究》《贵州教育》《国论》《华侨先锋》《华西协合大学校刊》《民国日报》《民族文化》《民族学研究集刊》《黄埔》《基督教丛刊》《金陵学报》《金陵大学校刊》《康导月刊》《社会建设》《社会学界》《青年中国季刊》《天山月刊》《西南边疆》《现代中国》《学生之友》《训练月刊》《申报》《斯文》《四川青年》《文化先锋》《西北通讯》《新西康月刊》《新亚细亚》《新中华》《星期评论》《学思》《学生与国家》《益世报》《益世周报》《语文》《禹贡》《中国边疆建设集刊》《中国边疆月刊》《中华教育界》《中法大学月刊》《中国新论》《中国学生》《中央党务公报》《中央日报》《中央周刊》

三、著作

曹树勋：《边疆教育新论》，正中书局1945年

陈波：《李安宅与华西学派人类学》，巴蜀书社2010年

陈国钧、吴泽霖编：《贵州苗夷社会研究》，民族出版社2004年

陈恒明：《中华民国政治符号之研究》，台北商务印书馆 1986 年

陈平原：《中国现代学术之建立——以章太炎、胡适之为中心》，北京大学出版社 1998 年

陈天锡编：《戴季陶先生文存三续编》，台北近代中国出版社 1971 年

陈永龄：《民族学浅论文集》，台北弘毅出版社 1995 年

崔之清：《国民党政治与社会结构之演变》，社会科学文献出版社 2007 年

［美］恩杰尔（Jonathan Unger）主编：《中国的民族主义》，纽约夏珀图书出版公司 1996 年

高长柱：《边疆问题论文集》，正中书局 1941 年

顾潮编：《顾颉刚年谱》（增订本），中华书局 2011 年

顾颉刚：《顾颉刚日记》，中华书局 2011 年

顾颉刚编著：《古史辨》第 1 册，朴社 1926 年

顾颉刚著，达浚、张科点校：《西北考察日记》，甘肃人民出版社 2002 年

和龚、张山主编：《中国民族历史与文化》，中央民族学院出版社 1988 年

胡逢祥等著：《中国近代史学思潮与流派》，华东师范大学出版社 1991 年

胡鸿保：《中国人类学史》，中国人民大学出版社 2006 年

胡焕庸：《地理与国防》，正中书局 1941 年

胡焕庸：《国防地理》，青年书店 1938 年

黄奋生：《边疆政教之研究》，商务印书馆 1947 年

黄淑娉、龚佩华：《文化人类学理论方法研究》，广东高等教育出版社 1996 年

黄兴涛、夏明方主编：《清末民国社会调查与现代社会科学兴起》，福建教育出版社 2008 年

姜蕴刚：《边区问题之理论与实际》，西南边政协会 1940 年

教育部边疆教育司编印：《边疆教育概况（续编）》，1947 年

李安宅、于式玉：《李安宅、于式玉藏学文论选》，中国藏学出版社 2002 年

李安宅：《〈仪礼〉与〈礼记〉之社会学的研究》，上海人民出版社 2005 年

李安宅：《边疆社会工作》，中华书局 1944 年

李安宅：《藏族宗教史之实地研究》，中国藏学出版社 1989 年

李安宅：《社会学论集》，燕京大学出版部 1938 年

李安宅：《意义学》，商务印书馆 1934 年

李培林、渠敬东、杨雅彬主编：《中国社会学经典导读》，社会科学文献出版社 2009 年

李文海主编：《民国时期社会调查丛编》，福建教育出版社 2005 年

李亦园：《人类学与现代社会》，台北水牛出版社 1984 年

梁启超：《饮冰室合集》，中华书局 1989 年

梁启超：《中国近三百年学术史》，中国书店 1985 年

梁启超：《中国历史研究法》，上海古籍出版社 1998 年

林恩显：《边政通论》，华泰书局 1988 年

凌纯声：《中国边疆民族与环太平洋文化》，台北联经出版事业公司 1979 年

凌纯声等：《中国今日之边疆问题》，正中书局 1934 年

刘俐娜：《顾颉刚学术思想评传》，北京图书馆出版社 1999 年

刘昭瑞编：《杨成志文集》，中山大学出版社 2004 年

罗志田：《经典淡出之后》，生活·读书·新知三联书店 2013 年

马大正：《当代中国边疆研究（1949—2019）》，中国社会科学出版社，2019 年

马启成、白振声编：《民族学与民族文化发展研究——庆祝林耀华教授从教六十二周年纪念文集》，中国社会科学出版社 1995 年

彭明辉：《历史地理学与现代中国史学》，台北东大图书股份有限公司 1995 年

钱穆：《国史新论》，生活·读书·新知三联书店 2001 年

钱穆：《现代中国学术论衡》，生活·读书·新知三联书店 2001 年

［美］施耐德著、梅寅生译：《顾颉刚与中国新史学：民族主义与取代中国传统方案的探索》，台北华世出版社 1984 年

思慕：《中国边疆问题讲话》，上海生活书店 1937 年

宋蜀华：《中国民族学理论探索与实践》，中央民族大学出版社 1999 年

苏云峰：《从清华学堂到清华大学》，生活·读书·新知三联书店 2001 年

孙本文：《当代中国社会学》，胜利出版社 1948 年

孙中山：《孙中山选集》，人民出版社 1956 年

陶云逵：《陶云逵民族研究文集》，民族出版社 2012 年

汪洪亮：《抗战建国与边疆学术：华西坝教会五大学的边疆研究》，中华书局 2020 年

汪洪亮：《民国时期的边政与边政学》，人民出版社 2014 年

汪洪亮等编：《民国时期边疆教育文选》，黄山书社 2010 年

汪洪亮主编：《整合与重构：近代西南的边政与边疆学术》，中华书局 2021 年

王汎森：《执拗的低音：一些历史思考方式的反思》，生活·读书·新知三联书店 2014 年

王建民：《中国民族学史》，云南教育出版社 1997 年

王铭铭：《人生史与人类学》，生活·读书·新知三联书店 2010 年

王奇生：《党员、党权与党争——1924—1949 年中国国民党的组织形态》，上海书店出版社 2003 年

王学典、孙延杰：《顾颉刚和他的弟子们》，山东画报出版社 2000 年

徐葆耕：《瑞恰慈：科学与诗》，清华大学出版社 2003 年

徐益棠：《清代秘史》，铁风出版社 1948 年

徐益棠著、徐畅整理：《民族学大纲》，辽宁人民出版社 2014 年

徐自华：《徐自华集》，浙江古籍出版社 2014 年

许公武：《边疆述闻》，正中书局 1943 年

杨成志：《杨成志人类学民族学文集》，民族出版社 2003 年

杨天宏：《救赎与自救：中华基督教会边疆服务研究》，生活·读书·新知三联书店 2010 年

张楠、王忍之编：《辛亥革命前十年时论选集》，生活·读书·新知三联书店 1963 年

张宪文主编：《金陵大学史》，南京大学出版社 2002 年

张有隽：《张有隽人类学民族学文集》，民族出版社 2011 年

张羽新、张双志编纂：《民国藏事史料汇编》，学苑出版社 2006 年

周桂发、杨家润、张剑编注：《中国科学社档案整理与研究书信选编》，上海科学技术出版社 2015 年

周昆田编著：《边疆政策概述》，台北"中央"文物供应社 1984 年

周蜀蓉：《发现边疆：华西边疆研究学会研究》，中华书局 2018 年

朱家骅：《边务工作应有的认识和态度》，"中央组织部"边疆语文编译委员会 1943 年

朱子爽：《中国国民党的边疆政策》，国民图书出版社 1944 年

四、论文

白寿彝：《悼念顾颉刚先生》，《历史研究》1981 年第 2 期

崔明德：《关于中国边疆学学科建设的几点看法》，《中国边疆史地研究》2018 年第 3 期

岱峻：《李济与李安宅——学科史的个案研究》，王铭铭主编：《中国人类学评论》第 6 辑，世界图书出版公司 2008 年

邓锐龄：《介绍李安宅著〈拉卜楞寺〉》，《民族研究》1983 年第 3 期

丁超:《燕大时期顾颉刚的学术事业与禹贡学会》,《齐鲁学刊》2010 年第 6 期

胡成:《略论晚清民族主义思潮对边疆事务的构思》,《近代史研究》1995 年第 6 期

黄应贵:《光复后台湾地区人类学研究的发展》,《民族学研究所集刊》1983 年第 55 期

李大龙:《"中国边疆"的内涵及其特征》,《中国边疆史地研究》2018 年第 3 期

李鸿宾:《对"中国边疆研究"概念的认识与界定——兼谈"中国边疆学"学术体系之建构》,《中国边疆史地研究》2018 年第 3 期

李绍明:《〈于式玉藏区考察文集〉评介》,《中国藏学》1991 年第 4 期

李绍明:《略论中国人类学的华西学派》,《广西民族研究》2007 年第 3 期

李绍明:《评李安宅遗著〈藏族宗教史之实地研究〉》,《中国藏学》1990 年第 1 期

林齐模:《从汉族国家到中华民族国家——孙中山民族建国思想的发展》,《云南社会科学》2008 年第 6 期

林日杖:《编辑视野下的李安宅研究:学术研究综述的范式转型》,《中国藏学》2015 年第 2 期

刘波儿:《构建国族国家:民国时期民族学家的边疆教育实践》,《元史及民族与边疆研究集刊》2015 年第 29 卷

娄贵品:《近代中国"边疆学"概念提出与传播的历史考察》,《学术探索》2012 年第 8 期

罗厚立、葛佳渊:《一个内地乡绅眼中的世事变迁》,《读书》1996 年第 10 期

罗志田:《外来主义与中国国情》,《南京大学学报》2005 年第 2 期

罗志田:《学术史:学人的隐去与回归》,《读书》2012 年第 11 期

吕文利：《新世纪中国边疆学的构建路径与展望》，《中国边疆史地研究》2019 年第 2 期

马大正：《中国边疆学构筑是当代中国学人的历史担当》，《云南师范大学学报》2019 年第 1 期

马戎：《如何认识"民族"和"中华民族" ——回顾 1939 年关于"中华民族是一个"的讨论》，《中南民族大学学报》2012 年第 5 期

苗威：《建构中国特色的中国边疆学话语体系》，《中国边疆史地研究》2018 年第 3 期

史念海：《顾颉刚先生与禹贡学会》，《中国历史地理论丛》1993 年第 3 期

孙喆、王江：《时代变局下知识分子对"致知"与"致用"的探索 ——从顾颉刚创办〈禹贡〉半月刊谈起》，《中国边疆史地研究》2009 年第 2 期

唐美君：《人类学在中国》，《人类与文化》1976 年第 6 期

田利军：《李安宅、于式玉对民国川西北及德格土司头人的调查与特点》，《中国藏学》2015 年第 2 期

汪洪亮：《建设科学理论和寻求"活的人生" ——李安宅的人生轨迹与学术历程》，《民族学刊》2010 年第 1 期

汪洪亮：《民国时期边疆研究机构的兴起及对边疆学术之形塑》，《北方民族大学学报》2017 年第 4 期

汪洪亮：《民国时期的边政研究与民族学 ——从杨成志的一篇旧文说起》，《民族研究》2011 年第 4 期

汪洪亮：《民国时期国人对"边疆""边政"含义的认识》，《中国边疆史地研究》2014 年第 1 期

汪洪亮：《中国边疆研究的近代转型 —— 20 世纪 30—40 年代边政学的兴起》，《四川师范大学学报》2010 年第 5 期

王利平、张原、汤芸、李绍明：《20 世纪上半叶的中国边疆和边政研究 ——李绍明先生访谈录》，《西南民族大学学报》2009 年第 12 期

王铭铭:《二十五年来中国的人类学研究:成就与问题》,《江西社会科学》2005 年第 12 期

王铭铭:《民族与国家——从吴文藻的早期论述出发》,《云南民族学院学报》1999 年第 6 期

王先梅:《五十书行出边关,何惧征鞍路三千——忆李安宅、于式玉教授》,《中国藏学》2001 年第 4 期

王晓义《李安宅教授的社会学思想》,《社会学与社会调查》1989 年第 5 期

王欣:《关于中国边疆学学科话语理论体系建构的几点思考》,《中国边疆史地研究》2018 年第 3 期

吴文藻:《吴文藻自传》,《晋阳学刊》1982 年第 6 期

吴银玲:《读李安宅〈《仪礼》与《礼记》之社会学的研究〉》,《西北民族研究》2009 年第 4 期

伍婷婷:《回归人物的人类学研究——从"人生史"想到的》,《西北民族研究》2011 年第 3 期

杨圣敏:《中国民族学的百年回顾与新时代的总结》,《西北民族研究》2009 年第 2 期

杨天宏:《基督教与中国"边疆研究"的复兴》,《四川大学学报》2008 年第 1 期

张庆有:《记中国藏学先辈——李安宅于式玉教授在拉卜楞的岁月》,《西藏研究》1989 年第 1 期

赵夏:《顾颉刚先生对边疆问题的实践和研究》,《北京社会科学》2002 年第 4 期

钟荣帆:《金陵大学的边疆研究述论》,《云南民族大学学报》2017 年第 6 期

周群华:《著名藏学家于式玉教授》,《文史杂志》1991 年第 4 期

周文玖:《关于"中华民族是一个"学术论辩的考察》,《民族研究》2007 年第 3 期

后　记

2020年注定是这个世纪地球人最难忘的一年。这一年,几乎所有国家和地区都不同程度地与史无前例的新冠病毒遭遇。无论应对的方式和成效如何,世界各国都因此而改变了原有的生活轨迹。全球化早已不可逆转,人类命运共同体再次得到印证。我们都已经回不到过去。我们生活在这个时代,都是这个时代的亲历者和见证者。这次疫情会在多大程度上改写原本的历史剧情,我们可以发挥足够的想象。但我们不可忘却的是,在这次全球应对疫情过程中的各种势力的表演,在这场席卷而来的灾难中众多个体生命的呼喊,以及国家与社会的在场与温暖……

在疫情肆虐的日子,我的新书《抗战建国与边疆学术:华西坝教会五大学的边疆研究》躺在中华书局的库房里,没有能尽快地进入物流与销售网络;就连责任编辑吴冰清兄也还困在"封城"的武汉。所幸有网络,我们保持了良好的沟通,一旦形势趋缓,该书即如出笼之鸟,开始啁啾鸣叫。在期待学界师友批评指正的同时,我也在审视过去十年来所发表的系列边疆学人与学术的相关论文,并试图将之辑为一册。虽然学生没有返校,在空旷的校园里,我们仍然如常开展各类教学活动和管理工作。更因学校干部换届的"持续"和没有归笼的"神兽",我常在办公室和家之间的活动轨迹中接受大密度和高强度的工作和信息挤压。虽然极端疲惫,但仍保持了足够的热情。在点滴零星时间巧加利用仍有可为的自我勉励中,我终于在热浪滚滚的"劳动节"基本完成了编撰工作，深感此节过得名副其实。敲到"后记"时，略感宽慰的心中，又似乎涌起一种遗憾。其实我每次都是以类似复杂的心态结束一本书的撰写。尽管在"绪论"中总是提出若干目标，但实际上又总是没有全然完成；尽管知道还有很多不足，但又一时难以免除，也就想着那就先抛出去吧，又把修订工作寄托在未来。

过去十年来，不能说没有努力。但曾经改变目前边疆学术夜空中孤月独明的现象，恢复满天星斗的设想，现在仍远未实现。我希望在民国时期的边疆学术地图上，可以看到在不同时段不同区位诸多不同学人忙碌的身影，也可以看到一些重要学人在不同时空中的穿梭。本书所呈现的，除了作为群体的"民国学人"外，还有作为个体的顾颉刚、李安宅、于式玉、徐益棠、张廷休等学者。他们各自开展边疆研究工作的同时，其实也在一个学术共同体中，是那个时代边疆学人的杰出代表。我也呈现了一段他们的人生交集与思想异同。除了他们，笔者还在求索吴文藻、柯象峰、费孝通、江应樑、黄奋生、华企云等在民国边疆研究中的思想与作为。由于笔墨枯滞，我不知还要多久才能写出。正如我在绪论所提及的："不少在民国边疆学界曾经影响很大的学者，在现今的学术史论著中，大多寂静无声。随便列举一下，这个名单就可以拉得很长。"如果我们做好了重返历史现场的准备，防止迷失在历史形象的叠加与遮蔽中，不妨做些这种略显冷清的工作。如果有更多朋友参与其中，或许我所期待的所谓边疆学术地图能早日绘成。

姑且先将已写出且发表的部分结集，且基于文本与语境应当互动关联，历史研究中需注重知人论世与"心通意会"的理解，特将书名命为《知人论学》，希望能倡导一种在学术史研究中坚持由学人而知学术，延及学人所处之时代及其同时代人之研究的趋向。本书所涉章节基本都在相关学术刊物发表，感谢李大龙、黄维忠、李玉、徐亮工、凌兴珍、王珏、杨春梅、杨春蓉、李小凤、何斯强等师友提供的宝贵版面，更要感谢秦红增、哈正利两位主编对我与曾经指导的硕士、山东大学博士生钟荣帆合作的有关徐益棠研究的两篇论文的接纳。本书部分章节的内容曾提交学术会议,得到与会学者的指正。感谢马大正、李国强、何明、吴楚克、喜饶尼玛、孙宏年、陈勇、王欣、彭文斌、杨红伟、黄达远、段金生、周智生、邹建达、徐百永等师友的邀请或点评。

这些年来乐此不疲地耕耘在边疆学术史领域,除了个人的学术兴趣,更多与师友们的激励有关。想到年已八旬的马大正教授还在孜孜不倦地耕耘在中国边疆研究领域,还在不断地更新对中国边疆学构筑的学术思考,不由感慨老骥伏枥,我辈理应不待扬鞭自奋蹄。看到年已七旬的杨天宏教授仍在不断推出探讨中国近代史研究中众多悬而未决的重大问题的重量级论文,在应对繁琐行政事务中已经疲惫的我更找不到懈怠的理由。他对我的习作不留情面的批评但又勉励不做"蜀山秀才"的期许,使我有足够的动力坚持。回想在魏公村与王建民教授在眉州餐厅追忆学界往事的围炉夜话,盘点他曾经提及的中国民族学史上的众多学派与学者,我似乎成了一个仰望星空的孩子。念及在水木清华校园里善斋与欧阳军喜教授清风明月般的谈话,深切地感知学人应有的恬淡与沉静,常使我在喧嚣浮躁的氛围中将甘之如饴变成了习惯……就是在与民国边疆学人的对话中,我也常冥想神思,与他们处于同一"境界",希望进入他们的内心世界。所以对学人的人生与学术的探寻,包括对其心灵的触摸,仍是我一直牵挂的研究领域。接下来我还会努力推出有关李安宅和于式玉在近代中国的变局中的学术人生的作品,希望能写出他们在变动时代中的奔跑和挣扎。

还需要感谢的是这些年来狮子山上聚合的一批投入边疆研究的学者。我的工作生涯是从机关开始的,也从来没离开过办公室工作。王川教授是国内有影响的康藏研究专家,相识近20年来为我提供了不少学术资讯,时常勉励我在俗务中依然保持学术的热情。在5年担任其副手的"门对门"近距离观察中,我见证了他的超高工作效率和超强学术精力,早已树为我可望而不可即的学习榜样。彭文斌教授是人类学界有名的热心人,于人文科学无所不窥,总在讲经布道,奖掖扶助,吸粉无数。被我批评述而不作,他总淡然莞尔,谈笑间三杯两盏,学问伴酒喝了下去。这些年来偶尔跑到民族学界去亮亮相，他应该是最经常的桥梁。凌兴珍编审在我的学术成长中起到了特别的见证作用，从2005年至今在她手上已发表有9篇论文，其中多是在我职称不高时所发，不乏一些在被引指标方面比较吃亏的选题。她的这种不势利的职业编辑的操守和不苟且的专业学者的精神，常激励我定稿前总是翻来覆去的多修改几次。孙勇教授是西藏研究领域的"官员"，孜孜不倦的"一般边疆学"倡导者，退休后从雪域高原来到成都平原，又从锦水望江来到狮子山上，与我时常投契但又往往在会议中"同工异曲"，见我不以为忤又到处夸我很有格局。田利军教授每逢暑期驱车前往边地，四处采风并搜集了大量珍稀档案的豪迈和苦干精神令我深受感染。他关于边地土司土官的研究引人入胜，可惜作为教研室主任操持了太多的课务而无法尽快尽情地讲述曾经在高原和山地中奔突的故事。

也要感念在2018年冬以来的忙碌日子里，对我工作给予极大关心和支持的老师和同事们。学院的众多老师在精神上对我甚为勉励，在具体工作中也付出甚多。就连我的研究生，也在我策划和组织的几次学术会议中为我省去了许多事务上的烦恼。有时候想起来有点后怕，我居然可以连轴转地做一些应该做值得做但的确很难抽出时间做也很难做好的一些事情。事实证明这些事大多数效果也还不错，这要归功于那些关键时候能够站出来的最可爱的同事和学生们。

需要说明的是，本书纳入了学校资助的"近代中国边疆研究书系"。2018年，学校在"双一流"建设背景下推出了学科建设专项，意在以目标任务为引领，鼓励学科突破性量化成果的产出，着力提升学科整体水平。其主要建设方向有重要图书信息资源建设、重要学术期刊资助出版、重大标志性集成性成果出版、高级别成果培育、国家一流专业和一流人才培养基地创建、学术交流与会议承办、拔尖创新人才培养改革、教学科研平台培育、高端新型智库建设等类别。这应该是一个非常全面的学科振兴计划。基于学校具有边疆研究传统，拥有边疆研究队伍,我即牵头申报了集成性成果"近代中国边疆研究书系"出版项目,侥幸获得批准。这是一个集体项目,多名学人参与其中。我鼓动学院老师参与,一方面自筹经费,一方面拓展渠道,也算是自我加码,使这个书系开始初步呈现"标志性集成性"的面貌。

还需说明的是,我自 2012 年开始指导硕士研究生,在广开言路并给予学生选题充分自由的前提下,也支持学生参与近代中国边疆学术史研究。如钟荣帆、巩玮、马琴、赵丽的硕士论文分别涉及金陵大学、西北大学、齐鲁大学和云南大学的边疆研究,刘原松、张露的硕士论文分别涉及张廷休和于式玉的边疆研究。本书关于徐益棠、张廷休的章节,即是和钟荣帆、刘原松合作的。张露还协助我编辑了《于式玉文集》,为本书撰写提供了便利。其他部分章节的一些史料搜集、整理及校对也得到了鲍玉波、韩文媛、王大伟等研究生的支持和帮助。在此也一并致谢。

夜已深,我养神片刻,众多师友曾经对我的鼓励和指导仍依稀在我眼前浮现,在我耳边盘旋。因为自己的"内秀"和鲁钝,未必得到非常细致的点拨,但也时有听一席话胜读十年书或一语惊醒梦中人的顿悟感。不敢列出他们的大名,恐有"狐假虎威"的违和感,但的确在各类学术场合中受惠于他们的勉励和指导,这份情谊自然会深深地压在心底。

写到这里,发现需要感谢的人实在太多,因为人生旅途中实在是遇到了太多的善良而有才华的人。旅途的起点和终点都是家,所以感谢到最后就只好真诚而又例行公事地感谢相濡以沫的家人。

汪洪亮
2020 年 5 月 5 日初草于成都狮子山
2021 年 2 月 5 日修改于峨眉汪家坊
2021 年 6 月 12 日午改定于川师龙湖畔